EV RULE ALL THE LAND

纯电动一统天下

汪涛 ◎ 著

人民东方出版传媒
東方出版社

图书在版编目（CIP）数据

纯电动：一统天下 / 汪涛 著．—北京：东方出版社，2018.5
ISBN 978-7-5207-0001-6

Ⅰ.①纯…　Ⅱ.①汪…　Ⅲ.①电动车辆—产业发展—研究—中国
Ⅳ.① F426.472

中国版本图书馆 CIP 数据核字（2017）第 311149 号

纯电动：一统天下
（CHUN DIANDONG：YITONG TIANXIA）

作　　者：汪　涛
责任编辑：辛春来
出　　版：东方出版社
发　　行：人民东方出版传媒有限公司
地　　址：北京市东城区东四十条 113 号
邮　　编：100007
印　　刷：北京文昌阁彩色印刷有限责任公司
版　　次：2018 年 5 月第 1 版
印　　次：2018 年 5 月第 1 次印刷
开　　本：710 毫米 ×960 毫米　1/16
印　　张：16.75
字　　数：225 千字
书　　号：ISBN 978-7-5207-0001-6
定　　价：49.80 元
发行电话：（010）85924663　85924644　85924641

东方出版社再版序言

本书是在机械工业出版社2016年3月出版的纯电子版基础上增补改编的。时间过了1年半，电动车市场发生了巨大的变化，原书预言的大趋势既得到验证，尤其是欧洲多个国家相继讨论停止燃油车销售的问题，以及2017年9月9日，工信部副部长辛国斌在泰达论坛上表示工信部已经启动了燃油车退出时间表的研究，更加佐证了我2016年对燃油车将快速消亡的预测，另外，从近期发展看也有一定偏离，最大的一个变化是当初书刚刚出版，就遇上了2016年国家大力打击新能源车领域的骗补行为，这导致市场增长受到极大影响，与每年3倍增长速度有较大偏离。即使如此，2016年全年中国新能源车市场销售依然增长了53%，达到50.7万辆。2017年新能源车的补贴退坡20%，这个重大的变化导致2017年1月份的销售大幅度滑坡，同比销售下降74.4%，但2月份就迅速恢复增长。整个2017年上半年，新能源车销售19.5万辆，同比增长14.4%。2017年在结构上的重大变化是：插电混动车型进入快速下降阶段，上半年销售3.5万辆，同比下降19.7%。纯电动车销售16万辆，同比增长26.2%。这是因为各厂家都推出了续航里程300公里以上的车型，使得插电混动的过渡意义变得非常小了，在续航里程上的优势不再明显，而购置和使用成本上的劣势又难以克服。

新能源车成本上需要遵循规模经济效应。销量越大，主要的电池成本就会越低。因此，如何尽快使新能源车销售提升是关键问题所在。但是，目前政府本意是推广新能源车，并加快其发展的一些政策，却已经开始变成阻碍其发展的政策了。

北京的新能源车号资源在2017年4月份摇号时就已经全部配置完了，至6月底，14253个个人，2438家单位有效申请都处于轮候状态，只能等2018年的号码资源了。现在北京市场对新能源车的热情之高由此可见。但是，为什么北京会限定每年5.4万辆的新能源车指标呢？因为现在即使在退坡20%以后，中央和地方政府对新能源车依然有较高的财政补贴。如果放开指标，北京2017年的申请量明显会超过10万甚至20万辆。如果按现有政策进行补贴，这将使北京财政无法承担。这就带来一个很荒谬的结果：本意是为促进新能源车的补贴政策，现在却成为严格限制新能源车发展的最大障碍。为什么要进行财政补贴呢？是因为新能源车成本还比较高，但如果规模倍增之后成本就会大幅度降下来。因此，在目前市场热情已经完全被调动起来的情况下，如果现在加大新能源车财政补贴退坡力度，同时放开新能源车市场，我在书中所预计的每年增长3倍，新能源车的成本马上就可以降至不需要补贴也可以有充分市场竞争力的程度。至2020年，纯电动车年销售量超过2000万就完全有可能实现。

在与一位纯电动车生产厂家人士的交流中，他对我这个预测也感到非常惊讶，在网上的交流中，很多网友也对这个预测深感吃惊。但是，人们忽略了一些很重要的问题，我之所以做出这种判断，是因为纯电动车本质上还是汽车，只不过是汽车技术本身的一个升级换代而已。如果我们回顾一下一些重要的汽车技术升级时间，就可以明白这个过程的进度了。1999年，北京开始执行国I排放标准，2002年国II，2005年国III，2008年国IV，2012年国V。完成每个技术时代的跨越仅仅3年左右的时间。2016年，中国乘用车销量为2437.69万辆，保有量为1.6亿辆，全部机动车保有量为2.9亿辆。也就是说，作为汽车消费环境的道路、停车等设施已经通过几十年的发展支持2.9亿辆机动车。纯电动车的产能可以在很大程度上利用过去燃油车的产能，增加的仅仅是电池和电机，这些问题都已经接近完全解决。纯电动车的出现需要新增加的消费环境仅仅是充电桩而已。在购置和使用的综合成本、性能等考量上，纯电动车相比于过去的燃油车已经具有绝对压倒性的优势。因此，只要解决了充电桩的问题，纯电动车在几年之内就可以在新增市场上几乎替代所有燃油车。

这就使纯电动车发展中真正关键性的问题越来越清晰地暴露出来了——最大的障碍并不是成本、续航里程，而是小区物业。很多申请了新能源车号的人之所以难以实际兑现，关键的原因是小区物业不批准安装充电桩。这是整个新能源车发展政策设计中最失败的一点。如果我们去问一个问题，马上就会发现一个很不合理之处：任何人购买了房产要进行装修的话，也需要小区物业开出证明，装修队才能进场。但原则上说，小区物业是绝对没有权力不容许业主装修房子的，也没有任何人认为小区物业有这个权力。之所以装修队要去开个证明，事实上只是为了安全所进行的纯属备案性质的措施。任何人家里购买空调、电磁炉等高耗能的电器，小区物业也绝对没有权力说不容许使用和安装。但为什么业主买了电动车这个其实就是一种新型家电的产品，小区物业竟然可以不容许业主在自己的停车位上安装充电桩呢？是谁给了小区物业这个权力？一旦我们提出这个问题就会发现：没有任何人给小区物业这个权力，但在实际市场发展过程中，小区物业居然就逐渐拥有了可以不批准安装充电桩的无上权力。小区物业依据什么法律法规做出批准和不批准的判断呢？答案居然是完全没有，一切任由小区物业管理处自由裁量。不批准的唯一理由是电动车用电量大，不安全。本书将充分证明这一理由完全不成立。在新能源车发展中居然存在这样一个巨大的漏洞，政策制定者却对此完全忽略，这不能不让人诧异。

解决这个问题无非是以下几个方案：

一是如果的确需要给予小区管理处一定的权力做出批准的话，必须对其权力制定相应的法律法规进行规范。

二是如果小区物业管理处根本就不该拥有这个权力的话，那就得明确发文完全废除小区物业管理处对安装充电桩进行批准的权力。物业管理处只有备案权，没有任何不批准安装充电桩的权力，正如他们没有任何权力不批准业主装空调、买电磁炉、用微波炉一样。纯电动车纯粹就是一个新的家电而已，从小区管理来说，与其他家电几乎没有任何根本区别。

三是从更积极的角度来处理。将政策补贴的对象从汽车生产商转向补贴物业管理处（甚至根本就不用政府出钱，只要出政策就可以了），每安装一个充电桩，物业管理处可以收 500 元管理费，并且每年退坡，以 10 年为期限全部退坡完毕。该费用由车主交给物业管理处，车主可凭收费单到汽车厂商报销，该成本由汽车厂补贴承担。

这样的政策会带来什么结果？物业管理处会疯了一样把一切可以利用的停车位都给新能源车的车主们留着，并且在小区内鼓励人们买新能源车，从而使目前最大的新能源车发展障碍变成最大的推动力。即使纯电动车补贴很快退坡完毕，2020 年销售 2000 万以上纯电动车的目标也可以轻松实现。在这方面，需要汲取太阳能发展的一些经验教训，仅靠政府直接对产品本身进行补贴将很快形成天量的补贴额，政府是难以承受的。如果将宝贵的政府补贴用到市场的真正关键痛点上，并不需要那么大的补贴，却可以获得大得多的效果。

序　言

纯电动汽车来了！而且是以互联网时代每年 3～4 倍增长的速度狂奔而来！

2016 年到 2036 年世界经济最大的风口不是“互联网+”，而是纯电动，它是保证中国在这 20 年间，经济稳定快速发展最重大的战略产业。

2014 年在美国硅谷时，我第一次试驾了特斯拉纯电动车，并且查阅了特斯拉网站的宣传网页。一个介绍纯电动车与燃油车使用成本对比的宣传资料内容让我惊呆了——纯电动车与燃油车的使用成本竟然相差 7 倍左右。此后，我对国内纯电动市场、产品和应用环境、油价进行系统分析后，发现国内纯电动车与燃油车的使用成本差异很可能达到 10 倍之高！这还有什么好说的，我很快选择购买了一辆北汽纯电动 EV160。

通过半年多的实际驾乘体验，查阅大量与纯电动车相关的资料，与所遇到大量同事、朋友进行沟通、讨论和推荐，我不仅以极高的成功率直接影响了周围数百人的买车决策，而且深入了解了公众在这个问题上的各种困惑和解决途径。

为了写作本书，我也与相关产业的专业人士进行过深入交流和探讨。围绕着纯电动车，无论是公众还是专家，都有很多非常困惑的问题。因为这些问题涉及跨越众多不同领域的专业知识，使得这些问题始终未能得到有效解决。一般纯电动车厂家的销售人员很难把相应的问题解释明白，这些问题也根本就不是一句两句能说清楚的，这使很多本来兴致勃勃地计划购买电动车的人在遇到这么多无法解除的困惑时，打消了购车的念头。这是过去纯电动车号码弃购率一度非常高的关键原因所在。目前，可以找到不少介绍纯电动技术方面的资料和书籍，但对人们在购买纯电动车过程中遇到的困惑，这个新技术会对社会带来什么影响，人们应当如何应对和确定未来的投资机会，却还找不到相应的书籍来专门讨论。这些问题包括纯电动车本身选择使用过程中的问题和相关的各种影响问题：

· 纯电动车是否真的环保。

· 如何看待充电慢。

· 如何看待续航里程问题。

· 为什么纯电动车这个古老技术会在今天重获新生。

· 纯电动车的未来发展。

· 纯电动车与燃料电池车的关系。

· 燃油车技术生命周期何时会结束。

· 全球汽车安全的严重程度和解决途径。

· 新能源发展过程中的储能问题解决。

· 美元霸权的终结。

· 油价能否回升。

· 是否存在“碳美元”阴谋。

· 碳交易是否有未来。

· 东海、南海、中东战略格局会如何发展。

为解决这些疑惑和问题，我决定把相应的内容整理下来，写成本书。因此，本书可以说是全球第一本全面系统讨论纯电动车本身、相关产业，以及纯电动车对世界经济战略格局影响的书。不仅如此，本书将视野扩展到整个全电能时代的能源产业巨大变化和差异，可以说这也是第一本对全电能时代能源格局进行系统描述的书。电能具有作为互联网基础的 IP 协议非常类似的通用特性。在 IP 协议出现之前，各种不同通信业务是独立开发各自通信协议、网络和设备，它们相互间是各自封闭的体系。而在 IP 出现之后，一切信息转化为 IP 包，IP 包又可以承载在一切物理网络上，由此带来通信天翻地覆的变化。过去，IP 协议只在计算机网络中应用，互联网出现后，IP 协议以不可阻挡之势使一切通信全都 IP 化了。“互联网 +”其实就是进入全 IP 通信时代的最后一个步骤。不同非电能的能源使用方式相互间也是各自封闭的，但电能是完全通用的能源，一切能源都可转变成电能，而电能也可以应用于任何能源消费领域。电网尽管规模早已经极为庞大，渗透已经非常深入和广泛，但即使到了 21 世纪初大量能源消费依然是通过非电能的封闭体系实现的。如果说电灯等最早的电能使用开启了电气化时代，那么在今天，纯电动的发展，将开启全电能时代。

通信全 IP 化、能源全电能化、交通全高速化、货币全电子化是 21 世纪上半叶人类社会运行基础领域最终会逐步形成的“四全”特征。

本书作者保持了“用纯科学的研究方法，全科型的视角，以普通读者都可理解的语言，实现学术上的重大突破。每写一本新书就‘扫荡’一片不同学科领域”的一贯风格。本书不仅以故事性的通俗语言描述了大量作者亲身使用纯电动车和燃油车的对比经历，而且通过“能量链”“能源价值链”“价格黑盒测量”“转换机”“能源评价体系”，以“能量价格”替代“能源价格”进行分析决策等创新性的科学概念和分析方法，使人们对纯电动车可以有全面透彻的了解。尤其是转换机概念的提出充分证明了，即使从能源使用这个最小化技术问题上看，也注定了它是一个高度跨学科的研究对象。而电能与互联网 IP 协议类似的高度通用性，更使这种跨学科达到近乎无边无际的程度。缺少将这些高度跨学科的问题联系在一起的有效科学方法，是过去大量相关问题难以解决的关键所在。在这个过程中，作者将多年从事投资工作中深入调查和学习过的太阳能、风能、各种储能技术、锂电池产品技术、智能电网、燃料电池、制氢行业、石墨烯、无人机、太阳能飞机、机器人、智能纯电动自行车、平衡车、汽车安全、石油、电力、高速船舶、石油金融、美元国际货币、中东问题……众多相关领域的知识综合在一起，形成了本书的内容来源。

作者用翔实丰富的专业数据和理论计算分析结果精确解答了围绕在纯电动车身上大量难以回答清楚的现实问题，并给出了新颖的答案。本书的论述如行云流水，将大量看似极为复杂的问题轻松地一语道破，让读者耳目一新、脑洞大开。

进入 21 世纪之后，无论中国还是全球的政治、经济都不断陷入越来越动荡的时期。从 2000 年互联网泡沫破灭，到 2008 年全球金融危机；从全球气候变暖，到新能源革命；从欧洲经济困境，到中国经济由高速“换挡”为中高速；从北非、中东危机，到中国东南沿海热点不断；从中国能源安全，到环境压力；从中国经济提升内需，到供给侧改革……人们给出的解决办法五花八门，但要找到一个万全之策，既能有效解决问题，又没有显著负作用的方案是很困难的。幸运的是，纯电动车的异军突起为人类打开了一扇希望的窗口。

如果去问任何人“你是否反对雾霾”，可以肯定几乎 100% 的人都会义愤填膺地表示反对雾霾。显得正义无比的新闻记者们可以在电视镜头前接近于声泪俱下地责问人大代表们怎么去治理雾霾、为什么只考虑经济发展而不考虑环境，但如果去问那些貌似正义凛然的人：从此以后你自己不要开车了，只乘公交出行可不可以？他们又能做出什么样的回答呢？如果经济发展、用户需求与环保之间是完全矛盾的，这个问题解决起来还真的就是困难重重，无论读者看到这个真相后是否真的喜欢。作者要告诉读者的是，纯电动车自身铁的经济规律和用户消费习惯会是什么，至于它很可能会真的实现环保甚至更多的社会效益，你可以认为那是很幸运的“纯属偶然”。

用户使用纯电动车真的很省钱、很方便，表面上存在的问题其实都不是问题，这就够了，根本就不需要任何人去“感动”读者，只需要人们自己“听懂”就可以了。听懂了，马上就会行动。感动了，顶多是“擦干眼泪，无动于衷”，最后剩下的唯一实际效果就是那些“公众人物”自己的点击率高了一点而已。

本书不仅适合所有纯电动车相关产业界的人员作为培训教材，而且可以成为所有准备买车的消费者理解汽车技术本身和用车环境变化，以及选择、使用纯电动车的指南。它还可以成为政府、交管部门及产业决策者不可缺少的理论指导，国际战略研究者、投资者、创业者理解未来世界变化的窗口。

目录
CONTENTS

第十章 “被纯电动”的远不止汽车

第十一章 纯电动的未来

第一章

纯电动大爆发

一、中国纯电动汽车元年

据中国汽车工业协会提供的数据，2015 年全年中国新能源汽车产销 340471 辆和 331092 辆，同比分别增长 3.3 倍和 3.4 倍。其中纯电动汽车产销 254633 辆和 247482 辆，同比增长 4.2 倍和 4.5 倍；插电式混合动力汽车产销 85838 辆和 83610 辆，同比增长 1.9 倍和 1.8 倍。尤其纯电动商用车获得爆炸性增长，产销分别完成 10.24 万辆、10.07 万辆，同比分别狂增 10.4 倍和 10.6 倍。

中国纯电动车市场销量高速增长，占国际市场的份额也持续上升。2014 年，美国以销售新能源汽车 11.97 万辆的成绩继续在全球市场位居第一，比 2013 年增长 23%。但进入 2015 年以来，新能源汽车市场进入销售淡季。除了受极端寒冷天气影响，2015 年可能出台更为优惠的补贴政策，最高为 7500 美元的退税政策有望被更加优惠的 10000 美元的销售终端直接补贴所替代，这也让消费者观望。中国市场却在 2014 年的基础上更上一层楼。韩国 SNE 调查机构发布称，中国 2015 年上半年销售的电动汽车共计 55328 辆，已经微幅超过美国的 53944 辆。2015 年全年中国更是高歌猛进地成为全球最大电动车市场，并且远超第二名的美国。美国在 2015 年电动车销量不仅没有增长，反而比 2014 年下降了 6%，为 11.535 万辆，仅为中国数字的不到一半，与中国 4.5 倍的狂暴增长率形成极大反差。截至 2015 年年底，美国电动车保有量达到 40 万，相比于 2008 年时奥巴马制定的 2015 年电动车保有量 100 万辆的目标还差一多半。中国却以 49.5 万辆的新能源车保有量刚好接近完成 50 万辆的目标。

按照 EV Sales Blogspot 和各国汽车工业协会数据，全球 2015 年销售纯电动车 549414 辆，在 2014 年 317895 辆的基础上，同比大幅攀升 72.8%。中国市场占全球总销量的比例为 37.7%（中国销售数据为 207382 辆，与中国汽车工业协会数据有一些差异）。中国有比亚迪、康迪、众泰、北汽、奇瑞、上汽、江淮等 7 家企业进入全球 TOP20，尤其比亚迪以 61,726 辆销售数字位居全球第一。

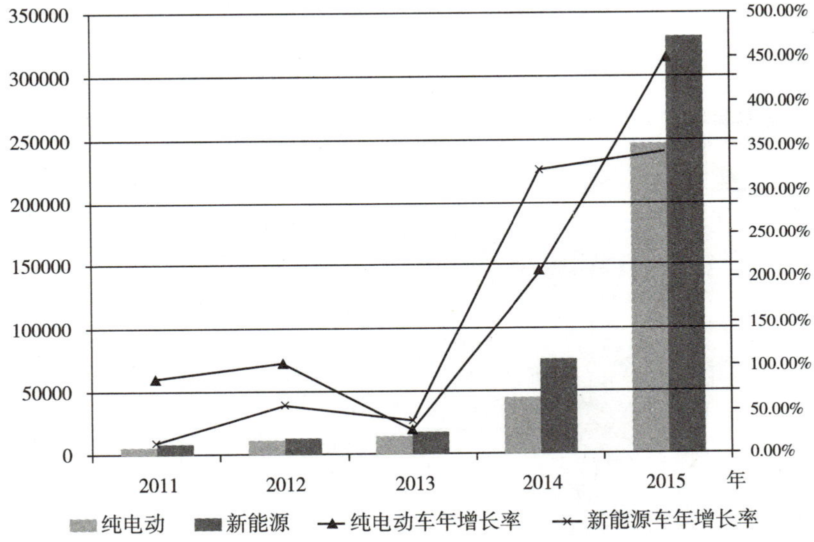

图 1–1　中国新能源汽车和纯电动汽车销量增长情况（中国汽车工业协会）

表 1–1　近几年中国新能源汽车和纯电动汽车销售数据

年份	2009	2010	2011	2012	2013	2014	2015
纯电动	300	3000	5579	11375	14604	45048	247482
新能源	–	7181	8159	12791	17642	74763	331092

注：2009 和 2010 年的纯电动汽车销量为作者估计数

关于纯电动汽车产量和销量的统计通常有中国汽车工业协会（简称中汽协）、中华人民共和国工业和信息化部（简称工信部）和全国乘用车市场信息联席会（简称乘联会，英文简称 CPCA）多个渠道的数据，因其统计口径不同，其数据常有差异，但从基本趋势上说都是一致的。工信部口径是整车出厂合格证，中汽协和乘联会的数据，则来自对各地汽车工业行业协会及车企的统计，另外还一些其他统计概念范围的技术性差异。

中国的纯电动汽车是从 2009 年开始真正进入市场的。虽然这一年纯电动车的销量很小，只有 300 多辆微不足道的数量，但因真正开始销售，因此可以说是其市场化的元年。

2010 年，中国将新能源汽车的发展列入国家战略发展方向，因此业界也有人称 2010 年是中国新能源汽车“产业元年”。

图 1–2　新浪汽车上讨论 2010 年新能源汽车产业元年的专题

从 2009 年到 2013 年，主要是靠政府机关、市政运营等扶持购买的方式支持新能源车的普及，私人购车不多。在北京等需要摇号购车的地方，新能源车不仅摇号的中签率长期保持在 100%，而且摇到号的人竟然有 70% ～ 80% 最后弃购了。如北京市在 2014 年第 1 ～ 3 期配置的 5168 个个人指标中，有 3791 个因“过期未使用”而重回指标池，比例高达 73.4%。因此，这几年虽然纯电动车的产销量有持续的高速增长，但与这么低的基数相比的确显得有些“低迷”。

2014 年，尤其到 2014 年年底，这种状况发生了显著的改变。当年，新能源车的销量和纯电动车的销量分别增长 4.24 倍和 3.08 倍，尤其私人购买的比例超过了 70%。这种热烈的状况延续到了 2015 年，不仅新能源车摇号中签率开始迅速低于100%，而且弃号的人数比例也大幅度减少。从国际范围来看，2014年全球电动车销量也出现了大爆发。2015年3月25日，中国的真锂研究、赛迪顾问、中国电池网联合发布调查结果显示：2014年全球市场共销售353522辆电动汽车，同比增长56.78%。请注意这里的“电动车”与中国市场上的“新能源车”概念非常接近，是指纯电动（EV）与混合动力（PHEV）加起来。2014年这353522辆电动汽车总销量中，纯电动汽车219406辆，占比62.06%；插电式混合动力汽车134116辆，占比37.94%。由于新能源车在全球市场都还是处于启动阶段，绝对数量不大，但变化特别快，各渠道统计口径不一，因此各个出口的统计数据都有一定出入。但趋势变化基本都是一致的。

中国在2009年建立新能源车发展战略时，将新能源车定义为3种类型：纯电动车、插电式（含增程式）混合动力车、燃料电池车。但燃料电池车目前销量非常低，中国对此态度只是跟踪，并不作为主推方向。混合动力车普遍认为是一个过渡产品形态，因此目前在中国，纯电动车就成为新能源车的主流方向。因燃料电池车其实也是纯电动，只不过是电池采用燃料电池。因此，在媒体上所说“纯电动”一般是指只采用二次电池（目前主要是各类锂离子电池）的纯电动车。本书中所指的“纯电动”可以包含燃料电池车。

无论如何，因2014年新能源车销售的暴涨，市场上也有人称2014年是中国新能源车的元年。

仅考虑纯电动车的话，从2012年超过1万辆，到2015年接近25万辆，仅用3年时间提升了一个多数量级。现在基数还算比较低，这样的增长速度似乎并不能完全说明问题。但如果未来保持多年如此高速的增长，那就是与互联网、计算机和移动通信等相似的发展速度了。

二、为什么现在开始爆发

如果想知道纯电动车的未来，需要仔细了解它的过去和现在。纯电动车之所以在 2014 年开始爆发，表面上看是国家政策推动等作用，但从更深层的原因上来说，其实也有单纯的内在经济性的支持，这就是纯电动车自身成本的大幅度下降。

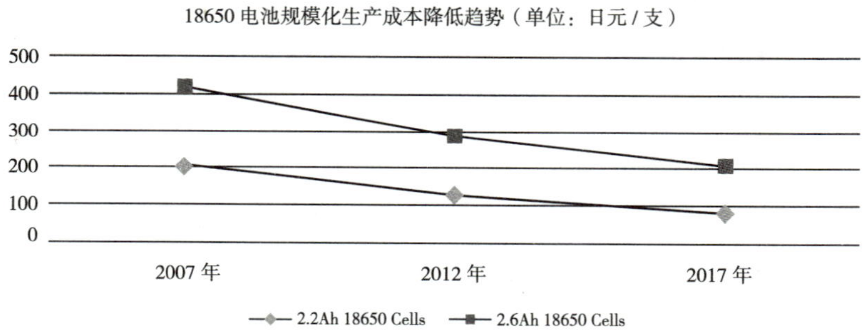

图 1-3　锂电池的规模化带来的成本降低（资料来源：中国电池网）

图 1-4　电池行业生产饱和度的提升与规模化进展（资料来源：第一电动网）

目前，纯电动车主要成本是电池，占了整车成本的 50% ~ 70%。法维翰咨询公司（Navigant Consulting Inc）在 2015 年年初时认为，纯电动车所使用的锂离子电池组平均价格为 496 美元 / 千瓦时，较 2010 年降低了 60%。未来 5 年中有可能进一步降低至 175 美元 / 千瓦时。摩根士丹利公司（Morgan Stanley）曾发布报告称，大批量生产、电池存储容量以及销量的提升能够带来规模效益，使得电池价格不断下降。特斯拉汽车公司正在筹建电池“千兆工厂”（Giga factory），计划在 10 年内将电池价格降低到 100 美元 / 千瓦时以下。巴特尔纪念研究所（Battelle Memorial Institute）能源与环境研究员 Jason Black 表示，电池价格降低到 100 美元 / 千瓦时之后，纯电动车将可以不依靠政府补贴，和普通动力汽车直接竞争。

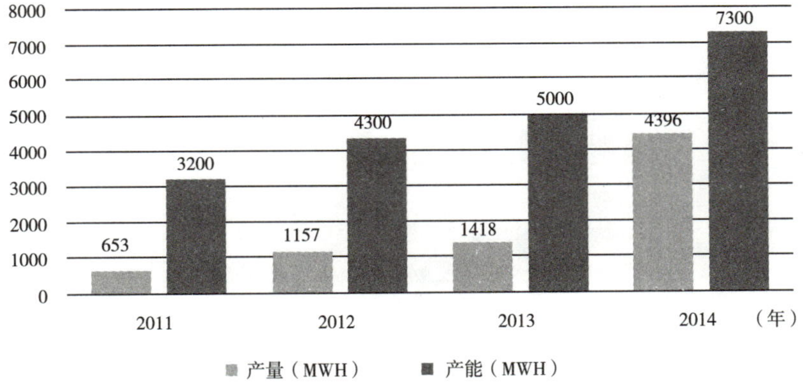

图 1–5　中国锂电池生产规模变化情况（资料来源：第一电动网）

电池成本的大幅下降使中国政府可以有信心在 2014 年推出更多刺激政策，这是使纯电动车到达消费者手中的价格可以与普通燃油车相竞争的关键所在。北京新能源汽车股份有限公司总工程师陈平，在 2015 年 10 月 21 日北京国家会议中心举行的“2015 节能与新能源汽车成果展”上表示，“现在电池成本以每年 10% 的速率下降，产品普及加快”。

随着新能源车爆炸性的增长，所用动力电池的生产规模也成倍增长。中国动力电池产值增速预计从 2014 年的 103% 提升至 2016 年的 200%。从全球范围看，2014 年，全球电动车锂离子电池产能同样呈现井喷式增长。EVTank 统计数据显示，2014 年全球锂动力电池出货量达到 10012.8MWh，同比增长 109.39%。比亚迪在 2014 年电池产量更是达到 290% 的同比增幅。动力电池生产企业天能动力发布公告称，预计 2016 年将至少新增 4 条生产线，总产能 1 吉瓦，届时将满足 15 万 ~ 20 万辆电动车的电池供应需要。国轩高科也在 2015 年年底宣布扩产，预计 2016 年可投产 2.4 亿安时的动力电池生产线。鹏辉能源发布的公告中表示，未来新增产能将主要放在动力电池上。

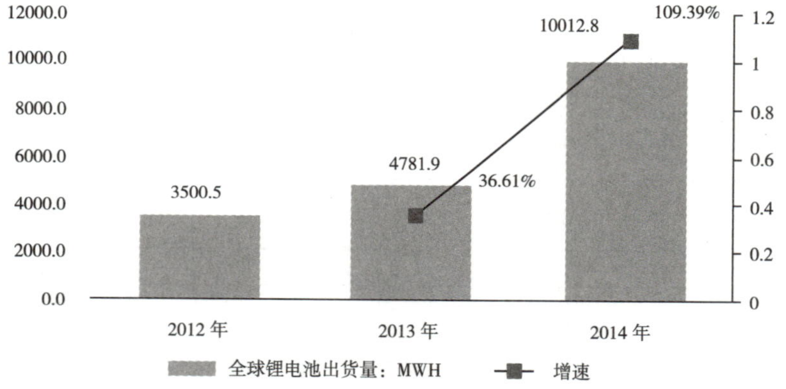

数据来源：EVTank

图 1–6　全球锂电池近几年销售增长情况

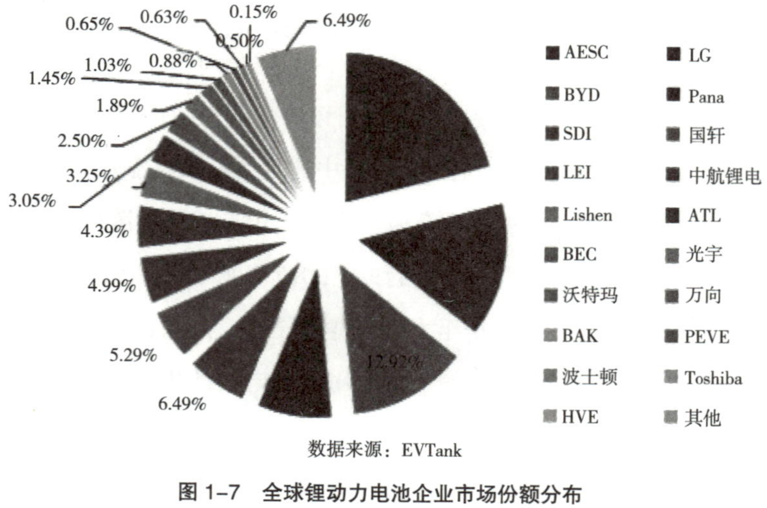

数据来源：EVTank

图 1–7　全球锂动力电池企业市场份额分布

图 1–7 显示了 2014 年全球锂动力电池企业市场份额分布。由于各企业大规模的产能扩张和竞争格局快速变化，这个市场份额分布情况很可能会在未来几年急剧变化。

事实上，由于电动车领域的强烈竞争和良好预期，电池价格下降的速度正在加快。2015 年 11 月，电池供应商 LG 化学和通用宣布合作，LG 将从 2016 年起，向 Bolt 车型提供电池组。双方还将合作建造电池工厂，供货价格将下降到 145 美元 / 千瓦时。2015 年 10 月 22 日，三星 SDI 在西安的工厂竣工投产，年产能可满足 4 万辆电动车使用。紧接着 10 月 27 日，LG 化学在南京的动力电池工厂竣工，其年产能在 2016 年可满足 5 万辆纯电动或 18 万辆混合动力车使用，并计划在 2020 年达到 20 万辆。由于以上新投产的电池采用了新的技术，LG 计划把在中国生产的部分电池，价格最低定在大约 160 美元 / 千瓦时。这一竞争压力必然向所有其他电池生产厂家传递，并引发整个电池产业价格雪崩。特斯拉正在建设的 Giga factory 超大型电池工厂，计划在 2020 年实现 50GWh 的产能。

除了规模效应之外，技术的进步，尤其体现在比能量密度的提升是价格下降的另一个重要驱动因素。2015 年年初，中国科技部发布了《国家重点研发计划新能源汽车重点专项实施方案（征求意见稿）》，提出了电池和电机的具体目标。其中，轿车动力电池的单体比能量 2015 年年底要达到 200 瓦时 / 公斤，这比 2010 年提高了一倍；2020 年达到 300 瓦时 / 公斤。能量密度的大幅度提升是降低每千瓦时成本的有效途径。2015 年 10 月份刚刚在西安和南京投产的韩国电池之所以能够提供低得多的价格，正是因为其锂电池比能量密度有 50% 的大幅度提升。后面会详细谈到，未来大量新电池技术的可能突破，会使电池价格产生革命性的下降。大众汽车前 CEO 马丁 · 文德恩 2015 年透露，该公司正在开发“超级电池”，可大幅提升电动车续航里程，当下接近在新电池技术上取得突破。

三、罕见的政府强力驱动

近 40 年来，中国政府对很多产业甚至特定技术发展都提供过支持，有些非常成功，也有一些不是很成功，但像纯电动车这样长期持续和越来越强大的政府支持还很少见到。

从 2001 年开始，中国“863”项目投入 20 亿元主要做电动汽车研发，形成了以纯电动、油电混合动力、燃料电池 3 条技术路线为“三纵”，以动力蓄电池、驱动电机、动力总成控制系统 3 种共性技术为“三横”的电动汽车研发格局。

2006 年 1 月 1 日，中国颁布了《中华人民共和国可再生能源法》，该法第二条将“可再生能源”定义为：“风能、太阳能、水能、生物质能、地热能、海洋能等非化石能源。”

2009 年 6 月，工信部制定《新能源汽车生产企业及产品准入管理规则》。

2009 年，国务院首提新能源汽车战略，要求到 2011 年要形成 50 万辆纯电动、充电式混合动力和普通型混合动力新能源汽车产能，新能源汽车销量占乘用车销售总量的 5% 左右，形成 10 亿 Ah 动力电池产能。这个目标远远没有实现。其实,50 万辆这纯属一个拍脑袋的象征性数字，如果能达到这个产量，表明该市场真正形成规模化。

2011 年，电动汽车充电接口和通信协议、电动汽车用传导式车载充电机、纯电动乘用车技术条件等重要标准通过审查或发布，对电动汽车应用及充电基础设施建设具有重要促进作用。

2012 年 7 月 9 日，国务院发布《节能与新能源汽车产业发展规划（2012—2020 年）》。根据规划，到 2015 年纯电动汽车和插电式混合动力汽车累计产销量力争达到 50 万辆。这个目标基本上算是刚好实现。

2013年新能源汽车销量为17642辆，其中纯电动汽车销量14604辆。虽然2012年美国油价下跌不利于电动车的销售，但在降价行动和车型推陈出新的刺激之下，2013年，插电式混合电动和纯电动车在美国总共卖出了9.6万辆，其中纯电动车贡献了4.8万辆的销量，是2012年的3倍还多。

2013年9月，财政部等四部委联合下发《关于继续开展新能源汽车推广应用工作的通知》，2013—2015年继续开展新能源汽车推广应用工作，给予国家补贴，并考虑规模效应、技术进步等因素"逐年退坡"，2014、2015年度对新能源汽车的补助标准将在2013年标准基础上分别下调10%和20%。

2014—2015年，中国政府对新能源车发展的支持政策密集出台。

2014年2月8日，财政部、科技部、工信部、国家发改委联合发布《关于进一步做好新能源汽车推广应用工作的通知》，明确国家现行新能源汽车补贴政策在2015年12月31日到期后，将继续实施，为保持政策连续性，加大支持力度，退坡力度缩小5%。

2014年7月13日，公布《政府机关及公共机构购买新能源汽车实施方案》，明确了政府机关和公共机构公务用车"新能源化"的时间表和路线图，指出到2016年中央国家机关以及纳入新能源汽车推广应用城市的政府机关和公共机构，购买的新能源汽车占当年配备更新总量的比例不低于30%，以后逐年提高。

2014年7月21日，国务院办公厅印发《关于加快新能源汽车推广应用的指导意见》。

2015年5月8日，国务院印发《中国制造2025》，将新能源车列为大力推动重点突破发展的十大领域之一。后据此发布的路线图显示，新能源车在新增车辆中的占比计划到2020年超过5%，到2025年超过20%，到2030年时年销售量超过千万。

2015年8月3日，国家发改委发布《关于加强城市停车设施建设的指导意见》，意见指出在集约化的停车场里按一定比例配建电动汽车充电设施。

2015年9月开始，不到40天的时间里，李克强总理已经4次提及新能源汽车。

9月23日，李克强总理主持召开国务院常务会议，部署加快电动汽车充电基础设施和城市停车场建设。

一周后，也就是9月29日，李克强总理主持召开国务院常务会议，议题之一就是促进新能源和小排量汽车发展。会议确定了几项重要措施，要求各地不得对新能源汽车实行限行、限购，已实行的应当取消。从2015年10月1日到2016年12月31日，购买1.6升及以下排量乘用车的，减半征收车辆购置税。会议还决定，完善新能源汽车扶持政策，支持动力电池、燃料电池汽车等研发，开展智能网联汽车示范试点。规定机关企事业单位要落实车辆更新中新能源汽车占比要求，加大对新增及更新公交车中新能源汽车比例的考核力度，对不达标地区要扣减燃油和运营补贴。创新分时租赁、车辆共享等运营模式。

10月9日，为落实国务院常务会议精神，国务院办公厅发布73号文《关于加快电动汽车充电基础设施建设的指导意见》。意见要求原则上新建住宅配建的停车位要百分之百建设充电设施或预留安装条件。公共停车场配建的充电设施或预留安装条件的比例不能低于10%。

10月22日，全国节能与新能源汽车产业发展推进工作座谈会召开，李克强总理做出加快发展节能与新能源汽车的批示。针对发展重点，批示指出，着力突破核心技术和关键零部件制约、提升自主创新能力和技术水平，落实和完善扶持政策、优化配套环境，创新商业模式、扩大先进适用的节能与新能源汽车的市场应用。

10月30日，李克强总理到安徽江淮集团控股有限公司考察新能源汽车研发生产情况。不容忽视的是，考察正值德国总理默克尔访华，“中国制造2025”对接德国“工业4.0”之时。

11月3日，交通运输部、财政部、工信部以交运发〔2015〕164号印发《新能源公交车推广应用考核办法（试行）》。对2015—2019年全国各地新增及更换的公交车中新能源车占比提出了明确的最低比例要求。

11月11日，财政部、工信部、交通运输部联合召开全国城市公交车成品油价格补助政策调整视频会议，以促进采用新能源车。

11月18日，国家发改委发布了《电动汽车充电基础设施发展指南（2015—2020年）》，提出到2020年，全国将新增集中式充换电站1.2万座，分散式充电桩480万个，以满足全国500万辆电动汽车充电需求。

12月16日，财政部等五部门发布了《关于“十三五”新能源汽车充电设施奖励政策及加强新能源汽车推广应用的通知（征求意见稿）》。通知指出，奖励标准主要根据各地新能源汽车推广数量确定，推广量越大，获得的奖励资金越多。

随着中央持续不断的支持政策出台，电动车在中国各地方也是一片火爆，甚至一些过去人们未曾关注到的地方政府也大力推进电动车产业。原有的电动车企业更是大规模地扩张产能。

山西省计划2020年新能源汽车实现产值500亿元。

2014年1—6月份，江苏盐城市亿元以上新能源汽车关键部件项目达9项，计划总投资46.2亿元，2014年计划投资19.3亿元，上半年完成投资5.4亿元。该市计划总投资1亿美元的实联长宜磷酸锂铁电池、投资7500万美元的摩比斯新能源汽车“三电”系统、投资10亿元的科德丰新能源汽车锂电池和润锦新能源锂电池等项目已相继开工建设。

中国主要电池供应商比亚迪计划扩张3倍的电池产能。

这种规模的扩张开始显著影响到上游的原材料产业。作为电动汽车最核心的材料，锂与其主要原材料碳酸锂的价格近年开始受到显著刺激。2015年，在多数大宗商品行情持续走弱的情况下，碳酸锂的价格不断上涨，尤其是10月18—28日的短短10天内，碳酸锂价格涨幅达到 8%。这次涨价，与全球第二大锂化学品供应商美国 FMC 公司提高锂产品价格有关，但 2015 年碳酸锂价格持续大幅增长，主要是受新能源汽车持续放量推动，使锂电池正极材料需求大增。作为已探明盐湖锂储量占全国 83.4% 的青海，迎来难得的发展机遇，2015 年以来已出台多项政策布局锂产业，宣称力争到 2020 年打造出在全国有广泛影响的锂电产业基地。

另一锂电池核心原材料六氟磷酸锂同样价格疯涨。到 2015 年年底，六氟磷酸锂的报价已经高达每吨 15 万元，是 2014 年价格的 2 倍，涨幅达 100%。九九久、多氟多、天赐材料等厂家都在进行六氟磷酸锂产能的大规模扩张。

四、高热式增长背后的冷思考

面对如此高热度的局面，显然人们可能会问这样一些问题：

如此大力度的政府推动是否找对了方向？是否值得？为什么要对这样一个技术方向投入这么大的政府推动力度？会不会形成新的泡沫，新的产能过剩？

如果回顾一下过去各个曾经高速发展的行业，可以发现在高热度发展过程中产业上下游和周边环境及行业极不协调甚至脱节的情况。

劳动密集和高耗能产业的过度发展使煤炭价格暴涨催生一大批一夜暴富的煤老板，而高耗能产业遇到环境等多个发展瓶颈后，又使煤炭价格持续暴跌，大量煤矿破产倒闭。

房地产的暴发式增长带动钢铁业持续繁荣，结果是铁矿石价格一飞冲天，巴西淡水河谷、澳大利亚必和必拓公司、英国力拓集团等铁矿石企业成了最大得益者之一。整个中国，尤其环北京地区的大量高耗能钢铁业生产也使空气质量污染雪上加霜。而房地产等行业趋弱导致钢铁业滑坡，又使铁矿石价格持续雪崩。

太阳能的爆炸性增长导致多晶硅价格火箭般飞升，从 20 世纪 80 年代太阳能产业起动前每公斤 20 多美元暴涨到 2008 年最高时接近 500 美元；而欧洲政府补贴到达极限后又使太阳能产业发展瞬间降速，导致大量高价囤积多晶硅的行业龙头无锡尚德资金链断裂破产，全行业陷入低潮。多晶硅价格 2015 年基本上在 20 美元以下波动。

电动车的超高速发展会不会形成新的产业上下游之间难以协调发展的格局？或者反过来索性认为这种不协调本身就是一种常态？

从另一个方面看推动力度是否足够，是否真能让电动车修成正果呢？

电动车产业会不会重蹈太阳能产业的覆辙，依靠政府补贴迅速发展，但在政府补贴退出后全行业立即陷入危机呢？

如果电动车产业本身的发展问题不能有效解决，想通过它去解决其他问题就没有了基本的前提。

当然，一个产业爆发性的增长未必一定带来局部领域的过热和价格泡沫。例如，当年 VCD 出现后爆炸性的增长就没有什么上游产业随之价格暴涨。主要问题在于上游产业是否有某个环节的产能提升很困难，或从资源上就存在严重的稀缺，与整个产业发展速度之间存在严重的滞后。一旦如此，就必然意味着上游产业价格的暴涨。因此，纯电动车产能无论如何暴涨，都不会对钢材价格产生明显可见的影响，却会对锂电池产业等产生一定影响。不过，锂电池早就是一个成熟的产业，其产能提升要远远比多晶硅等产能提升容易得多，因此预计泡沫会存在，但只要准确认识到行业发展的未来，并做好产能和研发规划，远远不会比太阳能多晶硅泡沫更严重。

第二章

如何看待和选择纯电动车

一、令人震惊的纯电动使用成本

现在燃油车百公里油耗虽然有高有低，但差不多标称都在6 ~ 8升，实际上大多是在城市范围内行驶，真实油耗会显著高于这个值，达到10升左右，油耗较高的车会达到15升。我原来开的别克君威简直就是一个油老虎，我对自己这辆车统计过在北京城市范围百公里油耗，竟然可达到14.5升，平时上下班每天20公里的路程，加上一些到市内办事和周末去郊区等，我每月花在这个车上的油钱都会有700 ~ 1000元人民币。我们就以较保守的大多数车百公里油耗10升考虑，汽油价格则以写作本章时2015年10月份中国市场92号汽油价格6.2元/升为准，换算下来每百公里燃油成本为：

6.2（元/升）×10（升/百公里）=62元人民币/百公里

除油耗外，保养成本也是燃油车非常可观的支出。北方地区冬天较寒冷，按4S店工作人员的说法，冬天和夏天使用的机油是不同的，这样每年至少得进行两次保养。同时，以行驶距离考虑，每5000公里至少需要进行一次保养，如果要跑长途一般也被建议要先去做一次保养。因此，每年车的保养次数2 ~ 4次。每次保养的成本不同的车型有较大差别，是否在4S店也有较大差别。一般保养要做的事情是更换发动机油、汽油滤芯等，价格在1000 ~ 3000元人民币。因此，一年总的保养成本是在2000 ~ 6000元人民币的范围，保养成本是20 ~ 30元/百公里。

我太太一直将我们家车做保养的单据全都保留着，所以方便我做了如下统计。燃油车的保养分为小保（项目少，钱少些）和大保（项目全，钱多些）。

表 2–1 我个人君威车在 4S 店保养支出统计（元）

年份	小保	大保	合计
2012	842	2497.86	3339.86
2013	641.44	3143	3784.44
2014	930	2487	3417
2015	761		

以上统计中去掉了换轮胎、刹车片等燃油车与纯电动车都完全一样的内容。从表 2–1 的统计可看出，每年两次保养，一次小保加一次大保的成本支出合计在 3500 元左右。行车距离大约为 1 万公里，平均保养成本约为 35 元 / 百公里。

这意味着，燃油车使用成本保守估计是在 80 ~ 100 元人民币 / 百公里。请注意这个估计中并没有考虑纯电动车与燃油车都一样的使用成本：故障和事故维修，保险，更换轮胎、刹车片，等等。读者可以根据自己车型的实际耗油量，和每次做保养的价格自己测量并计算一下。这是一个非常重要的数值，各人实际测算的数值可能有一定差异，但不会和以上所计算数值出入太远。

燃油车已经发展了 100 多年，这方面的技术变化不像半导体摩尔定律那样疯狂，每年这些指标别说翻番了，能改变百分之几就算不错了。因此，以上计算出来的燃油和保养量不用指望在未来几年甚至 20 年之内能有什么太大变化，如果燃油车还能发展到 20 年以后的话。

今天市场上实际销售的纯电动车技术水平，一般电耗在 12 ~ 16 度 / 百公里，高档的纯电动车也不会超过 20 度 / 百公里。就算我们以保守的电耗 20 度 / 百公里计算，在家里充电桩上充，每度电的价格是 0.4733 元，简便考虑以 0.5 元计算，电耗成本最大不超过 10 元 / 百公里，一般是在 8 元 / 百公里左右。

另外，纯电动车基本上是不用做保养的，这一点更让人惊讶不已。主要原因在于其动力部分的电动机一般可以做成全密封的，并且不用像燃油车发动机那样在高温高压状态下工作，从而可以终身免维护，如现在常用的永磁电机等。其实，电动车也就是一功率更大的家用电器而已，有谁听说过哪家的电冰箱压缩机每年还要去做保养吗？只是现在人们完全习惯了燃油车每年要花很多钱做保养这种奇葩的事情，所以才对电动车基本不需要做保养感到惊奇。当然电动车并非完全不做任何保养，空调滤芯、雨刷器、轮胎、刹车片等与燃油车是一样的。但这些损耗件一是大多价格不高，二是更换的频次都远比机油和滤芯等与高温工作的燃油发动机相关的损耗件少得多。固定齿轮比的变速箱极其简单，维护保养量少得多，隔两年加一次齿轮油即可。

纯电动车还有一个很奥妙的地方，就是节能模式下以回充方式来制动。回充就是在需要减速时，会把电动机变成发电机，从而把车的动能变回电能并充回到电池中去。我在开纯电动车的过程中发现，这样节省的能源是否值得其实并不一定很重要，因为耗电成本已经便宜到这种程度了，再省这点电的成本就不一定值得了，但它带来的另一个好处却是让人意想不到的。传统使用刹车片的液压制动系统效率并不高，因为它是将汽车的动能转换成热能消耗掉。而电动车大多数情况下的减速，尤其高速运行时的减速可以通过回充方式来实现，这样不仅用不着损耗刹车片，而且制动效果较平稳，在不是需要急刹车情况下很好用。高速运行时刹车减速是最损耗刹车片的。这样，纯电动车刹车片的更换频次就会远远低于燃油车。其实，如果要以节省保养成本角度考虑，纯电动车的改进空间还有很多。

如此一来的直接结论是什么？就是纯电动车的使用成本与传统燃油相比车为：

10（元／百公里）/100（元／百公里）=1 ： 10

居然是一个数量级的差别！一般一辆燃油车每年的使用成本（能耗加保养费，不算保险）在 1 万 ~ 1.5 万元人民币，大排量的车更高。而纯电动车每年使用成本就在1000元左右这么个范围。这种幅度的差异意味着基本上不需要考虑纯电动车的使用成本了。

对于出租车来说，采用纯电动意味着每月可以多出3000～6000元的利润。基本上原来的油钱有多少，采用纯电动增加的利润就有多少。

以上纯电动车使用成本的低廉并不是靠政府补贴实现，而完全是市场本身规律。但凡算明白以上账的人，很难理解再坚持用燃油车的理由是什么。

二、如何看待充电问题

有人很快就会提出一个问题：充电慢怎么办呢？我买了纯电动车后，家里是装了一个充电桩的。现在只要家里有专用停车位，无论是租的还是自己家买的，到物业管理处开个证明，充电桩安装公司就会过来在停车位的地方给装一个专用的充电桩。从充电桩到动力电配电箱距离在30米内的免费装（包括线路、充电桩、电表和安装费都免费），如果超过30米会根据线路情况多交些钱。我装充电桩时的确费了一点时间，因为要找合适的连接线路等反复了好几次。最初装充电桩的公司来勘察时告诉我们如果超过30米，每米要交600块钱。我们的充电桩有可能超过二三十米，如果这样算那我就可能要多交1万～2万块钱，这和最初理解的免费也差太远了。经过一番交涉和反复查勘线路，最后装时距离虽然是64米，但有一段是直接穿管道不用施工，全算下来多交了2700元，这个总价格还算能接受。虽然经历一番波折有点让人不太舒服，不过装上专用的充电桩后使用起来的确是太方便了。

我的EV160纯电动车充满电标称是25.6度电，慢充需要7小时左右，当然不是把电全用完了再充，而是从大约30%开始到充满的时间。如果在外面采用快充方式，1个小时可以充到80%，充满要2个多小时。

但这种方式每度电是 1.6 元，电费比家里贵 3 倍多，所以我一般不在外面公共充电桩充电，除非急需。如果是在集中的专门地方充电，慢充要花的时间当然谁也受不了。但纯电动车与燃油车一个极大不同之处，就是它主要是分散在自己家充电，这样的话快点慢点就无所谓了。如果电快用完了，晚上回到家把线接上，到睡觉前就充得差不多了，如果一定要充满就充一晚上，第二天早上要开车时就充满了，或者周末时把电充满。这样的话谁还在乎充电时间快慢？家用轿车绝大多数时间事实上是处于停驶的状态，因此有充足的时间用来充电。

另外，纯电动车还配有“充电宝”，有 5 米长，相当于一个简易的充电桩。可以再另配一段 10 ~ 40 米的 16 安培线（大多数电商平台都可买到），如果到了比较远的郊区等地方，可以提前与酒店等联系一下住一楼，用酒店房间里的空调插座也可以进行充电，给酒店一点电费就是了。

即使在自己家里，如果一时安装充电桩不太方便，也可以直接用这个充电宝通过家里空调用 16 安培插座进行充电。有很多人因装充电桩比较困难，或者以后有可能搬家，就索性采用这种方法而不装充电桩了。尤其住低楼层的家庭更有这个条件，只是像这样电费可能稍贵一点。一是因为这个简易的充电桩效率一般会低一些，有更多损耗。二是因为直接占用家里的电，有可能会因使用电量超过低档额度，使用更高的阶梯电价。其实这个问题国家是可以很简单解决的，只要购买了纯电动车的家庭，简单提升他们的用电额度即可。这个是仅仅修改一下电网公司计费软件的几行代码就可以解决的事情。如果这样，有大量现在安装充电桩比较困难的家庭，就可以采用这种办法给电动车充电。而且在很多地方（酒店、餐馆等营业的停车场区域），只要多装些 16 安培插座就可以为纯电动车充电了，它们已经有相应的电表进行计费，何必一定要都装上那么正式的充电桩呢？纯电动车无非就是一个用电量大一点儿的新型家用电器，有必要搞那么复杂吗？

还有一些与电池相关的问题纯属不了解情况的误解。例如，手机电池一般用 2 年时间就不能再用，需要更换。电动自行车因为采用的是铅酸电池，一般也是用个两三年就需要更换。这使很多人误以为纯电动汽车的电池也会两三年就要更换。手机电池和电动自行车电池很小，换起来还算方便，成本也可接受。但纯电动车的电池现在都是几百公斤的庞然大物，要真是两三年就得更换，不仅换起来麻烦，而且成本也不菲。其实这是对现在纯电动车的电池技术状况不了解所致。现在纯电动车的电池技术与手机电池和电动自行车的电池是不一样的，即使都是采用锂离子电池，其电极材料也非常不同。其原因一是动力电池重复充电次数一般都远高于普通电子产品，例如手机锂离子电池采用的是钴酸锂材料，重复充电次数为 500 次，而磷酸铁锂动力电池重复充电次数可达 2000 次。二是因其容量较大，单位时间内的充电次数一般也远比普通电子产品少很多。普通家用纯电动车按每年行驶 1 万公里计算，一般一年充电次数在 100 次，但手机 2 天充一次，一年就要充 180 到 200 次。如果是磷酸铁锂电池，一年充 100 次可以用 20 年时间，即使一年充 200 次也可以用 10 年，车本身都差不多要报废了。纯电动汽车容量越大，所需要的充电次数越少。当然，运营性质的纯电动出租车因其使用频度极高，每天都可能需要充一次，甚至多次，因此一般 2 年甚至 1 年时间就需要更换一次电池。但这与车辆本身的磨损速度也是差不多的，出租车本身开到 8 年时间也得报废。另外针对出租车市场，像北汽开发的 EU220 设置了直接换电池的功能，就像手机换电池一样。这样不仅更换电池很方便，而且也省去充电的时间。但对家用来说，这样并无必要。总之，对家用纯电动车来说，电池的使用年限以及更换等并不是任何问题。

另外还有一个问题是充电时间和居民区电网承受能力的限制。即使未来能够出现 10 分钟充满电可以跑上 350 公里的电池技术，未必意味着你真的就可以这么干。小区电网的承受能力是一个关键问题。现在普通电网是按16安培的动力电网铺设的，电力供应能力就是3千瓦，或每小时大约充3度电，10个小时30度电。如果你想10分钟内把30度电充完，电流就得大60倍，要960安培的电流，这个普通居民区的电网根本承受不了，只有专用充电设备才有可能具备条件。如果要想续航里程更远，让车自带比如说90度电，在居民区按正常16安培电流慢充的话，就得至少30多个小时，这个时间长度就开始要让人疯掉了。当然，你也可以分多次把电充满，而不是一次，因此考虑问题的空间其实比较多。要想跑得越远，自带电量就越大，充电时间就得越长。如果想10分钟把90度电充满，电流更是要大到2880安培！这哪里受得了，搞不好接头处有点电阻非得起火烧起来不可。解决这些技术问题和真正实际使用过程中的安全性有太多事情要考虑。如此麻烦解决了问题后，能给用户带来的真正利益又是什么呢？

充电速度主要并不是由电池性能决定的，更主要是由“充电”这种能量转移模式本身决定的。只要是采用这种充电的能量转移模式，即使电池本身可以实现极高速的充电，也会因充电网络或线路约束而难以普遍实现。而要想把全部居民区电网按电动车快充要求改造完，那得猴年马月才能实现？

还有一些细节问题，化学电池在不同倍率下进行充电会带来充电效率的差异，以及电池使用寿命的差异。一般情况下，长期采用慢充方式是有利于提升电池效率，以及延长电池寿命的，而快充则会导致电池效率以及使用寿命下降。这个道理并不复杂，充电快慢类似于开车的快慢，如果你老是将车子开到极限速度，能量效率一般就不会是最佳，并且车辆的磨损当然就更快了。因此，快充一般是用于少数应急情况下的充电方式，一般不应当作为长期持续的方法。当然，不同的电池技术对充电快慢的适应能力也是不同的。如果采用超级电容器的技术方案，对高倍率快速充电的适应能力就要比化学电池强得多。

三、如何看待续航里程问题

另外一个常遇到的问题就是行驶距离短，其实担心这个问题，表明人们并没有完全理解纯电动车的使用方式。现在市场上销售的纯电动车大多是续航里程 150 ~ 300 公里的。我买的 EV160 最大标称行驶距离是 160 公里，另一款车 EV200 最大标称行驶距离是 240 公里。为什么我选 EV160 呢？因为我每天上下班也就 20 公里，一般情况下充一次电可以用一个多星期，冬天用电量大些，一星期要充两次，这已经足够了。如果上下班距离更远，就可以考虑选择续航里程 200 ~ 300 公里的电动车。2015 年纯电动车里新出现的明星吉利康迪熊猫，补贴后的价格只有 6 万多，续航里程可以达到 200 公里。一出世就在 2015 年前 11 月挤入全球新能源车销量排行榜的第 6 名，单月销量排行榜已经杀入第 2 名，颇引人注目。这种续航里程和价位尤其适合上下班用。

如果参考一下手机的发展历史，就可以理解人们对未来纯电动车会如何选择了。其实很早时候手机厂家就开发出了大电量的手机，充一次电可以使用一个星期，甚至一个月。但这种手机在市场上普及过吗？从来没有。因为只要充一次能用上两天就够了，人们宁愿选择因此而缩小电池，这样好开发体积更小的手机，或为其他电子元器件省下空间，并为消费者省下买手机和电池的钱。每两天甚至每天为手机充一次电并不算什么。

如果有两个手机，所有功能和外形完全一样，只是一个电量大，充满一次电可以用 1 个星期，另一个只能用 2 天，但前一个价格是 2800 元，后一个价格是 2100 元，请问：您会做何种选择？反正我是毫不犹豫会选 2100 元的。如果你真的出差时有需要充一次用一个星期或一个月的特殊情况，还不如另拿一个 100 元的充电宝带上。现在 100 元人民币可以在京东网站上买一个 20000mAh 的电池，它可以为现在耗电相对很大的 iPhone6S Plus（电池为 2750mAh）或 Samsung S6 edge+（电池为 3000 mAh）这样的当前最新款智能手机充电 6 ~ 7 次，一般的手机（电池为 1500 ~ 2000 mAh）可充电 10 次以上。

如果有两辆车，其他配置外形完全一样，只是一个充一次电能行驶 500 公里，另一个充一次电行驶 200 公里，但前一个车价格高 1 倍，你会做出什么选择？我相信绝大多数用户也会毫不犹豫选后面一种车型。如果充电很方便，纯电动车会有一个最佳行驶距离范围，太短的确不行，但也不会是越长越好，这个最佳行驶距离就是充满电后出租车可开行至少一整天，家用车可开行一个星期，在中国绝大多数地方最多 300 公里就够了，在美国等居住比较分散的地方可能需要的续航里程量稍远一些。因此，最终纯电动车普及型的最佳续航里程在中国，以及绝大多数国家就是 150 ~ 350 公里范围，美国等少数空间比较大的国家是 350 ~ 550 公里范围。少量高档豪车或有特殊需求的车如越野车等可到 500 公里以上。当长途行驶时，350 公里的车可开不到 3 个小时，本来开这么长时间人自己也得休息和“充电”。人能 10 分钟内就吃完饭走人吗？如果电池技术继续发展，比能量密度继续提升，人们宁愿选择电量与上面所述差不多，但电池体积重量更小，价格更低的车，而不会去选择续航里程更长，价格却更高的车。

如果真需要跑长途，车上另带一个大电量的电池就可以了，和出差时另拿一个手机充电宝是一个道理。毕竟长途开车对绝大多数人来说是临时性或比例极少的需求。

另外，我家里已经有一辆燃油车，如果是跑长途的话，在过渡阶段开燃油车就可以了，何必要那么想不开？

四、共享经济时代的不同生活决策

当然，这样一说有人就问了：你家已经有一辆车当然是没问题呀，可我们是要买第一辆车，如果要跑长途怎么办呢？我的回答是：说白了吧，所谓“要跑长途”无非就是每年要回趟老家，要在老家人面前拽一下你已经有车了嘛。其实很简单，在今天共享经济的时代解决问题的方法已经太多了。你可以到网上去租一辆别人的私家车，像 PP 租车网等。你使用纯电动每年已经可以省下上万块钱了，拿几千块钱什么车租不到？今年你可以租辆奔驰，明年租辆宝马，后年租一辆劳斯莱斯。老家人一看：哇呀！富婆回来了。既然要拽，索性就拽个够嘛。如果家里已经有辆燃油车，可以买辆纯电动车，把家里燃油车放到网上去出租，有人租就租，没人租也无所谓，要想自己用就自己用，这样分摊个保险费、维修费等还是足够的。等到将来到处都是纯电动车时，充电问题就彻底没了。

现在所谓“里程焦虑”，其实只是“充电焦虑”，如果到处都能有充电的地方，哪里还有什么里程焦虑的问题。

现在酒店如果没 WiFi 谁还会去住？以后如果酒店不能给纯电动车充电，谁还会住你的酒店？再以后呢，风投和创业者会去做“拼充网”的生意，放心好了，政府想挡都挡不住（写完本书后才发现作者本人已经太落后了，网上已经出现十几款拼充类的 App 软件）。家里充电桩不用的时候可以拼给别人用，自己用每度电 0.4733 元，给别人充比如说每度电收 1 块钱，拼充一次电也能赚个十块八块的，既方便别人，自己也顺手赚个菜钱。不是所有人都愿意赚这个钱，但只要有一拨人愿意干就足够了。这样一来就到处都是可以用的充电桩了。

再给大家讲一个从一个富豪那里听到的故事。我们有个国外的富豪客户告诉我们，他在一个海岛上买了一个别墅。但每年去不了几次，甚至有段时间几年也没去一次。有一天，负责别墅的用人打来电话：主人，家里的狗很好，我很好，司机也很好，我们的孩子也很好，有时间请多回来看看！买了别墅，每个月花钱养别墅，最后别墅所有的东西全给花钱养的用人和司机谈恋爱、结婚、生孩子、过日子用了！

有些人买了越野车、MPV 型的车，基本上放在家里一年开不上几次。我也曾与太太费很多脑筋考虑下一辆车该怎么买。纯电动车和网络拼租车业务让我们完全改变了考虑这种问题的态度。在美国，别人家里地方大，一家可以买四五辆车，每人一辆平时用，再买一辆 MPV 型的，甚至房车全家人一起度假用。但在中国你就是有能力多买几辆车，放哪里？这种一年用不上几次的东西，要用的时候租就是了。想用什么样的车就租什么样的车，省得再为该买什么样的车费脑筋。

不是你购买了、产权属于你的东西才是你的，只有你使用了、享受了的东西才是真正属于你的。在今天互联网所提供的共享经济时代，这种共享资源的生活理念已经在大行其道，未来更是如此。

几乎所有人听完我的介绍后，全都恍然大悟：哇！原来还可以这么考虑问题啊！

纯电动车的好处当然还远远不止这些，在北京纯电动车不用每周限行，遇到国家大事单双号限行时也不会对纯电动车限行。我正好是北京“9.3 阅兵”前单双号限行前拿到的纯电动车，天天可以不用限行，真有点儿在伟大祖国首都瞬间进入特权阶层的感觉！

也有人问我，纯电动车这么好，怎么买的人这么少呢？我说：很简单，就是因为人们不知道啊。像我这样专门研究新技术的人都是到 2014 年才搞明白，普通老百姓就可想而知了。过去总宣传纯电动车更环保，其实是让老百姓产生了巨大的误解。一提“环保”这种“善事儿”，人们总以为是要让自己付出点什么，其实完全搞错了。纯电动车更环保当然是好事，但对老百姓来说他们能得到什么实实在在的利益才是最重要的。用纯电动车能省这么多钱，还用得着去宣传什么环保吗？2016年知道纯电动车好处的人已经开始爆炸性地增长了。我是2015年4月摇的号，当时还是100%中签率。在此之前很多年，新能源车的中签率几乎一直都是100%。不仅如此，摇到的号也有高达70%～80%被过期弃用了。但我们一摇到号，6月份中签率就下降到88%，8月份38%，10月份就只有不到20%了（17150个申请人资格获通过，号码资源只有3333个）。这几个月我至少直接动员了不下300人，他们间接传递出去的估计一两千人是有了。所以10月北京17150个申请号中，5%～10%是我直接和间接动员的也未可知啊！就像刚买了一只长期价格基本不动的股票后，马上就一个接一个涨停板一样，着实让我和太太对自己2015年年初做出的“英明决策”和“正确投资”暗自得意了一把。只是“好景不长”，在9月29日国务院主持召开的常务会议上，确定了支持新能源和小排量汽车发展路径，按照国务院常务会议要求，各地不得对新能源车实行限行、限购，已实行的应当取消。随着中央一声令下，北京马上取消了对新能源车的限制，中签率又变成100%了。唉！刚刚获得的一点点优越感马上就给搞没啦！

五、开燃油车会越来越麻烦吗

还有人最后的一点疑虑，也被我几句话彻底打消了——已经摇了好几年号，万一改成新能源后这次有可能摇上燃油车岂不亏大了？我说，这就看各人怎么考虑了。不过我的判断是：既然纯电动车优势如此之大，并且根据电池发展技术成本趋势来看，5年之内纯电动车怕是要成为主流甚至一统江湖。如果你是过去几年买的燃油车还没什么，买了两三年内可能也看不出太大问题。而一旦纯电动车风行天下，到时候充电不方便的问题全没了，加油不方便的问题可能就越来越多了。看样子中国政府怕是要极力发展纯电动车，到时候就会给燃油车在政策上设置更多的限制。如果政府要找燃油车的麻烦，那就不是麻烦，而是“相当地麻烦”了。现在就已经在限行，以后对燃油车限行可能更多，全改成单双号，你有什么办法？

本书刚刚要完稿时，2015 年 12 月 8 日北京因雾霾严重紧急启动 3 天的机动车单双号限行，紧接着 12 月 19—22 日又单双号限行，以后这种事会越来越多，但纯电动车不限行。无论原油价格多低，你用的汽油价格却会越来越高，1 升变成 8 块、10 块、12 块，你有什么办法？谁让你污染环境的。本书刚刚完稿，12 月 15 日发展改革委网站上就放出消息了：“暂缓调整国内成品油价格……低油价时，保持国内成品油价格基本稳定，有利于抑制石油消费的过快增长和能源结构调整，促进环境保护，改善空气质量。”这是什么意思？成品油价格本来是根据国际市场油价每 10 天要调整一次，可近 10 天 NYMEX 国际原油价格持续暴跌，从 10 天前的 41.65USD，下跌到 14 号最低的 34.52USD，都快触及近 10 年最低价了（2009 年 1 月 30 日最低的 33.2USD），跌幅竟高达 17%，为什么不调价了？后来发展改革委说了，以后 40 美元以下不再调价，就算石油价格跌到 10 美元，以后成品油出厂的质量标准要提高到国五还得在现有基础上涨价。发展改革委还说了，争取 5 年时间实现成品油价格由市场定价。这是什么意思？这意思就是说 5 年之内成品油价格不完全由市场定价。至于 5 年以后成品油价格如何实现由市场定价，这个得根据客观实际发展情况到时候再研究才能决定。“我只能说到这里了，你懂的。”现在有媒体报道北京已经在着手制定差别停车费率，以后纯电动车停车可能免费，那样一来燃油车停车费又得涨价了。现在停 1 小时 10 块，以后停 1 小时二三十块，你有什么办法？燃油车收拥堵费，纯电动车不收，你有什么办法？如果过路费、高速费对燃油车不断涨价，纯电动车免费，你又有什么办法？

看到这里，不同的人可能就会做出不同反应了。有些好事的人可能就开始讨论起政府这样影响成品油价格是否合理。如果您觉得您有能力影响发展改革委就赶紧去上书，如果您觉得没这个能力，我只是告诉您未来局势会如何发展，您还是按照客观事实情况来确定个人的采购决策吧！这个事情还真不像其他的可以两头站着说话。燃油车会污染环境，以前没得选择的时候，油价还有讨论的余地，现在明摆着有更便宜的方案，又不污染环境，你非要多花钱去用污染环境的工具，那还有什么好说的。

买了一辆车，尤其是买第一辆的，你总得考虑用上个七八年吧。但到七八年后，二手的燃油车可能送都没人敢要了，剩余残值几乎为零，这个在一定程度上说也是要计入买车时成本考虑的……所以，现在就是摇到燃油车的号了，该不该买燃油车可能还真就成为一个问题了。以后再开燃油车，除了在路上显得你有本事，每月多花 600 ~ 1000 块钱，每星期有一天开不了，停车被多收费，还要被社会认为你是在污染空气以外，还能有什么别的可炫耀的呢？自 2016 年 1 月 1 日起，北京市“国一”及以下标准汽油车（改造车辆）全天禁止进入六环路（含）以内道路通行，“国二”标准车辆限行将择机实施。看到了没有？“国一”“国二”标准还不一样是当初政府颁布推荐购买的，燃油车因本身技术进步带来的淘汰速度都越来越快，现在又来了全新的纯电动车，技术淘汰就会更快了。就算你现在买的是符合标准的国五车，5 年后没准哪天也不让你进六环了。这个问题在过去几年是完全不存在的，但现在就越来越有可能存在了。

对北京雾霾产生很大影响的并不仅仅是家用汽车，还有一个很重要的因素是夜晚进京运货的柴油车有害物排放量过大，导致夜晚 12 点会出现一个排放的峰值。理论上说采用符合排放标准的柴油车的话，污染不应该像现在这么高。但是，更高排放标准的车价格会更高，所以造假就成了普遍的，并且很难检查和杜绝的现象。用国一标准的车充当国四，污染物排放量会有数量级的增加。只要还是采用柴油车，不同排放标准如果没有专业仪器设备根本就看不出差别，现场执法人员是难以用肉眼直接检查出来的。但是，如果以后北京规定除了纯电动卡车，所有燃油货车不管排放标准是多少一律都不容许进六环，这个问题就彻底解决了。因为纯电动车与燃油车是有直观上重大差异的，检查人员不用任何设备一眼就可看出差别。只要看看有没有排气管，打开前车盖看看有没有发动机，是否有扑面而来的热气就知道是不是纯电动车。况且，商贩们不就是想省点运费吗？采用纯电动卡车比造假的柴油车更加节省运费，车价可以一次性补贴得比造假的低排放标准燃油车更便宜，他干吗要去造假？难以理解在今天技术条件下何苦还要在燃油车排放标准上浪费无谓的精力。在技术条件已经发生根本变化的情况下，最简单粗暴的办法，往往就是解决问题最有效的办法。所以，在北京以及周边还想采购柴油货车的，就得考虑清楚这个前景造成的影响了。您可能会觉得还有这么多存量的燃油车总不能一下就全淘汰吧？说得不错，但作为过渡阶段的措施可能是先启动对柴油货车进京收排污费，但纯电动货车免费，先收一点，以后进京排污费逐年增加，一直增加到市场自身调节没有任何人再愿意用柴油货车为止。存量的资源没浪费吧？！

只要能明白纯电动车将成为中国未来20年最为重大的行业和技术战略之一，就会明白中国会采取一切可能采取的手段推动纯电动车的普及。除了不断通过技术改进和规模化降低纯电动车的成本和提升其性能外，在燃油车上增加的限制会越来越多，并且可能的手段除以上所说还有非常多：

· 不断提升减排要求增加燃油车的技术难度，从而增加其成本。

· 增加燃油车的购置税增加燃油车成本。

· 对燃油车永久性单双号限行。

…………

总之，燃油车的整车价格、使用成本、使用方便性和便利性等都会越来越差。放心好了，你以为不差的，政府会有办法让它变差的。你会怀疑中国政府把燃油车使用环境变差的能力吗？反正我对此充满信心。有人可能会问：“这就奇怪了，政府的职责是应当把事情做好，怎么还要想尽办法把燃油车的事情做差呢？”如果有人问这个问题非常好，当读者把本书看完就彻底明白原因了。

很多人抱怨中国公路的路桥费太多，导致全社会物流成本过高，不仅影响全社会的交易成本，而且催生了难以杜绝的超载行为，这又连带地造成花费巨资建成的道路桥梁损坏速度很快。如果以后在全国范围内对纯电动货车路桥免费，对燃油车继续收费，甚至可以收得更高，那么以后谁还会用燃油车运货？物流成本问题和超载问题同时都可以完美地解决了。同时，单位数量的商用车实际使用中的油耗远远多过家用车，因此这部分改成纯电动车减排效果将最为显著。

开了几个月的纯电动车，我在周围人中还算是先行者，知道我开了纯电动车的人来咨询我，但凡我把以上调研、分析、决策、购买和使用全过程的实际体会原原本本告诉对方后，基本上回去就把几年没摇上号的改成新能源车了，只有一个小伙子明确认为他还是先买辆燃油车开一段时间再说。当然，人家这么认为这都是别人自己的看法，我也不好再说什么，但最后才得知他摇了好几年的号，前几个月刚刚摇上，并且已经买了燃油车开上了。原来他是听了我的话后显然有点后悔，但木已成舟总得找点理由让心理安慰一下。我感到很抱歉，不是他遇到我太晚就是我不该说。也没关系，现在刚买燃油车可能遇到的以上问题还没那么大，如果不仔细看我写的这本书，以后判断错误的潜在损失可能就越来越大了。

六、现在纯电动车有什么问题吗

有人问我在开纯电动车的过程中有没有发现什么问题、与燃油车有什么区别，的确有几点：

一是我开的这辆车动力不算太足，要上有点坎的路边停车位，开上去得带点冲劲儿才行。

二是在高速路上车速一般最多能开到110公里，不用担心高速上会超速了。这些问题在燃油车时代可能是问题，而本书中将会指出在未来可能看问题的角度会发生巨大的变化。

三是在冬天，如果是采用磷酸铁锂电池的纯电动车，因该材料低温特性不是很好，耗电会增大不少，甚至比夏天多50%以上的耗电。另外，燃油车可以使用发动机余热作为冬天的空调，而纯电动车热空调将会纯耗电，这也会相对增大冬天纯电动车的能耗。但已经这么便宜了，再多费点电钱也亏不到哪里去。并且也有不少小技巧可以减轻冬天开车的耗电，如刚开车时启动空调加热10分钟，然后关掉或减少加热。如果有时间在开车前充10分钟电把电池充热等，这样使电池温度升高后电池效率显著下降问题会有所改善。另外，冬天车内加热耗电是比较大的，而夏天开冷风空调耗电却并不是太大，燃油车也类似。因为夏天一般是把30℃的温度降为25 ~ 26℃，温度变化只是几度。而冬天往往是不小心会设置成要把零下几摄氏度的温度变成20℃左右，温度改变会达到20 ~ 30℃，这样耗能显然要大得多。其实，燃油车在发展过程中也存在各种类似问题，汽油在太低温度下甚至有可能被冻住而使汽车完全无法开动。因此汽油中一般都通过加防冻剂解决这个问题。电池低温情况下效率下降问题除通过使用中的一些技巧改善外，当然也有很多产品本身的解决方法。一种是在目前电池核心技术前提下采取外围补偿性的方案。如给电池加温，通过消耗少量电能提升电池温度，从而使其恢复到正常效率。也可以是在冬天加保温罩等方式，只是在产品设计时考虑到方便维护即可。另一种是根本性的方案，改进电池核心技术，通过采用不同的电池材料来解决。如当前的三元锂电池的低温效率就比磷酸铁锂好很多。未来新开发的其他电池技术也会不断改善温度特性。

最后，还有一个很关键的问题，在家里装充电桩小区物业是否会找麻烦。幸好在我所住的小区算是第一个装充电桩的，小区物业管理处得知有人买了纯电动还很自豪的，很主动就给我开证明了。在这里顺便表扬和鼓励一下吧！但媒体上不断曝光有些小区会找麻烦不给开证明，理由就是小区电网没考虑这个应用，有可能超过负荷。其实这要么是找借口，要么是根本不了解情况。一般家庭都装有多个空调以及电磁炉等。四五千瓦的功率连续用上半天、一天也是经常的事，用电量已经非常大了。按照北京地区的阶梯电价规定，是分为 3 档：

每月 240 度以下为一档。

240 至 400 度为二档。

400 度以上为三档。

而一辆纯电动车就算以每月 1000 公里考虑，大家开的都是特斯拉，每月用电量最大也只有 200 度电。绝大多数纯电动车行车距离没那么多，用电量也就 100 度左右。就算小区有一半家庭使用纯电动车，按二档的 400 度电考虑，增加的用量电只有区区 10% 左右。其实就算全部小区所有家庭全都用上纯电动车，增加的电力消耗也就 25% 左右。即使在不太发达的地区，一般家庭用电也都有 150 ~ 200 度电的水平，而这些地区相应的用车距离也会更短，购买的纯电动车百公里电耗更低。因此，综合评估一半小区家庭使用纯电动车对电网造成的影响增加水平也是 20% 左右。现在家里的电磁炉也有大概 2 千瓦的功率，一台暖风机 2 ~ 3 千瓦，一台空调 1 ~ 2 千瓦，一个微波炉 0.5 ~ 1 千瓦……一辆纯电动车充电时 3 千瓦的功率不过就是一台电磁炉加一个电饭煲，或两个房间同时开空调，或开一个暖风机而已，并且也就一个星期用半天或两个半天，根本就不存在小区电网超负荷的问题，除非这个小区电网老到连电磁炉和空调都不能用的程度，现在全中国还有几个小区是老到这种程度的？只要可以用电磁炉和空调的地方，装电动车充电桩就根本没什么问题，全部家庭都装上也没多大问题。即使有问题，线路改造起来也简单至极——原来一根动力线进小区的，再增加一根线将小区里供电区域再次拆分，功率容量就可以很简单地增加一倍。等需要这样做的时候，小区里超过一半家庭都用上纯电动车了，多收的电费足以支持电网公司进行这样的工程改造。

其实这里面也就是个利益和责任的匹配问题，国家不能仅仅考虑给纯电动车、电网公司、充电桩安装公司等环节补贴。如果在 5 年之内，小区里每装一个充电桩，国家都给小区物业补贴个 100 ~ 200 块钱，纯电动车充的每度电给小区物业补贴个三五分钱，并且纯电动车比例超过 10% 之后，可以容许对燃油车的停车费涨价，那每个小区物业还不欢天喜地全成纯电动车最强大的支持者，整天在小区里狂贴广告，恨不得一天之内家家户户都买电动车装充电桩了。而这个环节的补贴量相比于其他环节的支出几乎可以忽略不计。如果这样把全国的小区大妈们都给动员起来了，那还有什么事情办不成的？

别忘了共产党的经验，把最基层的老百姓都动员起来，人民战争的威力才是无穷的！

在写作本书的 2015 年到 2016 年 1 月，购买和使用纯电动车的确还有些小麻烦，不过如果读者能明白燃油车以后会越来越麻烦，而纯电动车会不断改进和解决麻烦，就会理解当前这些麻烦不算什么麻烦了。

七、电池的回收处理问题

当电动车大量普及后，必然带来庞大的电池回收问题。2016 年 1 月 5 日，国家发改委、工信部、环境保护部、商务部、质检总局联合发布了《电动汽车动力蓄电池回收利用技术政策（2015 年版）》，为动力电池回收提供了政策依据。事实上，传统的铅酸电池回收技术和产业早就已经成熟，现在市场上有争议的主要是针对动力锂电池回收问题。前述政策中提出的“先梯级利用后再生利用”的原则其实也是主要针对锂电池产品，因为锂电池具有较大的梯级利用潜力。

当锂电池不能再用作动力电池时，并不意味着它就真的“废掉了”，而只是电池容量下降到原来的 80% 而已。但这种容量下降了的锂电池依然可以成为很好的太阳能储能等的电池。并且，由于这是废旧的电池，其成本将会非常低，可以做到直接采用全新锂电池价格的 1/3 以下，这将对储能电池的发展造成颠覆性的变化。技术和经济性上说起来是没问题的，但真要实现这种梯级利用也不是那么简单的事情。它需要对从纯电动车上拆下的锂电池进行非常复杂的处理过程：

第一，安全地拆解废弃电池。

第二，评估废弃电池的健康度。在回收的渠道中可能很多电池没有历史记录，因此这一环节需要具备相当的评估手段。

第三，根据细分市场的需求，预测废弃电池的寿命模型，这是最核心和最难的地方。

第四，根据不同领域的需求，匹配一定的硬件和软件。

第五，评估市场的承接能力是否成熟。这个梯级应用技术可以将锂电池的使用寿命再拉长 10 年。

在这个方面，中国企业其实已经有系统的成熟技术能力。中兴派能在这一领域具有极高的市场占有率。

在储能应用潜力也耗竭之后，完全报废的锂电池可以折解后进行材料回收处理，其中的锂是可以获得回收利用的。

因此，客观上说，锂电池回收的确是一个问题，但梯级利用也把它变成了一个促进太阳能发展的有利因素，最后完全报废的锂电池回收利用也是有办法的。因此，锂电池的回收并不算一个太大的问题。

八、改变世界的纯电动

在今天“互联网 +”的时代，我们很难再想象会有其他技术能提供与互联网和计算机相类似的改变整个世界面貌的能力，尤其是当这个技术来自被人们看作传统的行业。新技术在今天已经出现得太多了，纯电动仅仅是其中一个呢？还是有什么特别的地方？不同技术对社会的影响力和波及范围是相差很大的。举例来说，汽车的 ABS（antilock brake system，制动防抱死）技术现在已经得到普遍应用，它的确改进了汽车运行的安全性，尤其在地面很滑情况下的运行平稳性，但它影响的主要就是汽车行业，在其他技术领域几乎没有任何影响。

有些技术的影响面可就大多了，电子计算机技术出现后，影响面大到几乎无限宽广的程度，它迅速深入社会与学术研究的各个领域。随着电子计算机各个基础技术以摩尔定律（计算能力 18 个月翻一番，器件体积 18 个月缩小 1/2）爆炸式地发展，相关的各个领域迅速地改变。例如，视频图像每行像素数量如果增加到原来的 2 倍，一帧图像的像素数量就会增加到原来的 4 倍。这样，如果视频处理算法不改变的话，每一代视频技术的运算能力就相差 4 倍，对应的摩尔周期就是 2 个，为 36 个月。这也就意味着每 36 个月视频技术就会换一代。从 VCD1.0，到 VCD2.0，再到 DVD，差不多就是这么发展的。如果视频处理算法发生改变，需要的运算量有所增加，会延后一些视频换代时间，以摩尔定律来计算也都会大致清楚换代时间的长度。

在计算机之后，互联网又同样广泛地影响到社会生活的方方面面，直到今天，这种影响还在不断深化和继续。它体现在两个方面：一是它们影响的范围广泛，几乎无孔不入；二是它们自身技术发展的速度和市场扩张的速度都是当时社会几乎所有产品技术中最高的。事实上，计算机和互联网本身一般并没有去直接在本质上改变什么，它们只是改变了各个领域信息传递和处理的效率，从而改变其运行和工作的效率，并通过这种效率的改变而实现自己的影响力。例如，汽车行业应用计算机进行产品设计，会改变汽车设计的效率，甚至把一些过去不可能实现的运算量太大的设计变成现实。但计算机本身并不会直接改变汽车发动机的效率和汽车的安全性。计算机可以应用于食品行业，但它本身并不提供新的美味和营养，这一切还是得靠各个行业自身的技术变化。但纯电动所涉及的所有环节都是实际的物质影响。当我真正了解，并且实际使用纯电动车之后，这个技术所展现出来的对未来世界的巨大影响潜力不断让我震惊。

先不要说别的，一个简单的问题就足够让人诧异的了：用纯电动车是化石能源发了电以后通过电网传到充电桩，然后充电，再由电池输出电流驱动电机转成机械能，经过了大量环节，每一个环节都多少有能量损失；而燃油车是直接把化石能源在发动机里转成机械能，怎么会是后者的使用成本竟然会比前者大到数量级的程度呢？另外，对纯电动车是不是真的环保，媒体上也一直莫衷一是。房地产业的知名人士任志强认为纯电动车并不环保，只是污染从石油换成了煤，污染的地方从路上换到了燃煤发电厂。这个问题如果只是像任志强这样的非专业人士表示难以理解的话，可能还只是相关知识普及的问题。而机械工业部原部长何光远这样的业内顶级专家，也对纯电动车是否真的节能表示不好理解，这就可能属于对相关问题的专业研究真的还没做到位了。在 2010 年 9 月中国汽车产业发展国际论坛上，何光远就向新浪汽车记者表示对纯电动车是否一定节能有与前面所述类似的疑问。更奇怪的是，我查了很多信息渠道，一直没找到专业搞纯电动车的人对这个问题有明确和系统的说法。虽然本书并不是把环保作为考虑问题的出发点，但这个与社会生活高度相关而又极为让人迷惑的客观问题，即使仅仅从满足好奇心上说也是需要搞清楚的。

至于纯电动车普及过程中波及的大量领域，那就更是天翻地覆了。

第三章

电动——古老的新技术

一、技术创新的轮回

人们大多以为创新就是不断出现全新的技术，过往的技术就会被认为“已经过时”，而被人们以鄙视的眼光看待。诸如蒸汽机，现在已经是高铁时代，从内燃机时代起，人们就不再研究蒸汽机原理了。事实上，这只是不了解技术发展内在规律的肤浅之见。由于工业革命已经进行了200多年，技术创新已经非常广泛和深入，很多创新的确是全新的，也有很多技术一旦过时，便因没有发展机会而被完全淘汰。但也有很多创新似乎在技术路线上进行着轮回，当然不会是原地踏步的轮回，而是在更高层次上的循环螺旋上升。

以通信技术发展为例，最原始的烽火通信可以说是一种无线的光通信方式。

1837年，英国人库克和惠斯通发明了有线电报。现代电子通信开始从原始的无线变成了有线。

1876年，美国人亚历山大·格拉汉姆·贝尔发明有线电话。

1900年，意大利人伽利尔摩·马可尼为其“调谐式无线电报”取得了著名的第7777号专利，标志无线电报诞生，通信又开始向无线方式迈进。无线电技术出现后，不断开拓更多无线广播甚至电视等应用。但在广播电视不断发展过程中，又出现了有线电视。此时的有线是不同于早期铜线的同轴电缆，它不仅频带宽得多，而且抗干扰等能力也强得多。

1985年，摩托罗拉的马丁·库帕研发出真正可商用的模拟移动电话，话音通信也开始向无线方式迈进。此时的无线已经具备“移动”的概念。同时，有线开始向数据和宽带方向进化。随着数字移动3G、4G的不断发展，移动通信不断占据主流，电话铜线在很多国家已经开始拆除了。

但是，更大带宽的需求却刺激光纤到户，以及基于有线电视的同轴电缆为基础的 CCMTS 宽带接入技术在近几年蓬勃发展，后者甚至可以提供比光纤到户更大的带宽。随着未来移动通信 5G 使用更高频谱，从而移动基站覆盖距离更短，光纤等有线会延伸到离用户更近的地方，CCMTS 有线宽带技术也会起到相当大的作用。

从上面通信发展历史可以看出，有线与无线方式呈现交替循环上升的模式，而不是一个完全替代另一个。

从军事武器的发展来看，最初的火枪是采用子弹动能撞击方式，而后出现弹头内含炸药的火炮炸弹。现在最先进的轨道电磁炮又回归到子弹动能撞击方式，但这已是电磁驱动的超高速动能子弹。

在船舶技术领域，螺旋桨和明轮驱动方式都出现得很早。1804 年，美国人斯蒂芬孙在哈德孙河上实验螺旋桨蒸汽动力船，时间早于明轮。1807 年，美国人富尔顿发明采用明轮推进的“克莱蒙特号”也在美国哈德孙河上试验成功，实验证实明轮推进方式效率好于螺旋桨，随后明轮驱动成为蒸汽动力船大规模普及的技术模式。1843 年，英国海军“雷特勒号”舰上采用的螺旋桨在性能上超出明轮。1845 年，英国海军组织了动力相当的“响尾蛇号”螺旋桨轮船和“爱里克托号”明轮进行竞赛，结果表明螺旋桨性能超过明轮。从此，螺旋桨又开始普遍取代明轮，并且直到今天一直是船舶驱动技术的主流，但能够胜出的螺旋桨采用的是发展成熟的阿基米德螺旋桨。但是，正当以螺旋桨为基础改进的高速时推进效率较好的喷水推进技术开始逐渐普及时，2015 年刚刚成立的上海析易船舶技术有限公司创始人侯亮经过 30 年努力发明的飞轮船，采用飞轮驱动技术，成功地实现能效更高、经济性非常好的高速船舶。此时的飞轮外形极似明轮，却已经是高速运转且轮底低于船底的“高速飞轮”。析易飞船使船舶的轮式推进技术又出人意料地闪亮回归。

飞机最初采用的是螺旋桨，“二战”最后出现喷气机，并且喷气机越来越成为主流的航空动力技术。但在今天最先进的无人机技术领域，螺旋桨又再次焕发青春，只是此时的螺旋桨已经是多旋翼模式。

以上是因技术性能等在不同时期、不同技术条件下发展，形成了技术模式的轮回。而如果是因人们喜好等变迁而形的技术创新轮回就更多了。例如最初人们衣料主要是棉布，后来热衷于化纤，现在又重新喜好纯棉。

电动车则是以上两方面的驱动因素都有而形成的技术轮回的典型案例。

二、老树发新枝

最早的汽车既不是烧油，也不是用电，而是烧煤的蒸汽机汽车。1829 年，英国的詹姆斯采用蒸汽机驱动发明了时速可达 25 公里的蒸汽车。1825 年 9 月 27 日，斯蒂芬孙发明的蒸汽火车商用成功，到 1828 年已经基本取代了传统的马车。詹姆斯显然是受到斯蒂芬孙成功的激励而将蒸汽机用到市内交通工具上。但和用在其他机器以及斯蒂芬孙发明的火车上用的蒸汽机一样，这种汽车装有笨重的锅炉和很多煤，开起来会有隆隆的噪声。蒸汽机火车上行驶过程中冒的黑烟同样会存在于詹姆斯的蒸汽汽车上。在野外的铁路上这还好说，可是要在城市街道上行驶，隆隆的噪声和黑烟谁也受不了。因此，斯蒂芬孙的蒸汽火车成功了，但蒸汽动力汽车从未真正大规模普及过。

与此同时，采用电力驱动的汽车研究也在展开。1828 年匈牙利工程师阿纽什·耶德利克在实验室完成世界上第一辆电力驱动的汽车原型。美国人安德森在 1832—1839 年研制出了第一辆真正可行驶的电动车。这辆电动车所用的蓄电池比较简单，是不可再充电的。在 1873 年，英国人罗伯特·戴维森（Robert Davidsson）制作了世界上最初的可供实用的电动汽车。这比德国人戴姆勒（Gottlieb Daimler）和本茨（Karl Benz）发明汽油发动机汽车还早了 10 年以上。美国纽约曾经在 1895 年成立过一批电动车出租车队。到了 20 世纪初，电动车曾一度占据整个汽车市场高达 40% 的份额，是汽车市场的主流技术之一。但随着城市间道路的大规模建设，电动车行驶距离短的问题充分暴露，以及燃油车技术的不断成熟，燃油动力逐渐普及，电动车到 20 世纪 30 年代持续萎缩到微不足道的份额。

1838 年，英国发明家亨纳特发明了世界第一台内燃机点火装置。1860 年，法国工人鲁诺阿尔发明了内燃机。1883 年，德国工程师威廉海姆·戴姆勒完成了由电火花点火的汽油发动机。1886 年，德国的卡尔·本茨制造出世界上第一辆以汽油为动力的三轮汽车，于同年 1 月 29 日获得专利。经过与电动车长时间的竞争，燃油动力汽车逐渐占据几乎整个汽车领域。大多数人据此认为，1886 年 1 月 29 日是世界汽车诞生日。其实，这种观点只是站在燃油动力车角度来看问题的，未来当电动车一统天下后，人们还会这么认为吗？

尽管道路上跑的几乎全是燃油动力车，但电动车的研发一直就没有停止过。尤其 20 世纪 70 年代随着两次石油危机的爆发，电动车的研发又进入一个高潮，但因电池技术的限制和汽车电力电子学还未建立，尽管持续有电动车研发出来，却始终难以进入大规模商用化。通用 1959 年推出了电动车 Henney Kilowatt，并在两年中生产了 100 台。Sebring-Vanguard 制造的 CitiCar 生产了 2000 台。通用在 20 世纪 60 年代和 70 年代先后改进推出了 Corvair 和 Chevette 的纯电动版本。1996 年，通用推出 EV1，1.4 吨的车身中有 500 公斤是电池。第一代产品使用的是标准的铅酸电池，单次充满电续航里程是 80 ~ 112 公里。二代车型更换了镍氢电池，单次充满电可以跑 120 ~ 208 公里。这个车型不仅在生产了微不足道的数量后停产，而且通用收回了所有市场上的 EV1，少量进入博物馆，其他大部分被销毁。

中国在20世纪60年代就开始电动汽车的研究，2001年开始，新能源车列入863重大专项，将纯电动、燃料电池和油电混合动力列为3个探索的方向。

在电动汽车长期处于停滞状态时，手机和笔记本电脑等需要电池的民用产品大行其道，这些应用不断刺激了电池技术的进步。尤其是20世纪80年代末日本成功使锂离子电池商用化以后，锂电池逐渐进步成为民用电子产品电池的主流技术。在相同体积下，锂离子电池的能量密度是镍镉电池的2.5倍，是镍氢电池的1.8倍，并且没有记忆效应。成倍提升的能量密度使得开发可以大规模实用化的电动车成为可能。

革命性的突破出现在特斯拉（Tesla）这家公司，以及锂电池在电动车领域的使用上。该公司成立于2003年，总部设在美国加州的硅谷。其创始人是硅谷工程师、资深车迷马丁·艾伯哈德，而投资人是SpaceX、PAYPAL的创始人埃隆·马斯克。特斯拉是世界上第一个采用锂离子电池的电动车公司。它所采用的电池单元，甚至就是用于笔记本电脑的18650锂电池。2008年2月，特斯拉开始交付第一辆Roadster。Roadster的出现，标志着纯电动车在蛰伏了近百年后，携锂电池的强大威力卷土重来。Roadster推出仅1年之后，中国的纯电动汽车就开始铺天盖地杀向市场。

三、能源评价体系

能源是整个人类社会运行的动力基础，它会影响到人类社会经济的方方面面，并且是大量国际政治问题产生的根源。但奇怪的是，直到今天，无论技术专家、政治家还是经济学家，对能源变化发展的内在逻辑却还是缺乏系统的总结，使得我们今天对很多重大的现象无法给出清晰的解释。能源技术的发展已经经历了多个轮回，之所以会如此，是因为能源技术的多个要素相对关系变化造成的。影响到能源格局的有四个要素：能源本身、能量转换、对环境影响、其他。这些构成了能源技术发展的整套评价体系。

1. 能源与能量

能量一般情况下表现形式并不是狭义上的“物质”，爱因斯坦著名的质能转换公式 $E=mc^2$ 可不是随便用的。因此，能量必须有一定的物质形态来承载。这种能量承载物一般就被称为“能源”。要分析能源本身，需要从能源携带效率和能源的能量价格两个大的方面考虑。能源携带效率又可以从重量密度和体积密度两个指标来衡量。可参考电池行业的“比能量密度”、煤炭与石油行业的“热值”等概念。

当然，正如前面提到的爱因斯坦质能转换公式所揭示的，物质与能量并无绝对界限。光就说不好算是属于物质性质的“能源”还是算“能量”，其实都可以，因此有光能或太阳能的说法。与本书相关的能源有：

（1）化石能源。如石油、天然气、煤炭、可燃冰、页岩油气、致密油气等。

（2）可再生能源，更准确地说是“短期可再生能源”。如水能、风能、太阳能、生物质能。

（3）天体运行能源。如潮汐能、地热能等。它们虽然也不会有碳排放等问题，但属于不可再生能源。

（4）核能。如核裂变能、核聚变能。核能算是一种“矿物能源”，总储量取决于地球上相应核燃料的可开发矿物储藏量。

除化石能源外，其他能源都可算作“清洁能源”。

“新能源”概念只是指主要被大规模开发的水电、风电、太阳能和核能等。

与本书相关的能量的表现形式有：动能、热能、电能、光能、化学能等。

2. 重量密度

能源的重量密度就是“能源单位重量里所含的，以特定方式利用的潜在能量”。可以用 kJ/kg、kWh/kg 等单位来表示。最高重量密度的能源当属核燃料。重量密度越高的能源，在运输工具上使用时携带不仅越方便，而且因自身重量消耗的能量也会越少。即使不是用在运输工具上作为动力源，运送这种能源的过程也会更简单方便。

以上定义中之所以要加上“以特定方式利用”这个很重要的限定词，是因为利用方式不同，潜在的能量可能是差异非常大的。例如，现在一般核反应堆利用的核燃料成分是铀 235，可利用的能量是铀 235 裂变产生的核能量。而在自然界的铀中，铀 235 的含量极少，只占 0.7%，其他基本上都是铀 238。因此，以上述核反应过程考虑，潜在能量就只由其中铀 235 的含量决定。但如果是在增殖反应堆中，核反应过程会把占绝大多数的铀 238 变成钚 239，后者也是一种核燃料。如此一来自然界中存在的铀理论上全都可以成为核燃料，铀的能量密度理论上会提升上百倍。另外，增殖反应堆也可以把不能作为核燃料利用的钍 232 变成可用作核燃料的铀 233。这样综合起来可以提升可利用核能量约 800 倍。这个技术在中国等国家已经实现。

化石能源以氧化燃烧的化学方式来利用，其能量密度是相当有限的，但如果把里面所含的氢元素里极少量的氘等提取出来，以核聚变方式利用，这样潜在的能量就肯定不一样了。

以上相对还比较好理解，而像电池的能量密度还与放电倍率有关。放电倍率不同，能释放出的电量会有一定差异。不同放电倍率也是属于不同的“特定方式利用”。其实，以理论上相同热值的燃油，在不同燃烧效率的发动机特定方式利用下，可获得的能量也是略有差异的。这些是属于单纯技术上的不同“特定方式利用”。

如果在未来可以采用与反物质碰撞湮灭释放能量的方式来利用，现在的 1 升汽油与 1 升反物质汽油撞在一起全变成能量，那样释放出的能量就真是按爱因斯坦质能转换公式 $E=mc^2$ 计算出来的天文数字了。这个就权当是科幻小说聊聊吧，只要读者能理解“以特定方式利用”是什么意思就可以了。

3. 体积密度

能源不仅需要考虑重量密度，也要考虑体积密度。所谓体积密度就是“能源的单位体积内所含的，以特定方式利用的潜在能量”。可以用 kJ/m^3、kJ/l、kWh/m^3 等来表示。一般说来，体积密度越大的能源当然也越好，这样它占用的地方或空间就会更少。最大体积密度的能源也是核燃料。

重量密度与体积密度一起，可以作为能源携带效率分析的指标。

实际使用过程中，不仅需要考虑单纯能源本身的密度，也要考虑附加上装载能源的箱体和保护层等材料和设备之后的密度。

4. 能源价格与能量价格

能源价格一般是以能源的单位重量（重量成本）或体积（体积成本）的价格来表达，即元/吨、元/公斤、美元/桶、元/升、美元/加仑。这些指标在进行交易时会比较方便，但它们其实很容易让人产生误解。

能够最准确反映能源实质成本的指标是能量价格，它是某能源所含单位能量的价格，即元/千焦、美元/千瓦时、元/度。很显然，只有这些能量价格的指标才能使我们准确理解哪种能源的成本真正更低。能源价格更低并不一定意味着能量价格也更低，它必须考虑能源密度。

能量价格 = 能源价格 / 能源密度

以上在计算时能源价格与能源密度必须采用相一致的单位。能源价格以重量计价，能源密度采用重量密度；能源价格以体积计价，能源密度采用体积密度。

四、能量转换与转换机

1. 能量转换与能源学的跨学科特性

能源一般是通过不同的转换去实现不同的目的。例如，将煤炭直接燃烧来取暖、做饭或炼钢，起作用的就是“煤－热转换”。如果用蒸汽机驱动火车，就是“煤－动能转换”。因此，要想研究清楚能源这个问题，必须跨学科，因为能源在使用过程中注定是要从一个学科研究的对象形式，转换到另一个学科研究的对象形式。煤－动能转换的技术问题必然涉及煤炭化学、蒸汽的气体动力学、热力学、机械动力学等众多不同学科。如果是燃煤发电，又得增加电力学的学科知识了。

2. 转换机

要实现这种能量的转换，就必然需要相应的转换设备。如煤－热转换用的是燃煤炉子，煤－动能转换用的是蒸汽机。我们把这种实现能量转换的设备通称为“能量转换机”，或简称“转换机”。以下是各种能量转换类型及对应的转换机。

转换类型	转换机
煤－热转换	燃煤锅炉
油－热转换	燃油炉
煤气－热转换	煤气炉
煤－动能转换	蒸汽机
煤－电转换	燃煤发电锅炉
油－电转换	燃油发电机
油－动能转换	燃油发动机

（续表）

转换类型	转换机
气－动能转换	燃气发动机
电－动能转换	电动机
电－化学转换	充电电池（二次电池）
化学－电转换	电池放电
核－电转换	核电厂
核－热辐射冲击波等转换	核武器
核－动能转换	核动力（核动力航母等所用）
油－推力转换	喷气发动机
光－电转换	光伏电池
风－电转换	风力发电机
水－电转换	水力发电站
电－光转换	电灯
……	

以上与电能转换相关的部分从行业术语上说是“强电”。如果是弱电，则主要是涉及信息形成的转换，其对应的转换机意义就非常不同了。如光－电转换对应的转换机是光－电传感器，电－光转换对应的转换机是液晶屏，声－电转换对应的是麦克风，电－声转换对应的是喇叭（扬声器）……本书讨论的纯电动问题主要涉及“强电”，但这并不是绝对的，随着转换机尺寸不断变小，主要体现为能量转换的转换机会更多呈现为信息形式的转换。

要对转换机进行分析，有以下指标。

（1）转换机最小尺寸（含最小重量）

能够实现的转换机最小尺寸越小，使用这种转换机就越方便。虽然核能的能量密度最高，但核动力转换机——核反应堆的最小尺寸和重量比飞机本身都大得多的话，就不可能装在飞机这种运输工具上使用。反过来说，如果核反应堆最小尺寸和重量能够缩小到和现在的飞机发动机一样，那就可以开发出加一次核燃料能够连续飞几个月甚至几年的飞机。在这方面，电能转换的转换机尺寸可以做得非常小。如电动机的尺寸可以小到安装在以微米计算的血液内运行的机器人上面。

蒸汽机和内燃机因为需要高温高压的运行环境，就使得它们的最小尺寸很难做得太小。我们不要以为蒸汽机技术就已经完全过时了，其实现在燃煤发电厂的发电机组本质上还是蒸汽机，它们是把煤炭燃烧的热能通过水蒸气先转换成机械能，这个过程其实就是蒸汽机，只是在转换成机械能后又继续转换成电能，而不是用于驱动运输工具作机械运动了。瓦特“发明”蒸汽机，其实严格说是“改进了”蒸汽机。瓦特本人就是当时已经在大量使用的纽康门蒸汽机的维修工程师。这种蒸汽机只是工作在一个大气压下，因此效率非常低。瓦特主要是通过增加蒸汽机的工作压强和温度等措施来提升蒸汽机效率的。直到今天最先进的超超临界发电机组，其实还是在按瓦特的基本思路改进煤电厂的效率，这在对转换机尺寸并无要求的发电厂是没问题的。但是，高温高压的工作环境注定了它在小型化方面会困难重重。内燃机之所以在汽车等小型运输工具上大行其道，原因就在于其发动机的尺寸可以做得更小。目前最小的实用化内燃机体现在摩托车、割草机等上面。

内燃机也是一种高温高压的设备。其压强越高，工作温度越高，燃油效率也越高，这就是涡轮增压发动机技术效率更高的原因所在。从来没有听说过儿童动力玩具有采用内燃机制作的，更别提蒸汽机了，它们都是采用电动机驱动。当尺寸小到一定程度，别说是工作，高温高压瞬间就会让蒸汽机或内燃机爆炸或熔化成液体了。而电动机对温度和空气压强几乎完全没有要求，可工作在常温常压下，这是它的尺寸可以做得很小的关键原因所在。

（2）转换机重量性能

它是转换机单位重量可输出的最大能量转换能力，可以用单位重量的输出功率等来表示。飞机发动机、船舶内燃机等的“推重比”就是体现这个性能的指标。这个指标在运输工具上非常重要，因为转换机本身也要安装在运输工具上，它在运输过程中也要消耗能量。因此，重量性能越高，不仅转换机的经济性会越好，而且可以开发出性能更高，特别是有效载荷更高的运输工具。

（3）转换机体积性能

它是转换机单位体积可输出的最大能量转换能力，可以单位体积的输出功率等来表示。它与重量性能指标类似，只是体现在转机体积性能上。

（4）转换机能量效率

它是转换机有效转换输出的能量比例，以百分比表示，数据范围在 0 到 100%。转换机转换的能量效率越高，经济性会越好，能量浪费更少。

五、对环境的影响评价

能源使用过程一般都会对环境产生各种不同形式的影响，包括碳排放、环境污染或污染物排放、噪声以及人身伤害等。

1. 碳排放

燃烧化石能源产生的二氧化碳如果是纯净的话，本来是没什么害处的。但它带来的温室效应成为一个全球性的大问题了。虽然对此有一些争论，但国际上已经达成共识，需要把碳排放减下来。所有化石能源都有碳排放的问题。

2. 环境污染或污染物排放

如果有人还在争论碳排放是不是真的会导致全球变暖的话，对于中国人来说这个问题完全可以先放一放。因为根本不用管碳排放是不是真的有害，有害的污染物排放肯定是有害的。纯净的二氧化碳本身并不是有害的，如果大气中没有了二氧化碳可能还要出现问题，一切植物就没法进行光合作用。只是二氧化碳太多了会引起温室效应，导致大气可能过高升温的有害巨变。中国经济快速发展导致的化石能源消耗已经造成严重的雾霾，欧美等国家对此并不一定太在意，因为等包含有害污染物的空气飘到他们那里的时候，基本上只剩下二氧化碳，雾霾差不多都落到海里或地上了。但在中国大地上的雾霾，肯定是要由当地人的鼻子、口腔和肺来消化的。煤炭、汽油等能源的使用会带来二氧化硫、铅、颗粒物等有害气体污染物排放，无疑会对健康造成有害影响。这个就不用再深入讨论了，读者不用打开窗户都可以用眼睛测量到，整天看着都心烦。用不着等温室气体导致的全球变暖危害中国，如果不解决化石能源的问题，早在这个危害之前中国人都已经被污染的空气毒死光了。事有轻重缓急，矛盾有主次之分。如果主要矛盾已经处于绝对压倒性地位，次要矛盾就无所谓了。如果明白了这一点，就会知道那些争论碳排放问题的中国人有多么无聊、矫情和多余操心了。我生活在中国，我不关心碳排放，完全不关心，那是住在欧美的人关心的事情，我只关心有害污染物排放问题，因为我是“理性经济人”。尽管我不关心碳排放，但解决了有害污染物排放，碳排放自然也就解决了。因此，只关心有害污染物排放远远比关心碳排放更能有效地解决碳排放问题。

环境问题按现有经济学理论是一种“外部性”，它又是“市场失灵”的主要情况之一。这也给出一个解决问题的启示：如果能够把这些“外部性”的东西通过技术创新等方式变成“内部”的，一切就都没问题了。而如果不能实现这种转变，问题就会困难重重。那些喜好以批判环境问题出镜的“公益人士”，尤其大众明星的媒体界“公益人士”，往往只是以指出问题的严重性来“感动公众”。但是公众感动了又有何用？回过头来照样该干么干什么。呼吁“这是全社会的责任”，往往被人理解为“那不是我的责任”，这种宣传起到的往往是相反效果。

3. 噪声

这是另一种污染问题，虽然不像上面的空气等环境污染严重，但它对人们生活环境的舒适性影响还是很大的。

4. 人身伤害

交通工具可能会带来意外伤害。关于这个问题会在后面详细谈到。

六、其他评价指标

能源发展除以上几个核心要素外，还有其他一些影响要素。主要是两个方面：一是通用性，二是使用方便性。

1. 通用性

通用性不仅是指应用的广泛性，而且包括能量转换技术上的广泛性。在所有能量表现形式中，只有电能是一种真正通用的能源。电能不仅在应用上近乎无限广泛，而且在能量转换技术上也近乎无限广泛。它类似于现代网络技术中的 IP 协议——“一切基于 IP，IP 基于一切”（“Everything over IP，IP over Everything”），电能可以非常方便地实现“一切转换成电能，电能转换成一切”（“Everything change to Electric Energy，Electric Energy change to Everything”）。电池可以放电产生动能，纯电动车的动能也可以很容易回收充回电池里，这种双向的转换只有电能可以做到。很难想象汽油燃烧产生动能，又可以把动能通过发动机转变回汽油。燃煤可以转成蒸汽，但通过蒸汽机把蒸汽能量转回煤炭就是天方夜谭了。

电能极其广泛的通用性带来其应用上完全不同的格局。很难想象，如果不是采用电能，还去使用蒸汽机或内燃机的话，怎么能够开发出可以拿在手上的智能手机，以及家里大量各种不同的耗能设备。那样不是烫死了就是整天家里会着火或爆炸。如果不是电能可以方便地转变成光，怎么可以想象用蒸汽机直接实现照明？如果不是电能可以方便地转变成声能，怎么可以想象“内燃机广播收音机”？就算技术上能实现，它本身的噪声就吵死人了，还怎么有心情去欣赏贝多芬的交响乐？

2. 使用方便性

使用方便性是一个综合性的指标，它其实是一切产品共同的要求。因为人的本性都是懒惰的，没有谁会愿意以增加复杂性来表现自己的勤奋。

能源密度更高，转换机尺寸可以更小等都会增加使用的方便性。

除了火箭发动机等应用场景外，液体燃料在转换机里以燃烧方式使用起来一般都比固体方便得多，在一般民用运输工具上使用更是如此。无论是加装燃料，还是燃料输送进发动机燃烧室，都可以通过管道自动地实现。而固体形态的能源，像煤等就难以做到这些。如果不是内燃机燃料为液体，现在火车上还得用铁铲把作为能源的煤加进蒸汽机炉子里去。而电能使用的方便性又好过液体，它只需要导线就可以了。

七、技术轮回的内在逻辑

从上面所给出的评价指标体系进行分析，就可以非常简单却充分地明了很多表面上难以理解的事情。例如，石油尽管单位能量价格高于煤炭，依然在运输工具上有广泛用途，关键原因在于：作为转换机的内燃机最小尺寸可以远比燃煤的蒸汽机小得多，从而可以很容易安装在汽车、摩托车甚至割草机等上面。液体燃料使用的方便性也远高于固体的煤炭。

从本书分析可知，内燃机能量转换效率未必比蒸汽机更高，单位能量价格又贵，但基于上述原因，它依然获得广泛应用，尤其在运输工具上更是如此。

电动机的能量转换效率远高于内燃机，纯电动的环境影响远远小于其他动力……正是凭借这些优势，纯电动车在100年前曾获得过大规模应用。但后来为什么又逐渐被内燃机替代，而到今天又重新焕发青春呢?其中最关键的原因就在于电池的能量密度。早期使用的蓄电池技术为铅酸电池，其能量密度发展到今天也只有40Wh/kg左右，镍镉蓄电池为50～60Wh/kg，而现在的锂离子电池为90～150Wh/kg。锂离子电池的能量密度为铅酸电池的3倍左右。电池的能量密度提升是非常缓慢的，在锂离子电池技术实用化后大大加速，但平均水平也只是以每年2%～3%的速率增加。而从上百年时间跨度来看，其年平均增速只有1.2%。

以第一个采用锂电池的Tesla Roadster为例，其电池容量53kWh，电池包重450公斤，续航里程393公里。如果换成铅酸电池，在保持电池容量不变情况下，电池包本身就得1350～1500公斤重，而Tesla Roadster整备质量才2352公斤。如果要保持车的整备质量不变，从而电池重量也不变，电池容量就得缩小到只能跑130公里。如果考虑到其他技术因素，实际能跑的距离很可能就远远不到130公里。

在100多年前，城市范围不大，汽车开长途机会不多的情况下，跑这个距离勉强能用，但后来长途需求多了以后，就远远不够用了。汽油的能量密度是固定的，今天的技术水平与100年前几乎没什么变化。因此，尽管电池能量密度的提升速度非常缓慢，但经过100多年的持续提升，到今天阻碍纯电动车的唯一技术障碍已经开始从根本上消融。这些技术之间相对关系发生的变化，就是纯电动车与内燃机汽车技术轮回的关键原因所在。明白了这一点，就会理解随着电池能量密度的进一步提升，后果会是什么了。

第四章

纯电动的能量链与价值链

在这里，我们要搞清楚第一章中提到的一个问题：为什么纯电动车的使用费会这么便宜？这个问题很多人都曾感到费解，要搞清楚这个问题还真有些不太容易。因为燃油车和纯电动车两者原理是完全不同的，能量转移的链条也完全不同。为了弄清楚这个问题，我们来分别计算一下两种车整个能量转移的链条效率。为分析方便，我们把从最初能量源一直转移成最后汽车动能的全过程称为“能量链”，相应的价格变化称为“价值链”。为能既简单又清楚地理解整个能量链和价值链，我们从汽车的每公里能耗算起，一直反向追溯到源头各个环节。

一、直接能耗对比分析

计算分析的前提条件：

汽油平均热值：44000kJ/kg。

92 号汽油平均比重：1kg=1.342 升。

1 度电 =3600kJ。

燃油车油耗：10 升 / 百公里。

纯电动车电耗：16 度 / 百公里。

计算结果如下：

每 92 号汽油单位热值 =(44000 kJ/kg)/(1.342 升 /kg)=32787kJ/ 升。

燃油车单位能耗 =10 升 / 百公里 ×32787kJ/ 升 =327870kJ/ 百公里。

纯电动车单位能耗 =（16 度 / 百公里）×（3600kJ/ 度）=57600kJ/百公里。

燃油车单位能耗与纯电动车之比 =（327870kJ/ 百公里）/（57600kJ/百公里）=5.69

这个结果清楚地表明了一个非常重要的结论：纯电动车直接能耗水平的确要比燃油车低得多，能量效率非常高。这是纯电动车能耗成本远低于燃油车的重要基础之一，也是现在市场上油电混合动力车之所以能够节能的根本原因所在。

从这里作者产生一个很有兴趣的想法，如果不是用混合动力这种方案，而是直接用一台汽油发电机给一辆纯电动车充电，这样后果会是什么呢？我查询了几个汽油发电机的能量转化效率，分析计算结果如下：

型号 EU-3000DC，功率 3kW 的汉萨汽油发电机，0.53 升 / 度。

型号 EF13000TE，功率 8kW 的雅马哈汽油发电机，0.509 升 / 度。

型号 TSN14000E，功率 10kW 的东洋汽油发电机，0.429 升 / 度。

型号 MU35RGV，功率 35kW 的武藤动力汽油发电机，0.442 升 / 度。

取平均值为 0.45 升 / 度。

锂电池的充电效率：0.9。

充电桩的效率：0.9。

综合燃油效率 =（0.45 升 / 度）/（0.9×0.9）×（16 度 / 百公里）=8.9 升 / 百公里。

这个计算结果是让人感到很蹊跷的，它几乎和燃油车效率一样（10 升 / 百公里）。这个结果说明了：

一是这种简单的方案效率不是最佳的。

二是即使用燃油发电驱动纯电动车，成本也会略低于直接用燃油驱动汽车。这是油电混合动力能效可以高于纯燃油车的原因所在。

三是说明了油电混合这种方式能够获得的节能和节省成本空间是相当有限的。

在增程式混合动力车中，还是采用燃油发动机，但不是直接驱动车轮，而是让它发电，再通过电动马达去驱动车轮。这样做主要目的之一是增程，但在这么转换了一道之后，燃油的能量效率确实高了很多，其原因何在？

原来，在燃油车里，发动机的功率、扭矩、能量效率三者是很难一致的，图 4-1 显示的是燃油发动机的工况。从中可以看到，在它的工作区间，功率和扭矩都不是最佳的。为了匹配不同车速和不同扭矩及功率需要，发动机要通过复杂的多种不同挡速比例的齿轮箱进行变换，以使得发动机能尽可能工作在其最佳区间内。即使这样，它也很难稳定在最佳的能量效率位置。

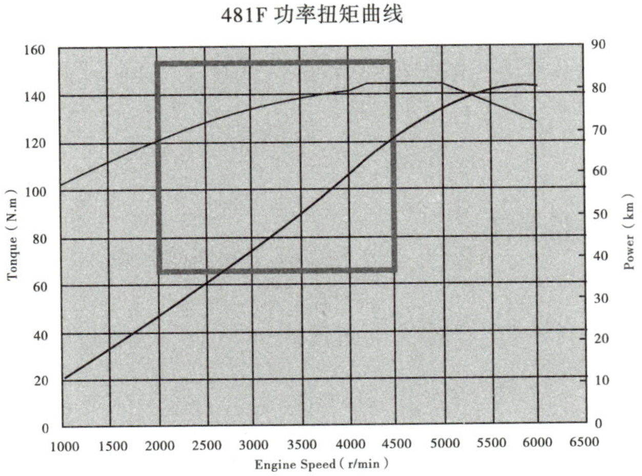

图 4–1 奇瑞 A3 1.6 发动机工况

引入齿轮箱以后，能量效率也会有20%甚至45%的损失。

表 4–1 燃油车齿轮箱的效率测试

六车轮上马力测试结果				
车型	变速箱形式	曲轴马力（hp）	轮上马（hp）	效率
大众 GTI	6 前速湿式 DSG 双离合	197.1	148.6	75.39%
大众尚酷 1.4T	7 前速干式 DSG 双离合	158.2	138.6	87.61%
别克英朗 XT 1.6T	6 前速自动变速	181	116.2	64.20%
上汽 MG6 1.8T	5 前速自动变速	158.2	111.4	70.42%
新骐达 GTS	6 前速手动变速	187.7	151.7	80.82%
新骐达 GTS	无级变速	187.7	102.7	54.71%

但在增程式电动车里，燃油发电机可以一直用固定的转速工作在最佳能量效率的状态。电动马达在很宽的转速范围内扭矩和功率都可以达到最佳。它一般装备的只是固定齿轮比的变速器，其效率远比汽车的齿轮箱高，很容易达到90%以上，比燃油车的齿轮箱高10到30个百分点。

另一个更为重要的特性是：电动车可以进行能量回收。燃油车在刹车时，是不可能把汽车的动能变回汽油再送返油箱里。但电动马达在刹车时却可以变成发电机，发电后存回到电池里。通过这种能量回收，电动车可以节省约15%甚至更多的能量。工信部就要求下一代的电动车能量回收能达到25%。尤其在城市路况下，一脚油门一脚刹车不停变换时，最能发挥电动车能量回收的优势。

二、燃油车能量链

我们再来对燃油车的整个能量链做一下分析。燃油车的全过程能量转移如下。

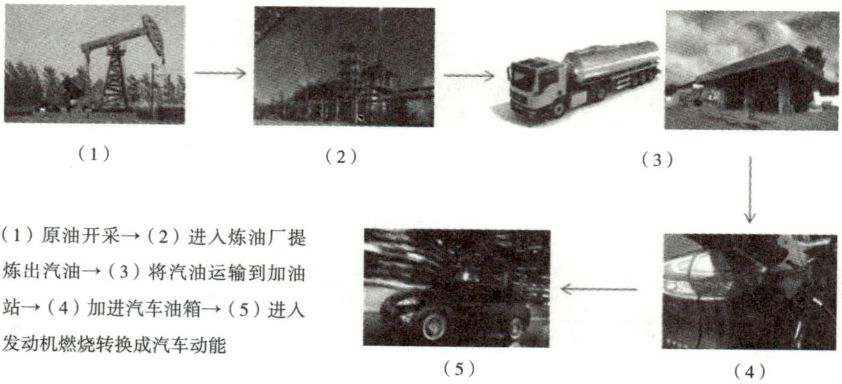

图 4–2　燃油车的能量链

在图 4–2 所示的每个过程，都存在燃油损耗。一般来说，汽油的能量转移全过程来源上是比较单一的，主要是石油，也有少量乙醇和其他来源的煤制汽油。

三、纯电动车能量链及效率

相比之下，纯电动车的电能就存在大量不同的可能来源。煤电、油电、天然气发电、核电、水电、风电、太阳能、潮汐发电、地热发电、垃圾发电……几乎所有能源都有转换成电的可行技术路径。不仅如此，如何将发出来的电送给电动车也存在不同的可能路径，一般情况下是通过公共电网，但也可以是分布式的太阳能电站直接将发的电充给纯电动车。

目前在中国最普遍的燃煤发电能量转移路径，如图 4–3 所示：

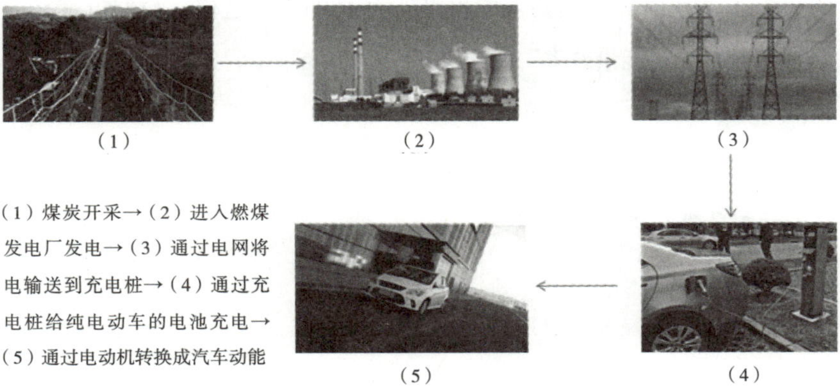

图 4–3　燃煤发电纯电动车能量链

我们从电动车一步步向前分析，在充电环节，有两个能量损失过程。

一是电池充电损耗，体现为行业术语是“电池充电效率”或“电池能量效率”。电池不可能充多少电量进去就能储存多少电量，会有所耗损。储存的电量与直接输入电池的电量之比，就是“电池充电效率”。

中国前段时间执行的纯电动车用锂离子电池行业标准为 QCT/743—2006，其参考的国际标准是 ISOWD12405—1—2011。最新标准是 GB/T 31486—2015《电动汽车用动力蓄电池电性能要求及试验方法》。根据这些行业标准规定的测量方法，实际测得的锂离子电池能量效率一般都高于 90%（参见：任科臣，孙学武，卢高庆，《锂离子电池不同充电倍率下的能量效率研究》，《电子世界》2014 年第 16 期）。

二是充电桩的充电损耗。充电桩（准确点说是充电桩上的“充电机”，本文就不去追究这些严格的学术差异了，后面就都直接称充电桩吧）本身也是一个电子设备，它本身也是要耗能的。我是以早期的深圳地方执行标准 SZDB/Z 29—2010《电动汽车充电系统技术规范》作为参考，更新的标准只会比这个更高而不会比它更低。充电桩的充电效率定义为“直流输出功率与交流输入有功功率之比”。根据前述标准“第3部分：非车载充电机”中“6.5.10效率”的规定，充电效率的标准要求为“大于0.9”。另外还有一个表达无功损耗的“功率因数”，在该标准的“6.5.5功率因数”的要求中也是“大于0.9”。这样，我们可定义一个“充电桩总和能量效率”的概念：

充电桩总和能量效率＝直流输出功率／输入充电桩的总功率 ×100%

＝充电桩效率 × 功率因数

=90%×90%

=81%

再往前推，是整个电网的损耗。根据《国家电网公司电力网电能损耗管理规定》（国家电网生〔2004〕123号），电网的损耗以“线损率”进行测量，线损率的定义是：

线损率＝［（供电量－售电量）／供电量］×100%

减少这个指标那就是电力专业的专家们很费脑筋的工作了，这个指标只要减少哪怕0.1个百分点，所获得的效益都是极为可观的。2014年中国全国发电量为54638亿千瓦时，0.1%的线损就是54.6亿千瓦时。通过线路改造，增加高压传输距离，增加无功补偿以提升功率因数，通过抽水蓄能减少用电低谷的空载损耗等技术措施，中国电网的线损率在持续降低。《国家能源局南方监管局2013年度电力监管报告》显示，2013年南方电网综合线损率为7.20%，比2012年降低0.11个百分点。就全国来讲，已经普遍达到低于10%的水平，即电网传输效率为90%以上。为计算简便，我们就取90%电网传输效率来计算，意味着从发电厂输出一直到纯电动车电池的效率是：

电网综合传输效率 × 充电桩总和能量效率 × 电池充电效率

=90%×81%×90%

=65.61%

以上数字意味着，给电动车每充 1 度电，需要电厂输出 1/65.61% =1.524 度。

换算成百公里消耗的电厂输出电量为 16 度 / 百公里 ×1.524=24.672 度 / 百公里。

《国家能源局南方监管局 2013 年度电力监管报告》显示，2013 年发电标准煤耗为 302 克 / 千瓦时，比 2012 年降低 1 克 / 千瓦时；厂用电率为4.50%，比2012年降低0.05个百分点。也就是说，电厂每输出1度电，需要发的电为 1/（1–4.50%）=1.047 度。这样，我们就可计算出纯电动车每行驶 100 公里还原到最初需要煤电厂消耗的燃煤量为：

24.672 度 / 百公里 ×1.047×302 克 / 度 =7800 克 / 百公里

中国把充分燃烧后每公斤能量为 7000 大卡（29306kJ）的煤称为“标准煤”。1 克标准煤能量为（29306kJ/ 公斤）/1000=29.306kJ，因此，纯电动车每行驶 100 公里还原到最初发电厂消耗的煤炭能量为 7800 克 / 百公里 ×29.306 kJ / 克 =2285900 kJ / 百公里。这个数值是燃油车直接能耗水平的（2285900 kJ / 百公里）/（327870kJ/ 百公里）=70%。如果这么来看，以燃煤发电作为能量的纯电动车终极能耗的确低于燃油车，但能耗只是低了 30%，并不像想象的那么多。

四、燃油车能量链效率

从电煤到电动车动能的整个能量链相对是比较单纯的，所有的电煤全部用于燃烧发电。但对于石油来说，问题就复杂多了，因为石油并不是直接可以加进汽车的，而是要通过炼油厂加热蒸馏分离工艺提炼出石油中的汽油，甚至通过裂解方法将不是汽油的化学成分改变，变成汽油提炼出来。一方面，原油加工并不是全部转换成汽油，而是可能生产出乙烯、丙烯、丁二烯、芳烃、汽油、柴油、煤油等各种不同的产品。另一方面，即使想尽可能多地从石油中获得汽油，也不可能把石油中的所有成分全部提炼或裂解为汽油，这里存在一个石油的“成品油出油率”的问题。即使国际最高水平，出油率也只能达到 80% 多一点。这并不意味着所有这些成品油全是汽油，而是含了汽油、柴油和煤油等所有燃料用成品油。这个出油率数据并不能作为能量链上的效率计算参数，因为没有转化为成品油的部分并非烧掉浪费掉，而是可能生产成别的化工产品，甚至最后剩下的渣也变成沥青铺路用了。

要计算从原油中转化成为汽油的那部分能量链的效率情况，这还的确比较费事，因为在各石油产品被分离之前，是混在一起的。为简便计算，我们就把石油看作打包在一起的各个石油产品的包装箱，在它们被分离之前，各个部分在开采、运输、提炼等生产环节中消耗的成本是可以按其重量平分的。这样一来，整个炼油厂生产的能量效率就可以作为其中汽油生产的能量效率。大致来说，采用国际通行多年的加热蒸馏分离工艺从石油提炼汽油，大约每提炼 100 桶石油需要消耗 2 桶石油作燃料。就是提炼环节能量损耗为 2%，这个效率还算是比较高的。但这个还未考虑整个炼油厂其他的能耗。炼油环节一般占炼油厂能耗的 60%，因此，炼油环节的总能耗为 2%/60%=3.3%。在这个过程之后就是炼油厂输出的成品汽油。汽油出厂后会有两个损耗：

一是因为汽油挥发性较高并且是液体，在运输、储存、零售等环节中会存在挥发、滴漏、容器内壁黏附、残留等。这部分是有国家标准的，参见《散装液态石油产品损耗》（GB 11085—1989）。这部分的损耗如果要深入分析各种情况比较复杂，如季节不同会严重影响汽油挥发性，损耗率就不一样。综合来看，汽油运输、储存、零售全过程总的损耗率大约为 0.5%。

二是运输过程本身也是需要消耗燃油的，这与运输距离远近、运输方式、路况等都有很大关系。第二次世界大战中德军在斯大林格勒等战役中，因燃油运输距离太远，采用汽车运送一车油的话，有一半左右都消耗在路上了，最后被逼无奈竟然用骡马等运油。当然，在今天和平时期采用高速公路、铁路、水路等油罐车运输，效率会高得多。我们以程力 CLW5160GYY3 型运油车为例，它有 14.9 立方米罐体容量，如果装汽油可以装大约 10 吨，标称百公里油耗为 8 升，但它用的是柴油。如果以运输 1500 公里计算，实际油耗以百公里 10 升柴油考虑，1500 公里耗油为 150 升。我们以相同热值来把它折算成汽油。0 号柴油热值为 42677kJ/ 升，与汽油比率为（42677 KJ/ 升）/（32787KJ/ 升）=1.3，也就是说 150 升 0 号柴油热值相当于 150×1.3=225 升 92 号汽油，折算成重量为 225/（1.342 升 / 公斤）=167.7 公斤 =0.1677 吨。由此，运输车辆能量损耗率就为 0.1677/10×100%=1.677%。

有了以上数据，我们就可以算出整个石油提炼、成品油全过程损耗、运输耗能等全过程的效率为：

炼油厂效率 × 运存售环节减损效率 × 运输能耗效率 ×100%

=（1−3.3%）×（1−0.5%）×（1−1.677%）×100%=94.6%

从以上分析可见，整个石油业汽油产品能量链的效率还是比较高的，总的损失只有 100%–94.6%=5.4%。以燃油车百公里油耗 10 升计算，折算到进入炼油厂的石油消耗是 10/94.6%=10.6 升 / 百公里。但这里要注意 10.6 升的数据是石油中等效的汽油。

不考虑石油和煤炭的开采环节，都以它们能量链的第（2）个环节开始考虑，纯电动车能量消耗相比于燃油车的比例为 70% × 94.6%=66.22%，或者说以全能量链考虑，燃油车能耗是纯电动车的 1/66.22%=1.51 倍。它表明了纯电动车以全能量链考察，能量消耗也的确显著低于燃油车，只是比直接能耗 5.69 倍的差异要小很多。

以上数据分析因所采纳的数据、计算方法的简化等可能存在一定程度的偏差，但它清楚展示了整个计算过程的基本原理。如果电动车的能量并不是从煤炭开始，整个能量链有可能发生非常大的变化。例如，采用风能或水能发电的话，就需要计算风能和水能的发电效率。如果它们还是通过电网输电的话，后续能量链是一样的。但如果采用本地太阳能车棚进行就地的发电和充电，情况就会发生很大变化，就不存在整个电网，甚至常规的充电桩环节也可以省掉，因为太阳能发电本身就是直流电，与纯电动车充电接口的直流可以直接匹配。这样的能量链是最短的，效率就会非常高。

本节计算的纯电动车与燃油车同等行驶距离情况下的能量消耗比例差别，并不足以解释为什么纯电动车使用成本要比燃油车低 1 个数量级左右的巨大差距。因此，我们还需要对它们的整个价值链进行一下分析。

五、黑盒测试方法

成本是生产过程能否获利的重要因素，而这个环节因商业机密的影响很难为外人所精确获知。为可靠而精确地获得整个燃油车和纯电动车能量链的价值变化情况，避免一些“专家”以普通百姓搞不懂也搞不清楚的行业内部成本分析说事儿，我们可以采用类似软件或电子硬件等测试中的“黑盒测试”方法，就是把一些存在商业机密的过程看作一个黑盒，暂时不用去追究其内部细节信息，而只是测试黑盒输入和输出端的精确值。

六、燃油车价值链黑盒测试结果

在石油的能量链上，有几个点的价格是完全公开的。

石油采购的价格，这有国际市场期货价格的公开数据。虽然炼油厂实际原油采购价格可能并不与国际市场期货价格绝对一致，并且由于价格本身的波动，某一时刻的原油进货成本价格更是需要通过一定库存管理财务方法处理后才能确定，但这个价格是可以高度准确反映炼油厂直接原料成本的。国家发展改革委对油品的调价周期为 10 个工作日，因此，为简便计算，我们就直接取计算之前 10 个工作日平均 NYMEX 原油期货价格作为参考数据。

成品油出厂价格，这有国家发展改革委公开公布调价的数据。

加油站零售价格，这是每个人都可以直接观测到的。

这里又有一个麻烦问题。原油采购的价格单位是以单位容积“USD/bbl(美元/桶)”定价。国家发展改革委定的出厂价格是以单位重量“元/吨”定价。而市场零售价格又是以单位容积“元/升”(美国市场是“USD/Gal”)定价。这真是“成心”让普通百姓搞不明白燃油价值链上下游相互间关系的节奏。但这真不一定是谁有意如此，各个环节定价单位是有历史形成因素的。为便于比较，我们把各个环节的价格都换算成容积计价，并且以人民币“元/升”为基础。

我写这段文章时是北京时间 2015 年 11 月 16 日，当日显示的 NYMEX 原油期货价格是 41.09USD，10 日平均线价格为 43.839USD。美元与人民币汇率中间价为 1USD=6.3740CNY。1 桶 =158.97 升。因此，截至 2015 年 11 月 16 日，原油期货价格 10 日平均价换算为人民币及每升价格为：43.839×6.374/158.97=1.758 元 / 升。

2015 年 11 月 3 日 24 时起执行的国家发展改革委调价数据为：汽油出厂价格每吨 6335 元人民币。取 92 号汽油平均比重计算，1kg=1.342 升。换算为容积的价格为：6335/1000/1.342=4.721 元 / 升。

2015 年 11 月 16 日，北京地区 92 号汽油零售价格是 5.86 元 / 升。

从上面分析可见，从原油到加油站零售 3 个节点上的价值链为：

原油期货：成品油出厂价格：加油站零售价格

=1.758 ∶ 4.721 ∶ 5.86

=1 ∶ 2.685 ∶ 3.33

如果以零售价中的价格构成分析，3 个环节所占的增加值比例分别为：

原油价值百分比∶炼油厂增加值百分比∶出厂到零售增加值百分比

= 原油期货价格 / 零售价格:（成品油出厂价格 − 原油期货价格）/ 零售价格:（加油站零售价格 − 成品油出厂价格）/ 零售价格

=1.758/5.86 ∶（4.721−1.758）/5.86 ∶（5.86−4.721）/5.86

=30% ∶ 50.56% ∶ 19.44%

七、煤电价值链黑盒测试结果

我们再来看煤电的整个价值链变化情况。我们同样取 3 个透明的节点作为分析点，这 3 个节点非常类似于前面分析燃油的 3 个节点。

1. 电煤期货价格

这个是公开数据，我们取郑州商品交易所的动煤主力（TCM）期货品种参考日的前10日平均价来作为计算依据。报价单位是人民币“元/吨”。该动力煤标准要求基准交割品为：收到基低位发热量为5500千卡/千克，且干燥基全硫≤1%，全水≤20%的动力煤。因此，我们还需要把它以发热量为基础换算成标准煤，以便于与前面计算进行比较。动煤主力（TCM）按发热量与标准煤之间的换算关系为：5500/7000=0.7857。也就是每吨动煤主力（TCM）相当于0.7857吨标准煤。

2. 煤电厂卖给电网公司的上网电价

这个在中国也是由国家发展改革委发文确定的。这个价格的变化不像油价变化那么快。

3. 零售电价

各人都知道自己交电费时每度电的零售价格是多少。报价单位：人民币元/度。

取2015年11月16日动煤主力（TCM）价格为299.2元/吨，10日均价约为321元/吨。换算成标准煤价格为：321/0.7857=408.55元/吨=0.40855元/公斤。现在还没有找到最新的发电厂煤耗数据，不过这个数据每年的变化非常小，并且基本上是单调下降的。我们就取《国家能源局南方监管局2013年度电力监管报告》中所示的2013年发电标准煤耗为302克/度=0.302公斤/度数据，可计算出发每度电的燃煤成本为：0.302×0.40855=0.123元/度。

取2015年4月20日开始执行的《国家发展改革委关于降低燃煤发电上网电价和工商业用电价格的通知》（发改价格〔2015〕748号文）为依据。这个价格在各个地区是不一样的，读者要想算出自己所在地区的上网电价，可参见摘录在本章后面的该文附件 1。我们取北京地区的数据：

上网电价为 0.3754 元 / 度。

家庭充电桩零售电价为 0.4733 元 / 度。

从上面分析可见，从电煤到家用充电桩 3 个环节上的价值链为：

电煤成本价：上网电价：零售电价

=0.123 ：0.3754 ：0.4733

=1 ：3.052 ：3.848

如果以零售价中的价格构成分析，3 个环节的占的增加值比例分别为：

电煤成本价 / 零售电价 :（上网电价 – 电煤成本价）/ 零售电价 :（零售电价 – 上网电价）/ 零售电价

=0.123/0.4733 ：（0.3754−0.123）/0.4733 ：（0.4733−0.3754）/0.4733

=26% ：53.33% ：20.68%

如果采用各个不同地区的电价，以上分析也会发生变化。如果采用公共快速充电桩的零售电价 1.6 元 / 度，以上分析会发生更大的变化。若采用商业用电，中国各地区差异也较大，为 0.6 ~ 1.2 元 / 度，上网电价也有差异。一般居民用电在 0.5 元 / 度左右。尽管有很多差异，但其计算原理都是一样的，有兴趣的读者就作为一练习题自己去做一下吧，况且要打算自己开纯电动车了，这事儿也得根据自己地区情况了解一下。有人可能会说家用电的电价电网公司是不赚钱的，家用充电桩的电价还略低于一般居民用电的电价，0.4733 元 / 度电价里面可能也有国家的补贴。但既然国家定了这个价格，那就是要让老百姓以这个价格进行决策，知道这些就够了。既然如此，那些只有电网公司才能说清楚的事情，按以上计算从上网电价到充电桩电价比燃油零售环节还要高的 20.68% 增殖率赚不赚钱？国家有没有补贴？这些问题我们搞不清楚，也不想搞清楚，能“搞清楚的专家们”也不用跟我们这些老百姓解释，因为这就是黑盒测量方法的优点。

八、价值链对比分析

从上面分析可见，燃煤发电价值链全过程的价值增加比例还高于燃油车，燃油全能量链增值比例为 3.33 倍，而煤电是 3.84 倍。

从各环节增值比例来看，能量传输到终端环节的过程所占价值增值比例基本是一样的，燃油为 19.44%，电网环节为 20.68%。燃煤发电环节比炼油环节所占比例还稍高一点，燃油为 50.56%，燃煤发电为 53.33%。煤炭环节增值略低于原油，原油为 30%，煤炭为 26%。因为原油及煤炭价格的不断变化，这个分析结果并不一定保持不变。但它表明了两个能量链各主要环节价值比例关系其实是差不多的。

我们再来看百公里能耗所对应的热值绝对价格水平比较情况。

炼油厂输入侧对应的等效 92 号汽油单位热值价格计算如下：

单位价格（元 / 升）/ 单位热值（kJ/ 升）

=（1.758 元 / 升）/（32787kJ/ 升）

=5.362E−5 元 /kJ

燃煤发电厂输入侧对应的电煤单位热值价格计算如下：

标准煤单位价格（元 / 公斤）/ 标准煤单位热值（kJ/ 公斤）
=（0.40855 元 / 公斤）/（29306kJ/ 公斤）
=1.394E−5 元 /kJ

燃油单位热值价格与煤相比为：

（5.362E−5 元 /kJ）/（1.394E−5 元 /kJ）
=3.85

这是相当重要的分析结果！纯电动车之所以使用成本远低于燃油车，有 1.51 倍是因为折算到能量链最初环节能耗更低，却有 3.85 倍是因为汽油在最初的原油环节单位热值价格（能量价格）本身就高于煤炭。以上两者综合起来是 1.51×3.85=5.81 倍。再加上纯电动车几乎不需要保养，综合使用成本低于燃油车约 1 个数量级就是这么形成的。

九、能量转换效率综合对比分析

纯电动车的煤电能量链全过程能量效率其实显著地低于燃油车，为 65.61% ∶ 94.6%。但因纯电动车本身的能量效率远高于燃油车 5.69 倍，因此平衡了煤电能量链的低效率。如果采用太阳能充电棚等能量传递距离短、效率高的模式，纯电动的能量效率会进一步大幅度提升。如果采用单位热值价格为零，只有投资和运营成本的水电，纯电动的经济性还会比煤电进一步大幅度提升。水电上网电价普遍比火电低 0.1 ～ 0.2 元 / 度，但电网传输效率因很多时候需要长距离传输而略低。

我们可以再对比一下煤电和油电能量转换效率的数据。煤电发电效率为标准煤 0.302 公斤 / 度。折算成煤电转换效率为：

每度电热值 / 每度电消耗煤的热值 = 每度电热值 /（每度电消耗煤的标准煤 × 标准煤热值）

=（3600kJ/ 度）/（0.302 公斤 / 度 ×29306kJ/ 公斤）

=40.68%

汽油发电的效率为 0.45 升 / 度。折算成油电转换效率为：

每度电热值 / 每度电消耗汽油的热值 = 每度电热值 /（每度电消耗的汽油 × 汽油热值）

=（3600kJ/ 度）/（0.45 升 / 度 ×32787kJ/ 升）

=24.4%

由上面分析可见，煤电转换效率极大地优于油电转换效率。当然，这里面有个原因是中国燃煤发电已经普遍采用技术非常先进、具有较高规模效益的百万千瓦级别的超临界甚至超超临界发电机组。而以上分析中油电转换效率采用的数据是几千瓦的小型汽油发电机参数。它们之间不能简单地直接比较。但另一方面它也说明了，燃油车本身就只能是小型的燃油发动机，它的能量转换效率提升的确也非常困难，不具有规模效率优势。

十、各地燃煤发电上网电价表

表 4–2 是直接摘录自《国家发展改革委关于降低燃煤发电上网电价

和工商业用电价格的通知》（发改价格〔2015〕748 号文）中的燃煤发电上网电价表。

表 4–2 各省（区、市）燃煤发电上网电价和工商业用电价格调整情况

省级电网	统调燃煤发电上网电价平均降价标准	工商业用电价格平均降价标准	调整后的燃煤发电标杆上网电价
北京	0.0170	0.0000	0.3754
天津	0.0234	0.0004	0.3815
河北北网	0.0170	0.0166	0.3971
河北南网	0.0320	0.0431	0.3914
山西	0.0234	0.0000	0.3538
山东	0.0202	0.0259	0.4194
内蒙古西部	0.0067	0.0051	0.2937
辽宁	0.0181	0.0225	0.3863
吉林	0.0211	0.0248	0.3803
黑龙江	0.0200	0.0256	0.3864
内蒙古东部	0.0036	0.0000	0.3068
上海	0.0234	0.0170	0.4359
江苏	0.0214	0.0069	0.4096
浙江	0.0127	0.0081	0.4453
安徽	0.0215	0.0230	0.4069
福建	0.0304	0.0204	0.4075
河南	0.0194	0.0105	0.3997
湖北	0.0176	0.0061	0.4416
湖南	0.0220	0.0149	0.4720
江西	0.0159	0.0195	0.4396
四川	0.0150	0.0066	0.4402
重庆	0.0170	0.0000	0.4213
陕西	0.0098	0.0060	0.3796
甘肃	0.0039	0.0000	0.3250
宁夏	0.0080	0.0045	0.2711
青海	0.0170	0.0000	0.3370
广东	0.0285	0.0168	0.4735
云南	0.0163	0.0057	0.3563
贵州	0.0104	0.0147	0.3709
广西	0.0150	0.0104	0.4424
海南	0.0250	0.0084	0.4528

注：上述燃煤发电标杆上网电价含脱硫、脱硝和除尘电价

第五章

超级电池

从大的发展趋势来说，电池能量密度的提升是纯电动车市场起爆的关键要素，也是电池单位能量价格下降的有效途径之一。因此，未来电池能量密度能够更进一步提升到什么程度，将会对纯电动车的未来技术发展产生巨大的影响。由于这一技术的影响力如此之大，全球在提升电池能量密度的研发上投资出现爆炸性增长的势头。在强大市场需求的驱动下，各种能量密度极高的超级电池方案不断地出现在人们的视线中。

其中尤其以石墨烯电池、金属空气电池和燃料电池最为抢眼。这些电池能否最后获得实用，那就得看最后技术发展的情形。同时，业界也不断爆出纯电动与燃料电池谁会最后胜出的争论。事实上人们需要清楚地认识到，燃料电池车也是一种纯电动车，它与纯电动车的区别仅仅是电池不同而已。但因为它采用氢作为能量转换的中介，而不是直接充电，因此其能量转移过程完全不同，这才造成了整个产业链会存在巨大差异。后面我们将仔细比较，目前锂离子电池已经走在前面，燃料电池能否最后胜出，真正的决定因素究竟有哪些。

从商用化角度来看，选择合适的电池产品还需要考虑很多方面的影响要素，主要包括能量密度、成本、安全性、功率密度、循环寿命、高低温性能、高倍率充放电（快速充电）等。

一、锂离子电池的提升潜力

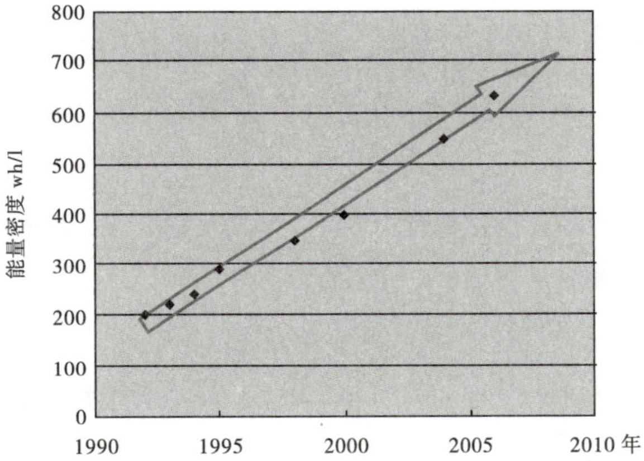

图 5–1　锂离子电池最高密度提升的历史进程

自 20 世纪 90 年代初，被誉为锂电之父的索尼原业务首席执行董事常务西美绪将锂离子电池实用化之后，电池的能量密度技术指标超越长期的瓶颈，出现较高速度的增长趋势。由图 5–1 可见，锂离子电池的最高能量密度从 1992 年的 200Wh/kg 增加到了 2006 年的超过 600Wh/kg(这些数据都是理论能量密度，不是最终加上辅助材料后的实际电池产品能量密度)，大约在 14 年时间增长 3 倍，平均年增长率为 8% 左右。实用化水平的锂离子电池略低于这个水平，有统计是约 3%。加上锂离子电池规模化生产，带来了锂离子电池平均价格每年下降 10% 以上。

西美绪认为，要提高电池的能量密度，有两种方法。一种是削减对产生电力没有贡献的电池材料，比如减薄正负极的集电体及隔膜、减少黏结剂及导电辅助材料等。总之，是通过电池产品设计来提高。但这种做法存在极限，因为这些材料减少到一定程度就很难再减少了，并且继续减少的贡献也越来越小，但对相关产品性能的影响却越来越大，与产品“偷工减料”就越来越接近了。

另一种方法是增大电极活性物质（正负极）的单位重量或者单位体积的容量。有关的材料开发长期以来一直都在进行之中。早期正极材料采用钴酸锂（$LiCoO_2$），这种正极材料曾长期占据统治地位，锂电池容量的改善曾长期依赖负极技术进步。最初的锂离子电池负极采用碳（炭），其能力为250mAh/g左右，初期充放电效率不过80%左右。而现在的负极用碳（石墨）的能力接近理论极限的372mAh/g，初期效率也超过了95%。

锂离子电池的正极材料有很多种，早期是钴酸锂，后来发展了锰酸锂、镍酸锂、磷酸铁锂、三元材料等。

目前使用比较广泛的磷酸铁锂（$LiFePO_4$）电池是采用磷酸铁锂材料作为正极，金属锂作为负极。1996年日本的NTT首次揭露$AyMPO_4$（A为碱金属，M为CoFe两者之组合：$LiFeCoPO_4$）的橄榄石结构的锂电池正极材料。但这种技术专利最早由美国得克萨斯大学的约翰·古丁福（John Goodenough）教授在1997年提出申请，1999年相应的专利号为5910382的专利获批。看来极为重视知识产权的日本下手也有点晚了。不过管它最初是谁发明的，中国的比亚迪等通过应用专利成为这种电池的主要生产厂家之一。事实上，钴酸锂电池是正极材料中密度指标最理想的之一，但是正如前面所说，并不是只要电池能量密度高就最适合作为动力电池。钴酸锂有两个很大的缺陷使它难以成为车用动力电池。一是它的安全性不好，在受强烈碰撞或高温下可能产生爆炸。这就是上飞机时如果有大容量的充电宝不允许托运的原因所在。这个特性用在小容量的电子产品问题不大，但如果用在车上就很危险了。第二个大问题，钴是地球上储量很少的元素，价格很高，这就很麻烦了。用在小容量的电子产品上问题不大，但车用电池的能耗是非常大的，电池对整体成本影响非常大，成本高就比较麻烦了。

磷酸铁锂电池事实上能量密度要比钴酸锂小很多，但即使读者不太懂电池技术也很容易明白，铁这种元素本身就比白菜更便宜，磷是农业化肥所用的材料，都是很廉价的东西。所以首先从成本上就具有了大规模使用在动力电池上的经济性。另外，这种电池非常安全，再怎么碰撞也不会爆炸。还有循环寿命长（可充放电 2000 次），可使用大倍率充电，最快可在 1 小时内将电池充满，功率密度也比较大。这些优点尤其适合作为动力电池，因此在目前纯电动车市场获得广泛应用。

2014 年，比亚迪最新研究的磷酸铁锰锂电池可以使电池能量密度由 90Wh/kg 提升至 150Wh/kg，已经接近三元材料的密度。增加的锰材料在地球上储量相对也比较丰富，如果这个得以商用化，那就是比较大的突破了。

目前实用化容量最高的动力电池当属三元锂电池，它采用镍钴锰酸锂材料（LiNixCoyMn1-x-yO2 ）以及镍钴铝作为正极。特斯拉就主要采用 18650 规格的三元锂电池。其能量密度较高，因此开发了储电量较大，续航里程达 500 公里左右的纯电动车。目前三元锂电池价格比磷酸铁锂电池要高，它把相对理想的钴正极材料变成镍钴锰。镍和锰都比钴便宜得多，因此成本上比钴酸锂电池便宜，密度接近，安全性好一些，不过还是存在一定的安全性问题，这就是特斯拉车有极少着火案例的原因。不过现在三元材料动力电池的安全性问题已经解决得越来越好。在经济性上，毕竟还是用了钴，未来其价格是否能持续降低，有待进一步观察。

可以说，锂电池目前的能量密度水平使得纯电动车刚刚好进入实用化的阶段，未来对提升电池能量密度的诉求已经变得非常迫切。

其实，锂离子电池本身是有极大提升空间的。目前较热的一个研究方向是采用纳米硅作为锂电池的负极材料。硅材料作为锂离子电池的负极材料，理论能量密度最高可以达到 4200mAh/g。麻烦的是这类好东西往往存在一些致命的问题，导致它难以商品化。主要障碍是其循环性能差，在脱嵌锂过程中体积膨胀和收缩产生破裂、粉化失效。采用纳米硅有望找到克服这一缺陷的途径。

加拿大多伦多一家成立于2010年3月22日的创新公司SPI（Spring-power International Inc.），其创始人王长宝带领的团队在2016年1月19日中关村创新与资本论坛上展示了采用特殊的NCA（镍钴铝酸锂）三元材料作为正极，而采用纳米硅为负极开发的新型锂离子电池，其比能量密度可以超过300Wh/kg，能达到现在磷酸铁锂动力电池的3倍多，并显著高于流行的镍钴锰三元锂电池。

采用锂硫材料也是一个研究方向。2015年1月加拿大滑铁卢大学化学教授琳达·纳扎尔和她的研究小组宣布其在锂硫（Li-S）电池技术上取得的一项重大突破。该研究小组发现采用二氧化锰纳米材料能够保持硫阴极的稳定性，从而克服了目前制造锂硫电池所面临的主要障碍。相关内容作为论文发表在2014年8月的《自然·通讯》杂志上，论文第一作者——滑铁卢大学博士后萧亮（音译）和研究生康纳·哈特、庞泉（音译）还发现，氧化石墨烯似乎也有着类似的工作机制。他们目前正在调查其他氧化物，以确定最有效的硫固定材料。

中国科学技术大学钱逸泰、朱永春课题组也发展了一种新型的锂硫电池正极材料——硒硫固溶体。相关论文发表在《能源环境科学》（*Energy Environ.Sci.*, 2015, DOI: 10.1039/C5EE01470K）上，第一作者为他们的博士后李晓娜。该课题组还发展了冰浴法制备性能优异的石墨烯包覆的硒/聚苯胺核壳结构纳米线，首次打破了以往多把Se熔融灌入多孔碳中的思想，结合了石墨烯的高导电性、独特的导电聚苯胺壳层以及硒纳米线一维结构三者的共同作用，使得该复合材料表现出较好的电化学性能。相关结果发表在《纳米能源》上（*Nano Energy*，2015,13,592-600），论文第一作者为该课题组博士张晶晶。

韩国三星公司与多家大学联合努力，在2015年开发出了采用氧化石墨烯固定的纳米硅颗粒作为阳极的锂电池，能量密度可以提升近2倍。

这些研究进展是否能最终变成产品还不得而知，但这些研究本身表明，锂离子电池的性能还有很大潜力可挖。

目前锂电池颠覆性的并且能够商用的创新虽然还没有出现，但针对现有锂电池的改良也一直在进行。例如磷酸铁锂电池的正极片采用水性导电涂料进行底涂，其电池内阻、放电特性、电极剥离强度等各方面性能都可得到显著提升，很多大的电池厂已经在使用。该领域的生产厂家有德国汉高等。国内厂家也在迎头赶上，如深圳启极公司的导电涂料等产品已经能够和进口产品相媲美。

二、石墨烯超级电池与电池辅助材料

石墨烯（Graphene）是一种极为神奇的材料，它是由碳原子组成的只有一层原子厚度的二维晶体。一直以来，石墨烯都被认为是假设性结构，直接到 2004 年，英国曼彻斯特大学物理学家安德烈·盖姆和康斯坦丁·诺沃肖洛夫，成功从石墨中分离出石墨烯，证实它可以独立存在。仅 6 年后，两人就因此共同获得 2010 年诺贝尔物理学奖。相比于

图 5-2　石墨烯材料的奇特晶体结构

一般诺奖大多是获得成果几十年后才能得奖，这个速度相当快了。

石墨烯材料的奇异特性实在是太炫了。它既是最薄的材料，也是最强韧的材料，断裂强度比最好的钢材还要高200倍。它有很好的弹性，拉伸幅度能达到自身尺寸的20%。如果用一块面积1平方米的石墨烯做成吊床，本身重量不足1毫克便可以承受一只1千克的猫。因此，石墨烯有着极为广泛的应用潜力。

石墨烯在电子器件领域也有极好的特性，有望成为硅的替代品，制造超微型晶体管，用来生产未来的超级计算机。用石墨烯取代硅，计算机处理器的运行速度将会快数百倍。

另外，石墨烯几乎是完全透明的，只吸收2.3%的光。另一方面，它非常致密，即使是最小的气体原子（氦原子）也无法穿透。这些特征使得它非常适合作为透明电子产品的原料，如透明的触摸显示屏、发光板和太阳能电池板。作为目前发现的最薄、强度最大、导电导热性能最强的一种新型纳米材料，石墨烯被称为“黑金”，是“新材料之王”，科学家预言石墨烯将“彻底改变21世纪”，极有可能掀起一场席卷全球的颠覆性新技术新产业革命。

这样炫酷的材料一经面世，立即在全球掀起研发的热潮，用它来制造电池也是一个令人目眩的研究领域。2011年，美国俄亥俄州的Nanotek仪器公司利用锂电池在石墨烯表面和电极之间快速大量穿梭运动的特性，开发出一种新的电池。理论上这种新的电池可把数小时的充电时间压缩至短短不到1分钟。2014年年底，一个爆炸性的新闻传遍全球：西班牙Graphenano公司（一家以工业规模生产石墨烯的公司）同西班牙科尔瓦多大学合作研究出首例石墨烯聚合材料电池，其储电量是当时市场最好产品的3倍，用它提供电力的电动车最多能行驶1000公里，而其充电时间只有8分钟。成本比锂电池低77%，该公司并宣称2015年该电池将会投入商业应用。可是2015年已经过去了，关于这种电池还没有新的消息传出来。

石墨烯材料前几年非常昂贵，达到2000 ~ 5000元人民币/克，这比金子还贵。但既然石墨烯原材料只是石墨或本质上为碳这种白菜价的东西，只要生产工艺获得突破，其价格就会一落千丈。在这个问题上，中国人降成本能手的角色又淋漓尽致地表现出来了。2014年5月28日，《宁波市石墨烯技术创新和产业发展中长期规划》在宁波正式发布。根据这个规划，到2023年，宁波石墨烯生产制造产量达到万吨级。同日，南江集团旗下石墨烯项目载体——宁波墨西科技有限公司新产品发布会也如期举行。在发布会上，以宁波墨西科技首席科学家刘兆平为首的技术团队对外展示了他们的产品，并表示，他们的全球首条规模化石墨烯生产线产能达300吨/年，产品价格为：1000元/千克，相当于1元/克。如果真到年产量上万吨，甚至百万吨，其材料价格从以克计价变为真的和白菜一样以吨计价也就很自然了，因此，石墨烯材料价格的确不会是未来应用的障碍。目前市场上各种不同品种和不同品级的石墨烯价格在每克几元到几百元人民币，下降非常迅速。除常州第六元素材料科技、苏州恒球石墨烯、湖南丰化材料、南京先丰纳米等石墨烯生产厂家，传统石墨企业中国宝安、方大炭素、青岛莱西胶体石墨等也在增加石墨烯生产，甚至一些房地产等企业也跟着热点进入石墨烯行业。

一方面，石墨烯各种炫目的特性很容易成为股票市场上的炒作概念。另一方面，过于超前的概念炒作难免会使人们产生怀疑。有人甚至认为石墨烯电池是一个弥天大谎。清华能源互联网研究员刘冠伟称，“石墨烯电池”这个技术接近于不存在，石墨烯只有在理论上能够提高充放电速率，而对于能量密度的提升基本没有任何帮助，其噱头意义远大于实用价值。“而且石墨烯材料本身纳米材料的高比表面积等性质与现在的锂离子电池工业的技术体系是不兼容的，应用的希望十分渺茫。”

石墨烯在锂电池里面可能发挥作用的领域只有两个：直接用于负极材料和用于导电添加剂。但是，石墨烯直接应用于负极材料和导电添加剂并没有显著的优势。原因如下：

相比于普通的干法复合工艺，复合石墨烯并没有明显改善材料的电化学性能，反而由于石墨烯的分散性以及相容性问题而增加了工艺的复杂性并影响到批次稳定性。

石墨烯作为导电添加剂也没有明显的优势，跟碳纳米管（CNT）类似，石墨烯宣称的各项优异性能很难在锂电池的实际应用中真正实现，更何况实际应用中都是多层结构的氧化石墨烯，这与很多宣称的理想特性只是在单层石墨烯情况下的理论值相比更是大打折扣。正因如此，目前并没有实际的石墨烯电池应用案例。

石墨烯因为自身优良的特性受到材料行业，尤其是资本市场的热炒，但业界关于石墨烯材料的研究尚无产业化的时间表，国内资本市场热炒石墨烯真实与泡沫成分各占多少是需要仔细分辨的。

化学电池最大究竟可以达到什么样的能量密度，是有理论依据的。电池本质上是一种电化学反应过程，通过这个过程，潜在的化学能转换成电能。这个过程最大能够释放出多少能量，就取决于反应前后不同物质的化学能变化。这可以通过“吉布斯（Gibbs）自由能”进行计算：一个化学反应在标准状态下所释放或吸收的能量，是产物的吉布斯生成能减去反应物的自由能。简单点说就是反应前后两种物质吉布斯自由能的差。因此，说石墨烯对于电池容量的提升没有帮助既对也不对。因为石墨烯本质上并不能改变电池化学反应前后的吉布斯自由能，因此它并不能改变某个电池理论容量。但是，理论上的电池容量在采用不同技术实现电池产品时，能够真正变现的能量占理论能量的比例是不一样的。现在的很多化学电池产品将理论容量真正变现的比例是很小的。例如，按吉布斯自由能计算的锂电池理论能量密度为3500Wh/kg，但事实上现在的锂电池产品远远达不到这个水平。石墨烯等材料可以提升变现的比例，因此从技术角度说它能够提升电池产品的实际能量密度也不算错。

另外，以电容方式实现能量存储并不是电化学反应过程，而是直接的纯电能转化过程，它并不受上述吉布斯自由能理论的限制。利用石墨烯极高的导电性和大表面积，可以制作石墨烯超级电容器的方案，这些思路目前也是处于早期研究阶段。2015 年 10 月 15 日，中国中车株机公司透露了该公司在浙江宁波开发出两种新一代高比能石墨烯超级电容，其核心参数“比能量密度”高达 11Wh/kg，比美、韩等国创造的 5Wh/kg 的水平提高了一倍。但这个指标并不能让人兴奋，因为它只有铅酸电池的四分之一。

另外也有以其他材料制作超级电容的方案。例如，中国科学院上海硅酸盐研究所和北京大学合作研究，崔厚磊、黄富强等研究者发现了一种全新的超级电容器性能优异的电极材料——氮掺杂有序介孔碳。其比能量密度达到 41Wh/kg，与铅酸电池持平。这个消息在媒体上有大量报道，并且有些媒体误以为用的是石墨烯材料。但事实上准确的材料术语是氮掺杂有序介孔碳（Nitrogen-doped mesoporous carbon）。超级电容具有充放电速度极快，功率密度大，充放电次数远超其他电池（可达百万次，相比之下化学电池一般只有几百到上千次）的突出优点。如果比能量密度能进一步提升，将是极好的动力电池方案。

除了石墨烯以外，碳纳米管等材料等都是改进电池电极的技术方向。这些电极材料本身并不参与电池的化学反应过程，而只是电池辅助材料。这些辅助材料本身并不会在本质上改变电池的能量密度，但却会因改变电池的各项性能、效率等，也会对能量密度潜力的实现产生影响。

能否最终开发出石墨烯电池，或者以石墨烯特有性能改进现有的锂离子电池，开发成功石墨烯超级电容，或以其他材料开发出超级电容，并成功大规模商用于纯电动车领域，让我们拭目以待。

三、金属空气电池

金属空气电池的构造原理与后面要介绍的氢燃料电池类似，它的氧化剂是取自空气中的氧。以典型的锌空气电池为例，它是以锌为阴极，以氢氧化钠等碱性溶液为电解液，而阳极是多孔的活性炭，能吸附空气中的氧气。在放电时，金属锌一侧向负载释放出电子，在电池内部失去电子的锌阳离子通过电解液向阳电极一侧移动，与吸收自空气中的氧气反应生成氧化锌 ZnO。所有金属空气电池都是类似的，只是电解液、电极制作等技术实现不同。很多人，甚至包括专业的人士往往将电池包括金属空气电池中哪个是阴极哪个是阳极搞混。但只要知道金属在放电时是放出电子，金属阳离子在电解液中向氧空气电极移动，就会想明白金属电极一侧是阴极，而氧空气电极一侧是阳极了。只要把氢看作金属，氢燃料电池也就可以与金属空气电池在原理上做相同的理解。至于燃料电池中的“燃料”这个概念，往往被理解为液体或气体。因此，也的确有金属空气电池以这种液体“燃料电池”思路进行开发的，就是把金属以一定方式加工成膏体，可以源源不断地输入到电池中，如锌空气电池就曾有人这么做。不过这种方法并不普遍，另外以液体或气体来定义“燃料”一词似乎并不严格。当年蒸汽机时代固体的煤也是广泛使用的燃料，即使今天燃煤发电厂也还是使用固体的煤作为燃料的。

由于利用空气中的氧作为氧化剂，因此与氢燃料电池类似，这种电池的能量密度可以非常高。理论上说，这种电池储存的能量就是相应金属氧化反应可以释放出的能量。如以氧化锂 Li_2O 为生成物的锂空气电池能量密度可以比现有的锂离子电池提高 1 个数量级以上，其理论能量密度为 3500mWh/g。

如果生成物不是金属锂的氧化物——氧化锂 Li_2O，而是水溶性的氢氧化锂（LiOH），有可能实现更高的能量密度。日本产业技术综合研究所与日本学术振兴会（JSPS）共同开发出的一种新构造的大容量锂空气电池，其生成物就是水溶性的氢氧化锂（LiOH）。实验测得的能量密度高达 50000mWh/g。这甚至比氢气的理论热值能量密度 39722mWh/g 还要高。

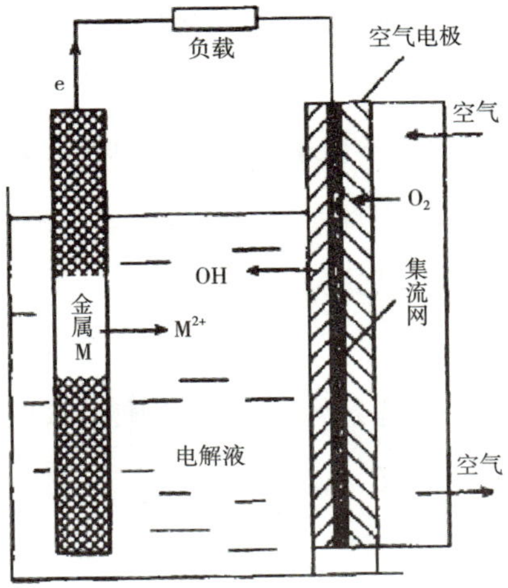

图 5–3　金属空气电池原理

可以用作金属空气电池的材料有多种，主要在研究和开发中的有铝、锂、锌、镁、钙等，甚至铁也可以用来制作铁空气电池。这种技术一般可以做成三种形式的产品：

一是一次电池。即整个金属空气电池用完就全部更换。

二是机械充电式。这与氢燃料电池类似，通过仅仅更换用完的金属电极（燃料）甚至电解液来重新恢复电池的电量。目前锌电池、铝空气电池和锂空气电池等都有做成可更换金属板的方式实现电量的更新。而生成物回收后在工厂里将金属重新提炼出来。因此，事实上真正的能量补充和恢复是在工厂里重新提炼过程中产生的。这种方式会对整个产业链产生很大的影响，因为与氢燃料电池类似，就是要解决如何将金属板重新补充到金属燃料电池中去。相对来说，金属板不存在高压运输问题，比氢气的储存和运输问题要稍微好解决一些。补充金属板可以在普通商场里，甚至通过快递都可以实现。而将金属板送递，以及生成物回收过程中消耗的能量，会对整个能量链的效率产生影响。

三是二次电池。即可以反复充电。这个问题如果能解决，就非常理想了。

以上三种方式对相应金属的需求量是依次减小的。如果是完全的二次电池，其金属需求量会成倍下降。

2015 年，英国剑桥大学化学系的 Clare P. Grey 教授的研究小组宣布开发了一种锂空气二次电池，可反复充电 2000 次，能量密度为 3000 mAh/g，它的生成物是过氧化锂 Li2O2。

理论和技术都是很美好的，但金属空气电池都存在一些让人很头痛的问题，普遍存在的问题是金属氧化后的固体生成物会在阳极堆积，从而导致反应过程中断。在这一点上，就可看出氢燃料电池的优点所在：其反应生成物就是水，直接排掉就好了。另外还有空气中的杂质可能会导致性能的劣化等。因此，我们看到的所有金属空气电池都具有令人目眩的性能，但是都谈到其真正在电动汽车上的商用化“还需要 10 年”。这是什么意思？就是其实还不知道具体什么时候能真正商用化，甚至最终能不能商用化还是一个问题。但如果技术获得重大突破，也可能用不着 10 年就很快商用了。

四、云铝的铝空气电池传奇

以铝空气电池为例来说明一下金属空气电池的详细化学反应过程，以及它们是否可能在纯电动汽车上获得应用。在单体电池中以铝（Al）为负极、氧为正极，在铝空气电池两侧有一对辅助空气电极，作为铝空气电池正极，在工作时只消耗铝和少量的水。铝空气电池以高纯度铝（含铝 99.99%）为负极、氧为正极，以氢氧化钾（KOH）或氢氧化钠（NaOH）水溶液为电解质。铝摄取空气中的氧，在电池放电时产生化学反应，铝和氧作用转化为氧化铝。在国际范围，有关铝 – 空气燃料电池的研究从 20 世纪 70 年代就已经开始，经过几十年的研究已取得了不少成果。许多科学家对铝 – 空气电池的性能和发展前景寄予了很高的期望。中国进行有关方面研究的有云铝股份、西南铝厂、武汉大学、天津大学、中南大学及北京有色金属研究总院等单位。对铝空气电池最终是否可用于汽车，因为我很荣幸地深入参与了云铝股份的铝空气电池市场应用开发过程，因此对此还是有些直接体会的。

以色列 Phinergy 公司在铝空气电池上有很长时间的技术积累，后在 2014 年与美铝 Alcoa 合作联合开发用于汽车用的铝空气电池产品，宣称可让电动汽车续航里程达到 1600 公里。自从 2014 年年初 Alcoa 宣布了与 Phinergy 的合作之后，Alcoa 的股价就一路上涨。正是这个股价上涨，将云铝股份带进了铝空气电池的领域。

云南冶金集团田永董事长（也是云铝股份的董事长）在谈到做出进入铝空气电池的战略决策过程时，提到一个有点传奇性的故事。2014 年一进入 4 月份，云铝股份的股价突然连续暴涨，田董事长不知是何原因，感到有些诧异，四处打听之后才得知 Alcoa 在与 Phinergy 合作开发铝空气电池之后刺激了其股价上涨，可能是受此影响，导致云铝的股份异动。这才使田董事长开始关注铝空气电池的技术，任命汪云华博士（后来汪博士负责铝空气电池业务）组织人进行研究，并很快做出战略决策进入这个领域。

但是，听了田董事长讲的这个故事后，我查询了当时这段时间其他中国铝业上市公司的股价，惊异地发现当时只有云铝的股价出现异动，其他铝业上市公司的股价并没有随 Alcoa 而产生异动，或无法说清是产生了跟随性的异动，这可真是有点天意了。或许当时只是云铝股份的某些股票持有者注意到 Alcoa 的动向，而其他中国铝业上市公司的股票持有者们根本没注意到这个问题。总之，这个事情主要只是引发了云铝股份进入铝空气电池领域。

最初云铝也是想将这个技术用到纯电动的机动车上，如纯电动车或纯电动三轮车。其技术逻辑如下。

铝空气电池可以做到能量密度 600~800Wh/kg，这比最好水平的锂电池还要高 3 倍以上。需要注意的是这种铝空气电池并不是可充电的二次电池，而是机械充电式，也就是只能通过更换铝板进行“充电”的电池。如果是从铝板的能量密度角度看，其理论能量密度可达到 8000Wh/kg，实际能量密度可做到 3000~4000Wh/kg，远高于锂电池。但是，有一个关键性的问题在铝空气电池用于电动车的进程上成为巨大的障碍，这就是其副产品的电解液主要成分为氢氧化铝，是有毒物质，不能随意丢弃。一个有希望的解决办法是这种物质有很高的回收价值。如果建立良好的电解液回收体系，既解决了副产品的环境问题，又降低了使用成本，一举两得，这不就解决问题了吗？这也是 Phinergy 要与 Alcoa 合作的原因，因为铝业公司具备回收电解液的产业链和能力。

但是，在实际产品推广过程中发现，事情远不是这么简单。电解液回收过程本身是有成本的，更重要的问题是，回收的氢氧化铝产品市场需求是有限的，据估计每年如果回收量达到 8000 吨，基本上市场就完全饱和了。如果大规模用作汽车动力，所产生的电解液远远不止这个数字。那么多出来的电解液怎么处理还是无解。

另一个问题是，作为燃料的铝板成本决定的整个铝空气电池使用成本，是难以与锂电池相竞争的。铝板来自电解铝，其成本的底部取决于电解铝的生产效率，业界认为每吨 7000 元人民币是成本底部，加上电解铝生产企业的利润，每吨 1 万元以上是其价格底部。这样每公斤铝的最低成本必须在 10 元以上，以铝板实际实现的能量密度 3000Wh/kg 计算，每度电的使用成本在 3.3 元以上，这根本没法和锂电池相竞争。更让人绝望的是，铝空气电池的这个使用成本理论上是很难有效降低的。道理再简单不过了，这个技术是首先把电通过电解铝变成铝，然后铝再在铝空气电池中变成电。很显然，无论你在技术上怎样改进，其效率怎么可能与直接将电充进锂电池里，然后直接输出相提并论呢？这样看来铝空气电池表面上很有希望，实际上几乎不可能成功。

经过很长时间的艰难分析、市场摸索和计算之后，云铝的铝空气电池终于找到了最适合它的大规模商用的途径。既然铝空气电池的使用成本是不可能有效下降的，那能不能找出可以用其所长，避其所短的市场呢？答案是存在的，那就是备用电池市场。

在移动通信基站、IDC 等众多领域，有大量的备用电源。这些备用电源一般情况下备而不用。也就是一般情况下不用，极少的停电情况下使用，这样其用电成本高的问题就被回避掉了，并且其副产品电解液数量也较少，回收处理问题容易解决。铝空气电池在不使用情况下，电解液与铝板之间可以是分离的，从而就不会有漏电和腐蚀问题。而目前备用电源大量采用铅酸电池，即使不用，过三四年也得换。因此，现在中国运营商每年得更换约三分之一的基站备用电池，这是一笔巨大的开支。而且，因为其使用温度要求高，平时就算不用，也得用空调维持其一定的温度，为保持其电量还得进行浮充，就算不用也得消耗一定电力。而铝空气电池使用温度范围广，不需要空调维持其温度，如果完全不用的话，其性能可以保持 10 年，甚至 15 年、20 年不变，从而不用频繁更换。这些优点使得铝空气电池特别适合用作备用电池。因此，云铝股份为铝空气电池找到了最适合其生存的市场，并专门针对性地开发了相应的产品，受到中国铁塔公司的高度认可。反观 Phinergy 一直将注意力关注在动力电池的应用上，因此，尽管其技术积累最深，却由于搞错了技术应用方向而一直无法将其技术大规模实际商用。这真是 Phinergy 用实在的技术吹起了铝空气电池的泡沫，没想到这个泡沫意外地在云铝股份这里变现成了备用电池的市场。

铝空气电池的这个发展过程对其他燃料电池等技术的发展都有很强的借鉴意义和参考价值。

五、氢燃料电池会成为未来主流吗

氢燃料电池是使用氢元素制造的储存能量的电池。其基本原理是电解水的逆反应。正如前面所说，其实相当于把氢气当作金属的“金属空气电池”。供给氢气一侧是阴极，通过吸入空气供给氧气一侧是阳极。氢通过阴极向外扩散和电解质发生反应后，放出电子通过外部的负载到达阳极。在电池内部，失去电子的氢离子通过电解质移动到阳极与氧反应生成水。

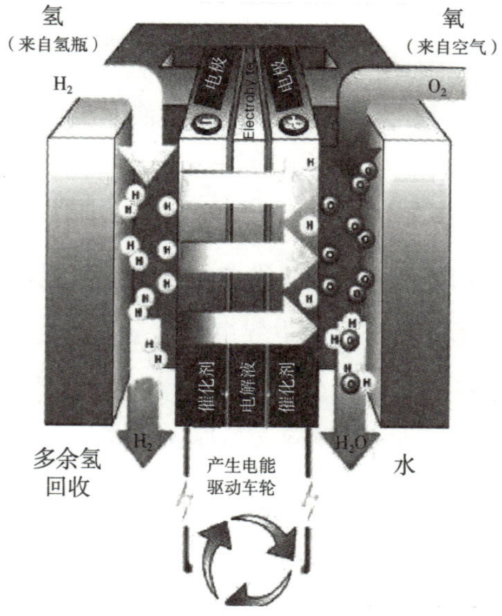

图 5-4　氢燃料电池原理

氢燃料电池并不是一个新东西，它的历史可以追溯到 1838 年，德国化学家提出了氢燃料电池的理论。真正实现商用化则是 1955 年的事情，美国通用电气的工程师造出来实用化的氢燃料电池，随即应用到了美国太空探索的双子星计划。美国的阿波罗计划和中国的神舟计划、嫦娥计划等都用到了氢燃料电池。1991 年发展出来可以应用于汽车的氢燃料电池，这就是今天氢燃料电池的来源。

氢是一种气体，在一个大气压下，其体积能量密度为 12870kJ/m^3。重量能量密度为 143000kJ/kg。如果完全转化为电能，相当于 39722Wh/kg。氢燃料电池理论发电效率可达 85%，实际在 40% ~ 60%。以北京氢璞创能科技有限公司的氢燃料电池产品 Nowogen G5000 为例，其发电效率为 45%，这意味着氢燃料电池中，单纯氢燃料可利用的实际能量密度为：

$$39722\text{Wh/kg} \times 0.45 = 17875\ \text{Wh/kg}$$

这高出目前锂离子电池太多了，达 2 个数量级。当然，实际燃料电池车产品实现过程中，氢气的体积如何缩小成为主要问题，而这个问题解决起来，虽然技术方向看起来很简单，就是提高压强将其压缩得体积更小，压强越高，氢气体积就会被压缩得越小；但是实现起来会面临很大的技术难题，就是储氢罐的耐压问题。实际燃料电池车的氢气瓶采用强度极高的碳纤维材料，将氢气以 350 或 700 个大气压储存在氢气瓶中。

目前有人号称要开发“氢能”，这个概念是否成立呢？氢本身的确算是一种能源。但自然界并没有可供大规模经济开发的氢存在。宣称要开发“氢能”的人也不是说要开发自然界存在的氢。因此，氢事实上只是作为一种能源转移的中间载体被利用。氢能可以直接燃烧来利用，也可以通过氢燃料电池来利用。氢本身有着非常广泛的用途，如可用作效果极佳的高温切割，作为合成氨的原料等。

支持氢燃料电池的人对它的这个优点赞不绝口，而反对者也指出它存在的一些问题使得事实并不像表面所宣称的那样完美：

第一，生成物是水，完全没有任何污染。而锂离子电池最终存在电池材料回收问题。但随着锂离子电池回收技术的不断普及，这个问题又是一个不算太大的问题。而且，氢燃料电池所用的氢，在相当长时期内出于成本的原因，需要以甲烷、褐煤等为原料获取，对环境的影响并非仅仅是水。美国有 95% 的氢气以甲烷为原料制造，而日本计划以澳大利亚为基地，采用褐煤为原料制氢。真正零污染，完全环保的是电解水制氢，但目前成本非常高。显而易见，如果以这种方式制氢，与纯电动车相比很难有经济性。因为纯电动车是把电直接充到车载电池里，而氢燃料电池车是先把电通过电解制氢设备转成氢，再将氢充到车里转成电。氢燃料电池在这个过程中无论转换效率如何提升，都无法与纯电动车效率相比。电变氢、再变电的过程肯定会比电到电的直接充电过程成本高得多。也难怪特斯拉的 CEO ElonMusk 在德国接受外媒采访时将燃料电池（Fuel Cell）称为“傻瓜电池”（Fool Cell）:“他们非常愚蠢，就算从理论上实现燃料电池的最佳性能，也无法同今天的锂离子电池抗衡。”他还指出锂离子电池的比能量密度还有很大潜力没有发掘。

第二，比能量密度极高。目前就是加上燃料电池反应装置、储氢罐等所有附加的设备，综合能量密度也可达 3kWh/kg，依然高出锂离子电池 1 个多数量级。这使得一次加氢可以跑的距离完全可以与燃油车竞争，甚至可比燃油车跑得更远。但是，如果可充电的电池比能量密度获得进一步提升，氢燃料电池车的这个优势又会逐步减弱。

第三，补充能量过程可以非常快，3 分钟可以将一个完全空的储氢罐加满。其实，锂电池车充电慢问题并不仅仅是电池的问题，也严重受限于电网对充电模式的承受能力。即使电池技术上可以做到在 10 分钟内充满，也不能随意这么做，否则电流会大到把小区电网的保险丝全爆掉。只要是充电方式的纯电动车，都会存在这个问题。不过我们也在前面说过，如果在自家充电桩上充电，充电慢也算不上什么问题。因此，这个优势算一个优势，但对纯电动车来说又不算太大的事情。

我们必须充分地意识到，燃料电池车本质上也完全是纯电动车。因此，纯电动车的发展一定程度上说也是在为燃料电池车的普及做铺垫的工作。例如，电动机、固定齿轮比的传动、操控、架构等，纯电动车与燃料电池车几乎是完全一样的，燃料电池车就只是采用了不同的电池而已。但因为补充能量的方式完全不同，因此在相应方面有巨大的差异。

一些燃料电池车的反对者所提出的理由，似乎也不是那么充分。例如：

第一，氢的储存和运输问题。氢是原子量最小的元素，小到无孔不入，这就很麻烦，要生产出适合储存氢气的容器不是一件容易的事情。与金属接触的氢气还会形成所谓“金属氢脆”问题，造成金属材料强度降低。尤其是用于汽车上的储氢罐，要承受700个大气压并且还能承受意外的碰撞，只有价格高昂的碳纤维等极少数强度极高同时又致密到氢气都难以泄露的材料才可能做到。长途运输过程中可能造成的泄露会是一件很麻烦的事情。但这个问题并非没有解决方案。一方面是储氢的材料还是可以找到的，尽管成本高点。另一方面是在未来分散化的新能源如风能和太阳能电站与加氢站合二为一，生产出氢后直接给燃料电池车加氢，这样就不需要远途运输了，就算本地泄露一点，也算不上什么太大问题。

第二，生产氢的效率问题。虽然电转成氢再转成电比较费事，但现在技术的发展已经使得其转化效率越来越高了。美国安思卓再生公司（Angstrom Renewable Co.，Ltd）宣称拥有目前世界上转化效率最高的电解水制氢工艺，该公司在中国的子公司安思卓（南京）新能源有限公司的副总宋江涛先生告诉我，该公司的电解水制氢工艺最高可实现制取每立方米氢气消耗电能4.2度，等效的能量转化效率可达83%～93%。其网上宣传资料的最终产品为4.5度。最重要的是，该公司拥有的设备可安装在拥有新能源的加氢站，将非稳定的风电和太阳能等能源发出的电直接利用来制氢。因目前存在大量弃风弃光的新能源浪费，以这种方式制氢事实上将使成本非常低。因目前纯电动车使用成本已经太低了，因此，高一点低一点其实都已经无所谓了。只要氢燃料电池车大规模普及，制氢的成本并不是问题。它的主要成本就是取决于电，而未来随着风电和太阳能等分散型的电获取极为便利，电解水制氢的成本即使比纯电动高一点也不算什么问题。现在如果喝一瓶矿泉水是 1 块钱的话，那么有更好品质的矿泉水 2 块钱一瓶也不算什么。

第三，氢的安全性。氢在20℃的空气中的爆炸极限范围是4%~74.2%，为所有常见可燃气体的最大范围，安全性非常低。但支持氢的人会说，氢的安全性再差也远不会比燃油更差。一方面是储氢罐的材料现在已经可以做得强度非常好，即使用高能量的狙击步枪也打不穿。现已上市的丰田 Mirai 采用尼龙内衬材料 UBE Nylon 1218IU 作为储氢罐材料，已经满足储氢罐实用化要求。另一方面，即使发生泄露，氢是极轻的气体，它会快速地往上蹿到空中远离车体，从而不再有害，而不会像汽油一样一旦泄露就会流得到处都是。燃油车的油箱一旦破裂烧起来，全车都可能会被油浇遍并烧着。有人可能还会更极端地猜测：如果储氢罐被火烧，到最后会不会爆炸？车体本身一般是不会烧着的，只是因为燃油泄露才会烧着。而燃料电池车是没有燃油的。氢还没漏怎么会把车烧着？车本身还没着火就别担心储氢罐会在火里烧上半个小时会是什么后果了。如果读者真有兴趣，把燃料电池车整个放到柴火堆里烧上半个小时看看是什么后果，那就另当别论了。另外，锂离子电池，尤其三元锂电池的安全性也不是绝对无懈可击的。因此，总体上说，无论燃料电池车还是纯电动车，其能源本身的安全性其实都已经远远好过燃油车。燃油车之所以安全性特别差，有一个重要原因是它的发动机是高温工作。一旦车体破损，高温的发动机，车内易燃物体与燃油混合在一起，瞬间就会烧起来。但无论燃料电池车还是纯电动车，电动机都是常温工作。即使发生车辆破损解体，甚至氢气泄露，也不会那么容易就点燃。

总之，如果用户忍受得了燃油车的安全性，就没理由那么矫情地对氢燃料电池车挑三拣四的了。

如此看来，纯电动与燃料电池车的比拼其实就是成本，尤其是车的成本和普及速度问题了。目前在日本，加氢的成本是每千克 1000 日元，按其行驶效率折算大约在 60 元人民币 / 百公里，与本书开头作者计算的燃油车 62 元 / 百公里差不多。因此在使用成本上与纯电动车相比还有很大差距，但与燃油车相比已经可接受。燃料电池本身的成本主要取决于核心的反应装置。其核心零件是质子交换膜和铂催化剂，它们都是非常昂贵的材料，用在不计成本的航天问题不大，但用在汽车上就很麻烦了。2015 年，丰田 Mirai 车在美国 5.75 万美元，合 36 万多元人民币，还是高于锂电池的电动车。问题还不在于当前成本有多高，而在于其下降空间有多大。如果只能采用铂这种价格本身极为昂贵的材料，那它的长远价格就很难降下来。像石墨烯虽然前几年价格也很贵，但所用的材料本身极为便宜，因此降价空间就只是一个生产工艺和生产规模问题。日本目前把催化剂中铂的含量降到原来的 1/6，以这种方式降低其成本。但如果不能找到本身就很便宜的催化剂材料，长远的降价空间就很困难。

另一个是普及的速度问题，现在纯电动车已经跑在前面了。氢燃料电池与纯电动仅仅是电池技术的不同而已。如果不能充分理解这一点，并奋起直追，以为燃料电池是纯电动之后的下一个技术阶段，那就大错特错了。氢燃料电池具有能量密度高的优势，但它的能量密度基本上是一个固定值。如果其他二次电池能量密度不断提升，达到一定程度之后，氢燃料电池的高能量密度优势就没那么大意义了。用于汽车的氢燃料电池本质上是一次电池，而不是可充电的二次电池，必须清醒地意识到这是氢燃料电池最大的一个软肋，并且这个软肋目前来看是成本上不可能克服的，虽然技术上有可能实现。要想实现氢燃料电池可以变成二次电池，简单来说就是再加上电解制氢的装备，但这个成本实在太高了，设备体积和重量也不适合装在汽车上。

以上也就是拥有大量燃料电池车专利的丰田等公司在全球范围内开放 5680 项有关氢燃料电池技术的专利，其中包括丰田最新氢燃料电池车型 Mirai 的 1970 项关键技术，以期加快燃料电池的普及速度应对其他纯电动车竞争的原因所在。这是继特斯拉开放电动车专利以来，在新能源车领域的另一大利好消息。

图 5-5　丰田燃料电池车 Mirai FCV 有 5kg 的储氢量，续航里程为 483 公里

图 5-6　韩国现代的 Tucson FCV

2014 年 6 月 10 日，韩国现代在美国推出了 Tucson FCV。搭配 24kWh 锂离子电池模组，并有 5.64 公斤的液态氢，最远续航里程达到了 700 公里。

六、未来谁主沉浮

如果要问哪一种电池方案未来会成为主流，目前还很困难。我们不妨简单回顾一下光伏电池的发展经历，或许可作为很好的参考。最初获得应用的光伏电池主要是单晶硅片，因其转换效率比多晶硅高。但随着多晶硅转换效率的提升，其价格更低的优势起到作用，随之多晶硅成为光伏电池的主流。但多晶硅成本依然较高，中间一度兴起薄膜电池的方案。虽然薄膜电池转化效率较低，但成本更低，并且有容易加工，可敷设在玻璃、建筑，甚至弧形的汽车车体表面等突出优点。因此一度认为薄膜电池会大行其道，并造就了汉能等薄膜太阳能生产企业财富神话。而现在随着单晶硅生产成本的不断下降，单晶硅的转化效率优势又再次被市场所看重。目前大规模工业化生产的单晶硅电池光电转换效率在19% ~ 20%，高效单晶硅更可达到23% ~ 24%，多晶硅电池的光电转换效率在17% ~ 18%。单晶硅电池片效率的未来提升空间也大于多晶硅电池片。此外，在同等光照条件下，每瓦单晶光伏系统发电量比多晶高4% ~ 8%，并且单位装机量的运维成本低于多晶硅。因而单晶系统每产生一度电的综合成本远低于多晶硅系统。因此单晶硅的占有率又开始持续上升，未来两三年内有可能达到30%市场份额。

除此之外，太阳能聚光和太阳能热电等方案也在不断被研发和改进之中。

由此可见：到底哪种太阳能电池会占主流，一直在不断变化。但无论如何，因太阳能的大规模普及，作为核心技术的太阳能电池方案会得到越来越大的投资，各种技术方案都会得到充分的研究和技术论证，从而使转化效率不断提升，成本不断下降。

未来哪种动力电池方案会占主流，也很可能呈现出类似的不断轮回变化，或出现新型技术方案的状况。但只要这个行业呈现朝阳状态，相应的投资就会不断增加，各项效能会不断改进，而成本则会因为技术改进和与技术无关的经济原因稳定地下降，即规模效应不断下降。

至于环保的问题，纯电动车因为其电动机的极高能量效率，即使我们考虑为其所充的电是燃煤发电厂的电，它的碳排放也会少于燃油车。但这个差异并不值得在谈电动车技术的时候去过多涉及。在这个问题上其实大多数人都理解错了，因为所有电动车对环保的最重要作用并不是直接减排的影响，而是间接影响。请看下一章“纯电动将成就新能源”。

第六章

纯电动将成就新能源

一、新能源本身的曙光

新能源是指传统化石能源以外的能源，包括水电、核能、风电、光伏发电的太阳能、生物质能、地热能、海洋潮汐能等。如果严格较起真来，很多与新能源相关的概念都可能是有问题的。如新能源与“可再生能源”之间就稍有差异，主要差在核能、地热能和海洋潮汐能上。“可再生”事实上是指这种能源是来自太阳能，因此会不断靠太阳能再生。太阳能、风能、水电、生物质能本质上都是太阳能。其实，煤和石油原则上也是“可再生”的，本质上它们也都来源于远古时期的太阳能，只是它们再生所需要的时间太长，是需要化石形成的地质周期长度，因此叫“化石能源”。核能是新能源，但并不算是“可再生”的，尽管通过增殖反应堆可以使核燃料获得技术上成百倍的增殖。也有个叫法是“清洁能源”。但怎么才算是“清洁”的呢？燃煤发电厂只要措施得力其实也可以是很“清洁”的。二氧化碳这种物质本身并没有害处，它甚至还是植物生长所必需的，只是太多了产生温室效应才会产生危害。还有一个概念是“绿色能源”，坦率地说没有任何一种能源是“绿色”的，要是哪种能源冒出的烟真是“绿色”的，那污染就太大了。还有一个概念叫“可持续”，什么能源是可持续的呢？其实，不仅可再生的能源是可持续的，很多不可再生的能源因其持续的时间实在太长，因此也可算作“可持续的”。例如，地热能和海洋潮汐能事实上是地球和月球天体运行的惯性能量，它们从纯理论上说是不可持续的，但因其固有的能量实在太大，因此也就可以算成可持续的了。另外，核聚变如果得以实用化，并利用地球上可开采的氘和氚，理论上说它们是有限的地球矿藏，但因可以供人类使用上百万年，所以也可看作事实上可持续的。太阳能从纯理论上说也不是绝对可持续的，只是它未来能持续的时间实在太长，以几十亿年计算，因此就算可持续的了。

因此，“新能源”概念虽然看似有点含糊，但比其他概念却更为贴切，现在相对更为普遍一些，反正只要是新采用的更好的能源就是“新能源”。甚至于只要是能少用化石能源，也算是“新能源”。例如新能源车概念里就有混合动力车，它混合了化石能源动力和电力，其实它还是部分采用了化石能源，只是消耗得更少了。

新能源中以风能，尤其是太阳能最受关注，并且也是目前发展最为迅速、被全球寄予厚望的新能源。德国是推动光伏产业的先驱，在1990年就投入大量财力进行推广，因此德国光伏产业增长非常迅速。德国是第一个推出标杆电价的国家，而且补贴额度极高，这样促使德国在2001—2010年新增装机容量年复合增长率高达169%。但能源是一个海量的行业，如果仅仅长期依靠政府补贴是很难真正上规模的。德国以及整个欧盟政府补贴的不断下降，一次次对全球光伏产业产生巨大的冲击。2017年，德国政府将完全退出光伏产业的补贴。因此，这些新能源本身的成本如何快速地下降到可以与传统能源相竞争的水平就是一个业界必须解决的难题。

在中国市场，2011年是个分水岭，当年光伏系统EPC（工程总包）的价格经历了跳水式的下降，光伏系统的价格从年初的20元/瓦左右下降到了年末的11元/瓦左右。

此后几年光伏电站的价格一直在以每年超过10%的幅度下降，以兆瓦级分布式光伏电站为例。

年份	平均造价（元/瓦）
2013年	9.5
2014年	8.5
2015年	7.5
2016年（预计）	<7

在2015年11月19日结束的联合光伏集团有限公司发布的宣传材

料中，大同 100 兆瓦领跑者基地项目，EPC 价格为 6.76 亿元，折合单价 6.76 元 / 瓦，已经提前将单价打入 7 元 / 瓦以内。

2014 年 5 月 29 日，中国国家能源局发布了《2011—2012 年投产电力工程项目造价情况》，根据这个报告，火电厂造价如表 6–1 所示。

表 6–1　燃煤发电厂的建设成本

按介质压力分类的燃煤火电工程单位造价

机组类型	单机容量	填报了概算		同时填报了概算、决算			
		装机容量（光瓦）	概算（元 / 千瓦）	装机容量（光瓦）	概算（元 / 千瓦）	决算（元 / 千瓦）	变化率
超超临界	1000 兆瓦级	21192	3719	15072	3745	3632	4%
超超临界	600 兆瓦级	9580	3791	7180	3694	3651	1%
超临界	600 姚瓦级	20276	3844	16496	3864	3717	4%
超临界	350 兆瓦级	5600	4012	3500	4147	4069	2%
亚临界	300 兆瓦级	10510	4563	8650	4597	4377	5%
循环流化床	300 兆瓦级 / 300 兆瓦以下	2460	4332	2460	4332	3985	8%

由上可见，经济性最好的燃煤发电厂 EPC 成本单价在 3632 元 / 千瓦，即 3.632 元 / 瓦。请读者先适应一下计算单位的不同，用不了多久太阳能也会按元 / 千瓦为单位计算的。2011—2012 年投产的水电工程项目决算单位造价为 6637 元 / 千瓦，即 6.637 元 / 瓦。

传统燃煤电厂工程建设价格降价空间非常有限，但光伏发电工程降价速度却是异常迅速。风电也是如此，2009—2010 年投产风电工程决算单位造价为 9056 元 / 千瓦，2011—2012 年为 8103 元 / 千瓦，下降也非常快。

发达国家火电厂的单位造价一般在 1500 美元 / 千瓦，按人民币汇率 6.3 计算，合 9450 元人民币 / 千瓦。

读者请不要用表面的单位造价直接进行对比。真正最终的对比价格应当是每度电的成本。因为风电和太阳能发电的不稳定性，相同功率的风电和太阳能所能发出的电显著地少于火电，尤其是水电。因为以上计算风电和光伏发电的功率用的都是峰值功率，也就是夏天最热的时候太阳正中午照射时的发电功率。尽管如此，从上面数据可见，光伏发电和风电单位建设成本已经接近于火电和水电，而燃煤电站的建设成本很难有下降的空间。并且风电、光伏与水电类似，其发电都不需要燃料成本。由此看来，风电和光伏发电在成本经济性上超越煤电应指日可待。2017年，中国已经停止审批新的火电项目。截至2017年6月底，中国可再生能源发电装机突破6亿千瓦。其中，水电装机达到3.38亿千瓦，风电装机达到1.54亿千瓦，光伏发电装机达到1.02亿千瓦（已经提前实现2020年规划的1亿千瓦目标），生物质发电装机达到1330万千瓦。上半年，各类可再生能源发电新增装机3700万千瓦，已经占到全部电力新增装机的70%左右，火电的新增装机占比已经由2015年的50%以上迅速下降为30%，2018年很可能就会转入下降。而新增光伏发电装机2440万千瓦，在可再生能源新增装机中的占比达到66%，在整个新增装机中的占比居然已经达到46%。其中，光伏电站1729万千瓦，同比减少16%；分布式光伏711万千瓦，同比增长2.9倍。

从2016年起，分布式光伏就开始爆炸性地增长，当年同比增长200%。2016年，光伏发电量为662亿度，在总发电量中占比已经超过1%，而在新增发电装机容量中的占比却已达到28.68%。

以上数据显示出，光伏已经成为新增发电的主力技术。而最适合光伏发电的分布式光伏也已经爆炸性地迅猛崛起。现在业界变遍认为2020年太阳能发电成本就可以与火电持平，一旦完成这个转换，太阳能就会以爆炸性的速度替代火电。一旦如此，我们将会看到新增光伏发电满足全部新增电力需求，而且大幅度淘汰原有火电装机的局面。每年新增光伏装机容量超过2016年全部新增1.2亿千瓦装机的情况将指日可待。煤炭以及火电厂更大规模的去产能过程也将开始。

二、对电网来说劣质的新能源

如果新能源仅仅取决于发电成本，上述结论当然没问题了，可事情并非如此简单。风电和光伏发电从环保角度说是优质能源，但从电网角度说却是一种劣质的能源，因为它们太不稳定了，完全靠天吃饭。这对电网来说是一件非常糟糕的事情。其实，即使是火电厂也存在不稳定的问题，但那是用户侧使用的不稳定，用电有波峰和波谷。而风电和光伏是发电侧的不稳定，一旦太阳光没了，相当于光伏电站立即就会停机。这本身是很难解决的问题，如果建设智能电网，投资又将会非常巨大。供电不稳的问题，以及补贴到位不及时等经济上的原因，很多时间段的电就被弃掉了。这就是相当普遍的“弃风”和“弃光”问题。

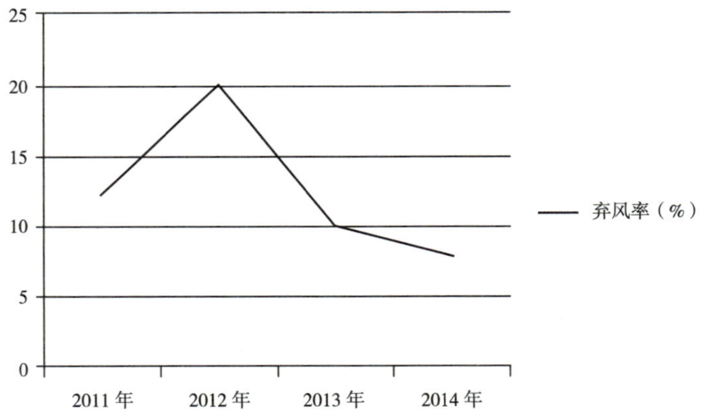

图 6-1　2011—2014 年中国风电弃风率

根据国家能源局 2016 年 2 月初发布的统计数据，2015 年，风电弃风限电形势加剧，全年弃风电量 339 亿千瓦时，同比增加 213 亿千瓦时，平均弃风率 15%，同比增加 7 个百分点，其中弃风较重的地区是内蒙古（弃风电量 91 亿千瓦时、弃风率 18%）、甘肃（弃风电量 82 亿千瓦时、弃风率39%）、新疆（弃风电量71亿千瓦时、弃风率32%）、吉林（弃风电量27亿千瓦时、弃风率32%）。2015年全国累计光伏发电量392亿千瓦时，充光量约为40亿千瓦时，平均弃光率10%（2014年平均弃光率14%）。西北部分地区出现了较为严重的弃光现象，甘肃弃光率达31%，新疆自治区弃光率达26%。弃风弃光比例较高的地区，也是风电和光伏发电总量发展较好的地区。这么大比例的新能源被弃，实在太可惜了。虽然弃风弃光有经济、政策和管理上的原因，但从技术上说，风电和光伏本身的不稳定的确是一个很让人头疼的问题。

解决电网不稳的技术其实早就存在，就是采用储能技术来进行调峰。目前效率最高且成本最低的是抽水蓄能电站，其他还有超导储能、全钒液流蓄能、空气蓄能、飞轮蓄能、电池蓄能等。虽然这些技术都有应用，但都不算是理想的技术，或有各种局限。如抽水蓄能效率虽然很高，却取决于电站当地的地形。

道理再简单不过了，蓄能本身必然增加投资和成本。风电和光伏本身成本就高，如果再加上蓄能设备，成本当然就更高了。

三、纯电动车成为新能源普遍的储电设施

谈到这里，相信读者都会发现机会在哪里了。在原来的电网上，无论是发电方还是用电方，一般都是不具备储电能力的，手机和手提电脑用的那点电量根本就摆不上台面。但纯电动车的普及将会极大地改变整个格局。想象一下：如果所有的车全是纯电动车了，哪里还需要发电站建设那么大规模的储电设施？直接将新能源发的电存进电动车里就可以了。不仅如此，随着纯电动车的能量密度不断提升，纯电动车里储存的能量终将有一天会超越纯电动车本身的需要，从而它可以为家庭用电反向供电。现在特斯拉已经开发了一款新的产品“Power Wall”，其实它

就是一个可以储存 10 度左右电的大电池。它不仅可以为纯电动车充电，也可以供家用。

未来是否可开发出跑 1000 公里的纯电动车？人们的思路不要被现在的车束缚了。实在是想不开，如果真有那么高密度电池技术的话，只用买可以跑 300 公里的纯电动车就足够了，如果真要跑长途的话，再带上一个可以跑 700 公里的大电量电池有何不可？既然如此，如果车主一年里最多几个星期甚至只有几天时间跑长途的话，何必要天天把这个可以跑 700 公里的电池带在车上，而不是放在家里使用呢？

这样一来，纯电动车的发展，会使家庭拥有的储电能力越来越强。这种储电设备当然可以在现有电网下使用，把波谷低电价的电储存下来，在波峰高电价时使用，从而节省电费。同时也可以把家庭太阳能电站的电储存下来，给纯电动车用，也可以用在家庭其他方面。

四、有必要开发太阳能电动车吗

不管怎样，车的表面积以及外形总是严格受限的。既然如此，为什么不在家里，或路边采集太阳能，再将太阳能充到电动车上呢？无论车的表面积多大，路边或家里可接受太阳能的表面积扩展起来相对总要容易得多。或者不如开发柔性的太阳能电池板，开车时将电池板收起放在车的后备厢里，在停车休息时将柔性太阳能电池板展开给电动车充电。那样太阳能电池板可接受太阳光的面积也可以很容易扩展到足够大。只有扩展太阳能电池板面积，才可以从根本上较容易地提升电量。

在车体表面布设太阳能电池，理论上说有可能增加充电后的车程。但是，车体表面积最大仅为 9 平方米，除去车窗等，最大可布设太阳能电池板的面积仅为 6 平方米。以表面积 5 平方米，太阳能电池转换效率 $0.15kWh/m^2$ 计算，其峰值功率为：

5 × 0.15=0.75kW

由于这些太阳能电池板基本上是水平放置，效率会降低至少一半。为：

0.75 × 0.5=0.375 kW

以上峰值功率就算稳定地发电，10 个小时可发电 3.75 度。以电动车耗电 16 度 / 百公里考虑，需要：

（16/3.75）× 10=42.7 小时

也就是说在最理想情况下，太阳能电动车要放置在晴朗的太阳底下至少 4 天时间，获得的电量才能行驶 100 公里。这是否值得，就需要深入考虑了。

与其那么费劲地把每一辆车都装上太阳能电池，为什么不更简易地把每个路边空地都装上太阳能电池，然后把能量充给电动车呢？这不是更加经济、电量也更充足吗？

五、爱迪生的直流电会回归吗

与其他能源非常不同，太阳能发电有一个极大的特点，就是它不具有电源侧的规模效应。光伏电池的转换效率与规模完全无关，只与光伏电池材料有关。并且，由于太阳能无处不在，因此，它是一个适合高度分散化的能源。

例如，在高速公路休息区，可以在旁边建设大型的太阳能电站，直接在休息区给电动车充电，或直接制氢给燃料电池车加氢。在人口不是太密集的地区，可以大量建设太阳能电池板，用纯电动车的电池将电储存起来。即使远距离电能传递，也可通过氢燃料电池车里的氢或纯电动车的电池来自然地进行。

分散产生的能源，最适合的就是就地分散使用。

太阳能停车棚，电是随发随充。

如果太阳能不使用电网，综合比较下来它就可以省下电网的巨大建设成本，并且减少了电网本身的线损。

太阳能发电本身就是直流电。如果它要上电网，就需要通过逆变器转变成交流电。然后给纯电动车用的时候又经过充电桩把交流电变成直流。这个过程不仅有交流电的功率因数问题，而且每多经过一道转换，就会多一道能量损失。既然如此，为什么不将太阳能直接给纯电动车充电，或者直接转成氢以供应氢燃料电池呢？

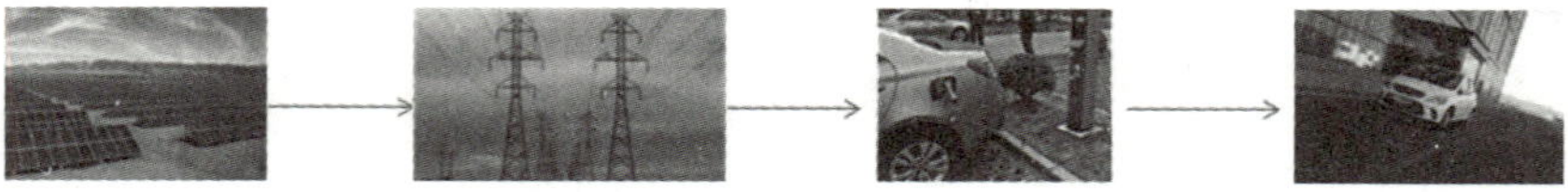

（1）　（2）　（3）　（4）

图 6–2 以传统电网方式实现的太阳能纯电动利用的能量链

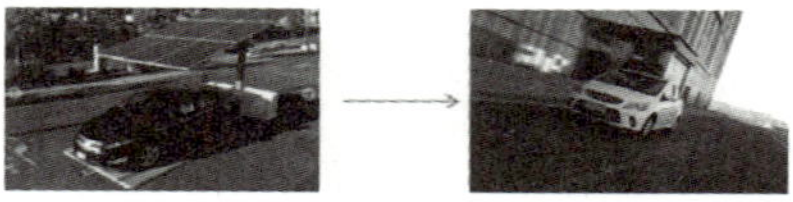

（1）　（2）

图 6–3 真正适合太阳能的离网式太阳能系统能量链。（1）为离网式太阳能直流充电桩

这种不用并网的太阳能发电系统被称为“离网式太阳能系统”，或“微电网系统”。就地发电、就地使用也是分布式太阳能系统的基本思想，而这种系统一般情况下需要本地大的储电设备支持。如果专门建造本地储电系统，成本将大大增加，但如果纯电动车普及，这个问题基本上就算没了。

如果以这种方式来考虑问题，不仅可以省掉电网和充电桩的损耗，整体提升 50% ~ 60% 的电能传递效率，而且整个太阳能发电系统几乎就只剩下太阳能电池板的价格了。现在市场上太阳能电池板的价格已经低到 3000 元 / 千瓦，其每度电的成本足以远远低于火电。

如果家里有一个大容量纯电动车以及大电池的话，那家里的用电都可以直接是直流电了。交流电是否会因此退出历史舞台？如果这样，家里大量的电器就全都可以改成直流电输入，家庭电网布线也可以变成直流电。在这种条件下电器将会更加省电，至少省了交流变直流过程中的损耗。

这可真有点太戏剧性了。当年特斯拉支持交流电，爱迪生支持直流电，为此爱迪生力推的直流电应用中，纯电动车就是重点推广的应用之一。两位大发明家为此吵得不可开交，甚至有传说两人因争吵太过，连有可能共同颁发给他们的诺贝尔物理学奖也不要了，原因是不能忍受与对方共同去领奖。当时加入这场交直流大争论的还有很多知名的发明家。直流电阵营里有英国物理学家开尔文；交流电阵营里有美国发明家威斯汀豪斯和英国物理学家费朗蒂。最终还是特斯拉的交流电成为市场主流。而今借特斯拉之名引爆的纯电动技术潮流，最终很可能使爱迪生的直流电重获新生。特斯拉如果在天有灵非得气昏过去不可，并会埋怨马斯克为什么如此多事，未经自己的容许就把纯电动车以“特斯拉”的名字命名。

各位搞纯电动车的厂家注意了，应该命名一个“爱迪生”牌的纯电动车，那才是比“特斯拉”牌子更正宗的。如果成功把商标注册下来，本书作者并不拒绝收点咨询费！

第七章

纯电动车带来的道路交通安全革命

一、谁是人类头号杀手

在过去，传染病和战争是人类非正常死亡的头号杀手。直到第二次世界大战，战争中人员的大规模死亡依然是令人触目惊心的数字。在工业革命之前，尤其人口统计学发展起来之前，人口数据非常粗略，在战争中兵荒马乱，人口的精确死亡数字更是难以获取。因此关于过去战争中准确的死亡数字都是根据当时不完善的历史考证资料进行的估计。二战被认为是历史上死亡人数最多的战争，有 5500 万 ~ 6000 万人在战争中死亡。战争之所以会让这么多人丧生，是因为过去的战争杀伤目标本身就不太区分军人和平民。一方面战争的直接目的往往就是把对方的平民也作为敌人看待，另一方面是战争中获胜一方的士兵把屠城和抢劫作为一种胜利的犒赏。在“二战”之后，一系列的变化约束了战争中死亡人数的上升。

联合国的成立和有关战争的国际法使得人类对战争本身获得有效的法律约束。对可能产生过度伤害的武器也有一定国际公约的限制，如《禁止或限制使用某些可被认为具有过分伤害力或滥杀滥伤作用的常规武器公约》等。

电视、互联网等信息传播技术的发展，甚至在海湾战争中首次实现了对战争过程的全球电视实况转播，使得战争中不人道的过度杀戮行为会瞬间暴露在全球舆论的面前，这从道义上一定程度限制了战争的过度屠杀行为。

“二战”的深刻教训，以及核武器的出现，使得所有国家，特别是军事实力最强的国家都不愿看到全球性的，甚至国家间全面性的大规模战争。战争规模和范围的限制，有效减少了战争死亡人数。

战争技术的发展，使得战争的目标能够得到技术上的有效控制。如出现催泪瓦斯、橡皮子弹等以驱散而不是杀伤为目的的技术装备，以及信息化战争时代精确制导武器对军事目标的精准杀伤，都可以有效减少对平民的伤害。即使大规模的战争，也越来越有技术条件追求减少对平民的伤害。

因此，一方面在“二战”之后，持续不断的战争依然给人类造成大量非正常死亡，但客观上因战争而死亡的人数的确远远比“二战”及之前的战争要少得多。

事实上，因战争导致的间接死亡在过去远远比直接死于战争杀戮的人数还要多得多。

一是战争导致的大规模逃难，会使大量人员在非正常的逃亡途中处于非常危险的境地，一旦天气稍有恶化，卫生条件的恶劣导致生病，遇到各种灾难等，这些在平常状态下很可能完全不是问题的问题，都很容易导致人员大量死亡。处于完全无序状态，也可能会使人类一切的罪恶被完全释放。偷窃、抢劫和凶杀等在平时受约束的行为，在社会混乱时就会成为家常便饭。因此，在逃荒路上，往往就是饿殍遍野。即使在今天，叙利亚难民乘坐简陋的船只向欧洲逃难过程中，大量人员被淹死。漂浮在海岸边儿童的遗体照片让全世界人心中难以平静。在以往医疗和技术条件远远落后的年代，这种状况会更加恶劣。

二是导致人类大量死亡的罪魁祸首是传染病。大规模传染病的暴发曾经多次让欧洲陷入灭顶之灾，天花、鼠疫、黑死病、流感等曾多次让欧洲全社会三分之二以上人口死亡。贾雷德·戴蒙德在《枪炮、病菌与钢铁》一书中详述了即使是少量欧洲人入侵美洲，也会因带来的传染病而致美洲人 95% 以上死亡，这远远高于战争中死亡的人数。战争带来的混乱，也往往成为传染病暴发的促发因素。

但是，近代医疗条件的进步，使得传染病得到有效遏制。太平天国之后，极少有哪种传染病造成中国社会大规模死亡的情况发生。这也是近代战争导致人口死亡数量极大下降的重要因素之一。即使是在极为惨烈的战场几乎遍及全国的抗日战争中，中国虽然因战争有3500万人口死亡，但人口总量并未减少。而如果在过去，这种规模的战争所带来的包括传染病在内的灾难必然导致全国人口总量净减少至少50%。2002年11月16日在广东顺德爆发的SARS（被简称为“非典”），至2003年年初蔓延成全球性的传染病暴发。世界卫生组织2003年8月15日公布统计数字，截至2003年8月7日，全球累计非典病例共8422例，涉及32个国家和地区。全球因“非典”死亡919人，病死率近11%。2003年8月16日16时，中国卫生部宣布全国“非典”零病例，至此，中国共确诊“非典”病例5327例，死亡349人。

即使当今令人谈之色变的非洲埃博拉病毒，2014—2015年的暴发造成了历史上最严重的人员死亡，至2015年3月达到1.4万人。类似的传染病如果是在过去，死亡人数将会以千万，甚至以亿计算。

在战争杀人武器的排行榜上，那些耀眼的明星武器往往并不在其中。威力最大的莫过于原子弹了，但因为它威力太大，难以真正大量使用，因此历史上只在日本广岛和长崎用过两枚。航母、飞机甚至火炮都不是杀人最多的。公认排名头号的是一个在普通人中并不太起眼的武器——马克沁机枪。在第一次世界大战的索姆河战役中，它让英军在一天之内丧生6万多名士兵。在该战役中双方战死的100多万人，绝大多数是倒在马克沁机枪的枪口下。这种武器甚至被认为改变了战争的进程，它是“一战”和“二战”中直接死亡人数如此之多的重要原因之一。自马克沁机枪发明以后，有超过3000万人直接丧生在它的枪口之下。

但是，随着传统人类死亡因素作用的逐步消减，一个在过去潜藏着的因素却越来越顽固地持续上升，并向人类头号杀手的地位不断进阶。人类发明的这个另类“武器”杀人数量已经让被冠以“寡妇生产线”“绞肉机”“死神手中的镰刀”等一大批恶名的马克沁机枪甘拜下风，这就是汽车。自汽车发明以来，直接丧生于车轮之下的人员累积数量已经超过了4200万，并且今天还在以每年125万～150万的速度迅猛递增！

二、汽车杀手的威力

华盛顿大学健康指标和评估研究所（IHME）带领的国际上700多名研究人员共同完成的一项全球死亡负担研究，包含了188个国家具体死亡原因数据。该研究2014年12月18日发表在Lancet杂志上[①]。

这项研究对比了1990—2013年前50位的人类死亡原因，其中大多数是疾病。人类终究不能逃开自然规律的限制，因此，有些死亡的原因只能延缓其起作用的年龄，从根本上说是人类无法避免的。但是，另一些人为的死亡原因却是可以避免的，道路交通伤害就是其中最重要的一个。

上述研究结果显示，道路交通伤害的排名从1990年的第10位，上升到2013年的第5位，并且高居非疾病死亡原因中的第一位。1990年，所有伤害类死亡人数是432.58万，交通伤害为115万，占比26.58%。到了2013年，所有伤害类死亡人数为478.69万，交通伤害为148.27万，占比为30.97%，比1990年上升了4.39个百分点，绝对数量增长了约29%。

2013年，卡塔尔、沙特阿拉伯、阿曼、阿联酋等4个有钱买安全性最高的顶级豪车，人口密度也不高的国家，道路交通伤害竟成为所有死亡原因之首。在中国，每年前10位死亡原因分别为：脑卒中、缺血性心脏病、道路交通伤害、慢阻肺、肺癌、肝癌、胃癌、先天性疾病、

① GBD 2013 Mortality and Causes of Death Collaborators. Global, regional, and national age - sex specific all-cause and cause-specific mortality for 240 causes of death, 1990 - 2013: a systematic analysis for the Global Burden of Disease Study 2013. The Lancet, Dec 18, 2014 DOI: 10.1016/S0140-6736（14）61682-2, http://cme.medsci.cn/docs/info/3430413.html.

下呼吸道感染、肝硬化。道路交通伤害死亡已经占据第3位，并且是前10位因素中唯一非疾病类的原因。

早在2004年3月，联合国根据58/289决议成立了联合国道路安全协作（The United Nations Road Safety Collaboration，UNRSC）的组织。2010年3月又根据64/255号决议宣示了《2011—2020道路安全的10年行动计划》(Decade of action for road safety 2011—2020)。世界卫生组织（World Health Organization，WHO）发布的《2015年全球道路安全状况报告》(Global status report on road safety 2015）显示，在2012年，15—29岁的年轻人死亡原因中，道路交通伤害竟然成为高居榜首的因素，每年超过32万。

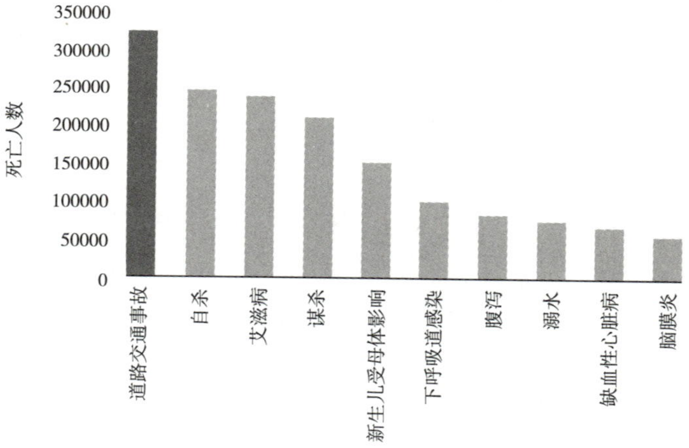

图7-1　2012年全球15—29岁前十大死亡原因

每年死于车祸的总人数长期维持在百万以上，每天死亡人数超过3000人。每年路边行人惨死于车轮下的达到27万人。这种状况完全让人无法接受。

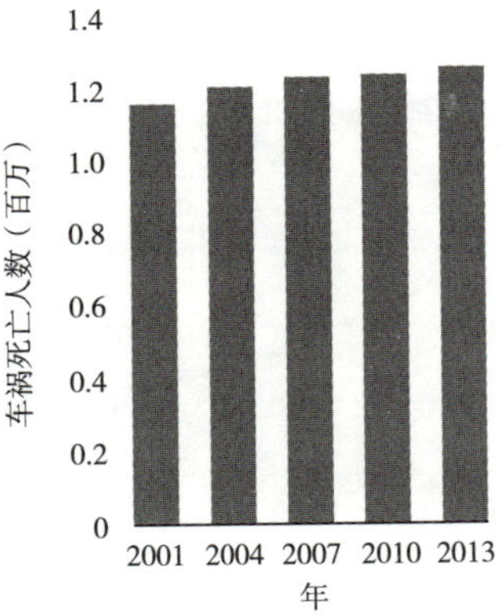

图 7-2　2001—2013 年每年死于车祸的人数变化

三、中国车祸状况

根据国内外各种资料的统计，公认中国因车祸死亡的人数高居全球榜首。但对中国具体数字却有不同争议。有一篇在网上广泛流传的帖子“中国车祸死亡人数的不解之谜”揭示了中国交通死亡数字令人迷惑之处，并且这些数字主要来自中国官方不同渠道的统计。

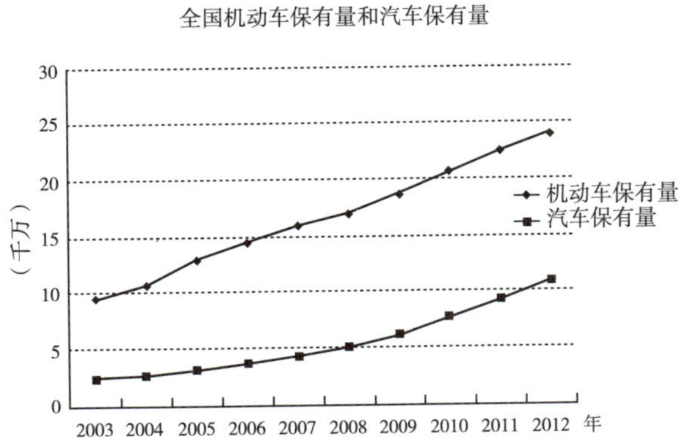

数据来源：中国统计年鉴、公安部

图 7-3　全国汽车保有量变化情况

车祸死亡人数却自2002年后逐年下降，降幅还不低。

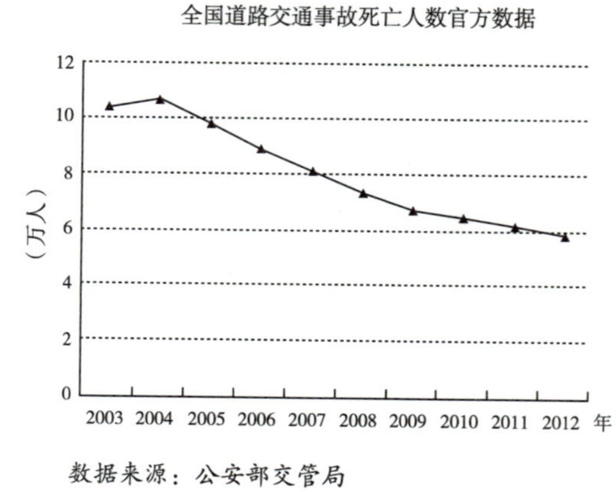

图7–4　交管部门道路交通死亡数据

按此数据，中国每10万人交通事故死亡率比交通管理水平和司机安全意识位居全球领先之列的德国还要低！

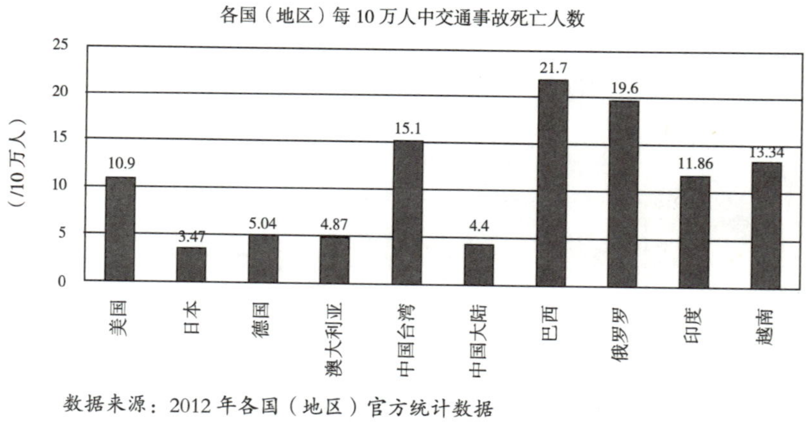

图7–5　各国（地区）每10万人道路交通死亡人数

中国不同政府部门对车祸死亡统计数据不一致且差异巨大。

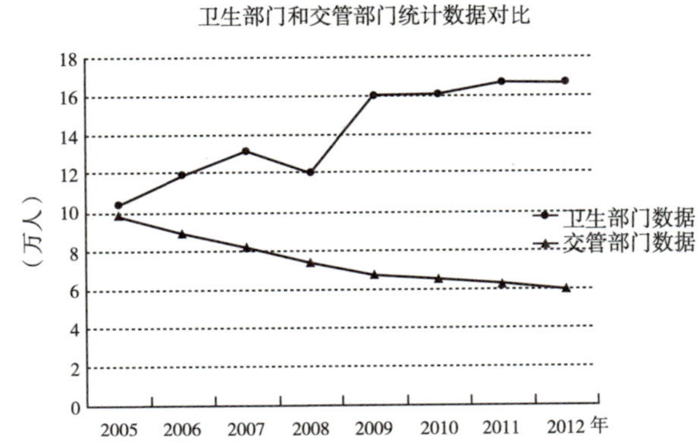

数据来源：《中国卫生统计年鉴》

图 7–6 卫生部门和交管部门数据对比

交通事故总量从 2002 年后持续降低。

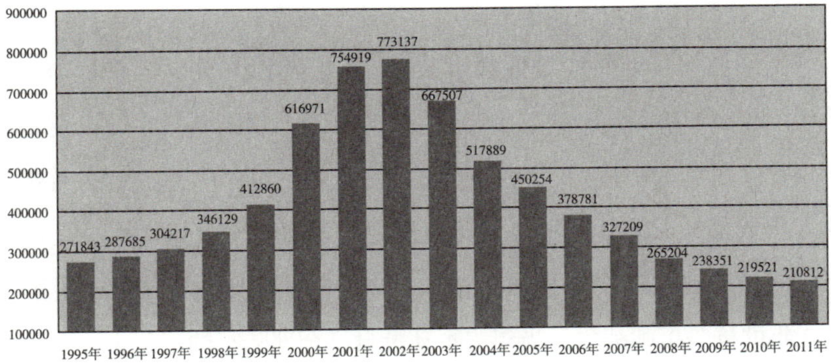

数据来源：公安部交管局

图 7–7 交管部门交通事故总量变化

任何测量的数据都会存在误差，尤其社会领域的统计数据会受到一些系统误差的影响。利益因素是产生社会领域测量数据系统误差的重要影响因素之一。如果一种测量数据会对一个主体自身利益产生重大的影响（例如会作为工作考核重要指标），并且这个测量数据又是来自这个主体自身，那么它就存在有社会系统误差的重大嫌疑。来自第三方的数据产生利益系统误差的可能性就会低一些。因此，交通管理部门的道路交通死亡数据相比于医疗部门的数据，利益系统误差可能会更大。而医疗部门的医疗误诊率数据，其利益系统误差又可能高于专业统计部门。计生部门的出生率数据，利益系统误差也可能高于专业统计部门。以电力系统用电量按投入产出法计算的 GDP 数据，利益系统误差又很可能会小于各地区专业统计部门……当然，这只是说明存在利益系统误差的影响可能，而并不一定就必然会导致系统误差，必须综合实际多方面的分析。但它说明了一点：交通部门的死亡率数据并非因为其是专业部门就“更权威”。

如果以最高的卫生部门统计数据计算，中国每 10 万人交通事故死亡人数是 11.7 人左右，略高于美国，远高于德国。这样的数据与相关国家的交通管理水平和驾车者遵守安全规则的现状是相吻合的。同时，遵守交通规则状况和路况远好于中国的美国，其 10 万人死亡率竟与中国接近，也反映了美国普遍偏好高动力性能车的恶果。

无论如何，即使按最低数字来看，3 年死亡人数也会超过 18 万。而中国在当年抗美援朝战争中前线士兵和后勤人员战斗死亡，以及非战斗死亡人员总数也是 18 万多。这也就意味着，每年中国道路交通死亡的人员数量最低统计数字也与抗美援朝战争所有中方死亡人员总数相当。而如果按医疗系统的 16 万多人的统计数字，则每年接近于打了一场 3 年的抗美援朝战争！当年美军动员自己全部陆军的三分之一、空军的五分之一和海军的近半数达到的战果，竟然已经被今日中国自己汽车的“战果”成 3 倍地超越了！

四、为何汽车如此伤人

在新闻媒体上我们总是能见到全球几乎一切空难的消息，甚至根本就没有人员伤亡，不过是某架飞机出了跑道而已。如果高铁出任何一点事故，同样是会让全天下尽人皆知。这种矫情往往使人们产生极大的偏见，由此让人们误以为航空和铁路在安全性上问题更大。但事实上，每年死于空难的人数不过千人左右，与汽车的百万相差 3 个数量级。

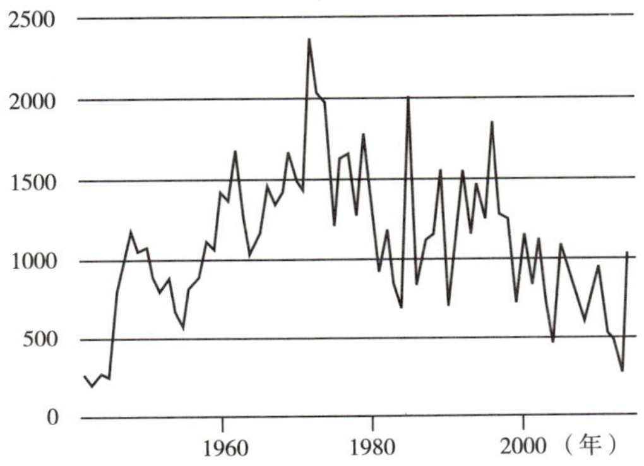

资料来源：planecrashinfo.com 网站

图 7–8 1942—2014 全球空难死亡人数变化

其实如果按新闻的本质规律来考虑，这样的偏见也证明了车祸死亡是多么常见了：“狗咬人不是新闻，人咬狗才是新闻。”也就是说汽车车祸无论死多少人都不是新闻，而飞机、高铁出任何事故都是新闻。但是，汽车交通伤害死亡的人已经多到太离谱，它也该成为新闻了。

当然，仅仅以死亡人数的总量并不能准确比较铁路、飞机与汽车的安全性高低，因为乘汽车出行的总量远远超过其他交通工具。以中国《2013 年交通运输行业发展统计公报》提供的数据为例，2013 年，全社会完成客运量 212.26 亿人。其中铁路为 21.06 亿人，占比 10%；公路 185.35 亿人，占比 87.32%；民航 3.5 亿，占比 1.65%；水运 1.85 亿人，占比 0.87%。由此可见，公路运输客运量是铁路的近 9 倍，是航运量的 52.96 倍。并且，铁路和航空客运量基本上是这些交通工具运送人员基数的全部，但公路交通客运量只是营业性客运车辆客运数量，还不包括城市客运系统 1283.35 亿人（其中有 109.19 亿轨道交通，1.06 亿轮渡），以及私家车上下班的超过 300 多亿人次。而这些却是出车祸的主要基数。由此可见，通过汽车交通工具出行的人员基数（近2000亿）是空运基数的500多倍，是铁路的近100倍。如果考虑到基数上的这种差异，从死亡率角度来看不同交通工具安全性并不像绝对数所显示的差异那么巨大。

要比较不同交通工具的死亡率是很困难的，因为标准很难统一。如果以出行人次来计算，并不一定很公平，上班开车跑10公里也可算1人次，但这1个人次能和飞机1万多公里的跨洋飞行相同计算吗？通过高速进行长途旅行时，如果单人驾车跑1000公里在中途休息站加油和休息停顿了5次后又重新上高速继续行驶，这是算1人次还是算6人次？这两者间差异非常大。如果按路程中行驶时间来计算，与按人次计算相比差异巨大；如果以里程计算又会有极大不同。

但不管怎样计算，我们要对汽车的安全性“另眼相看”都是有原因的。

无论以什么标准来评估，汽车行驶的基数是如此巨大，其造成安全性问题的总量是如此严重。上百万人死亡问题总要比千人左右的死亡问题严重得多。

驾驶汽车的人太多，每辆车都有一个驾驶人员，甚至很多时候接近一人一车。同时如此之多的车在道路上相互之间的距离，以及与路边行人的距离一般都很近，很难在真正的安全距离之外，根本无法像航空和铁路那样进行统一的以行驶轨迹相互分隔为基础的安全管控。如此之多的驾车者任何一个人安全意识不够，或驾车操作上出现失误、酒驾等原因出车祸，不仅其本人会面临极度危险，而且会使其他正常行驶或行走的人面临无辜的伤害。因此要解决问题的面极为宽广，难度极大。

与疾病不同，交通事故造成的伤害对象是几乎无任何区别的，它会在瞬间杀伤任何无辜对象，即使身体健康、才华横溢、俊男美女、社会贤达、家中的贤妻良母、婴儿、慈父……他们的生命顷刻之间的离去让人无限地扼腕叹息。

五、超速——车祸的致命原因

在所有总结车祸教训的教材中，造成车祸最重要和最普遍的原因基本是一样的——超速，占 80% 以上的原因，因此有俗语“10 次车祸 8 次快”。即使其他原因导致的致命车祸，速度往往也是其中支撑性的基础原因。在世界卫生组织发布的报告《速度管理：决策者和从业者道路安全指南》（*Speed management: a road safety manual for decision-makers and practitioners*）中，系统总结了速度过快所带来的致命影响。

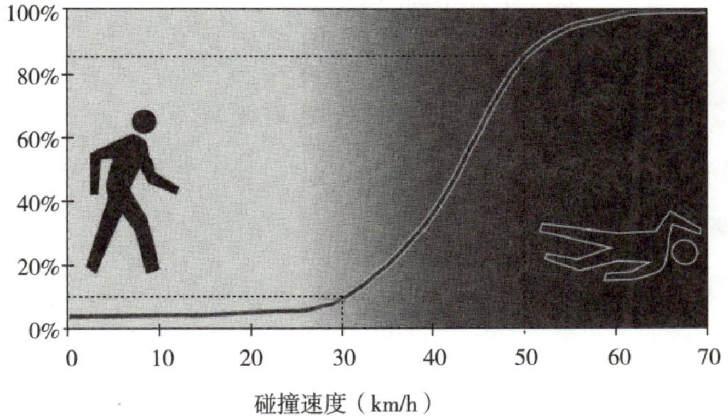

图 7-9　车辆对路边行人造成的致命伤害可能性与车速的关系

当车速增加时，与人碰撞造成的伤害程度急剧增加。当车速超过 50 公里 / 小时时，死亡率将超过 80%，到 60 公里 / 小时时，死亡率就接近 100% 了。

车速越高，紧急刹车所需要的距离越长。80 公里 / 小时速度时，从发现危机情况、紧急刹车，到最后完全停下来要将近 60 米。

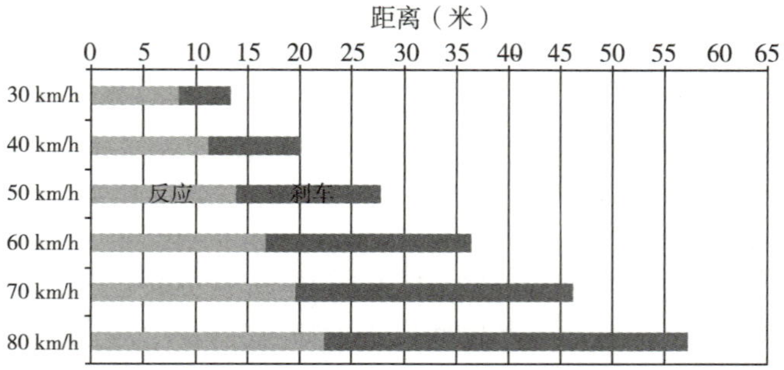

图 7–10　车速与紧急刹车距离的关系

那么车速与坐在车里的人安全性是什么关系呢？一般人们根本搞不清汽车的安全性详细指标是什么含义，以为汽车进行了大量碰撞实验，尤其是那些豪车自吹安全性很高，有安全气囊等措施，就认为汽车在高速行驶情况下很安全，但事实上完全不是这么回事。即使是欧洲的汽车碰撞实验 NCAP，其测试包括正面和侧面碰撞两部分，正面碰撞速度仅仅为 64 公里 / 小时，侧面碰撞速度为 50 公里 / 小时。测试的成绩通过 5 个星级表示，星级越高表示该车的碰撞安全性能越好。

看明白了吗？区区 64 公里 / 小时！这种速度下测试的结果对于超出其 1 倍的 120 公里 / 小时以上速度行驶的车安全性能有多大意义和价值？更别提 160 公里 / 小时以上的速度了。如果车速超过 160 公里 / 小时，出现车祸时车内人员死亡率基本上是 100%，不要相信任何汽车安全技术能保您的命。因此就会明白为什么即使是在很高级别的高速公路上，最高限速也都很少超过 120 公里 / 小时。在国外有些发达国家限速值会达到 130 公里 / 小时，只有意大利有 150 公里 / 小时的限速路段。当然，在德国等也有完全不限速的路段，但这需要以国民中所有驾车者对交通安全规则的极端自律和遵守为前提。遗憾的是，世界上绝大多数国家的人客观上的确做不到这一点。在高速情况下，更好的汽车安全性仅仅是可以让您更快且安全地把车速降下来（如采用 ABS 系统可防止高速刹车时车轮打滑导致侧翻），而不是能够保障您在这样的速度下发生车祸还能活下来。遗憾的是，现有汽车技术的所有安全设计都不能保证您一定能及时发现险情，踩下刹车，尤其当酒驾、疲劳驾驶、黑夜有雾等视线不清情况时更是如此。完全不要指望您开着有所谓“顶级安全性能”的豪车到了160公里/小时以上出车祸时打开安全气囊还能有什么实际意义，更别提在这种情况下安全气囊能不能打开全凭运气——因为这根本就不在全球任何汽车厂家和任何国家汽车生产安全设计的考虑范围。他们就算考虑了也完全没用，绝对不可能有任何汽车科技能解决这种条件下的安全问题。

那不仅远远超过人类的生理极限，而且远远超过了当前一切汽车科技的极限。

远远超过人类的生理极限，远远超过当前一切汽车科技的极限。

远远超过人类的生理极限，远远超过当前一切汽车科技的极限。

重要的事情必须说三遍。

160公里/小时以上的汽车速度性能，真正的实用价值就是杀人和自杀，以及为交管部门提供超速罚款收入，另外就是为医院和殡仪馆提供更多生意。而现在很多所谓的豪车时速竟然已经高达200、300公里！更让人惊讶的是像布加迪威龙跑车这样的顶级豪车最高速度居然达到431公里/小时，另一款更极端的超级跑车SSC Ultimate Aero搭载7升排量的V8引擎，1350马力，最高速度达到437公里/小时，2016年3月在日内瓦车展上正式亮相的布加迪Chiron车速高达467公里/小时。该明白为什么普遍有钱买豪车的中东国家车祸会成为全社会死亡率排名第一了吧！不知人们是否真正清楚理解“死亡率排名第一因素”是什么含义，那就是这些社会成员最终主要不是老死的，也不是病死的，而是以车祸为人生的终点！

我们之所以认为汽车最高时速可以到160公里/小时，是考虑到在路况极佳情况下，的确可以在短时间内以这个速度安全地行驶。只要在发现路况变差时，可在极短时间内迅速将车速降到60公里/小时以内。

速度更高的话就绝难再保证安全性了。这里容许的前提是车主必须极为充分地意识到 120 公里 / 小时以上行驶的危险。汽车作为一种交通工具，毕竟还是要兼顾安全前提下行驶的快捷性。但由此就带来一个过去人们从来没有去追问过的奇怪问题：既然这样，为什么还要去开发和销售 160 公里 / 小时以上速度的汽车呢？

六、燃油汽车的内在经济原则与安全性的矛盾

汽车是一种商品，它同样会遵从一切商品都会有的经济规律。任何一个行业要想保持商品的价值，领先的业者都必须不断地进行创新，提升产品的功能和性能，否则就会被竞争对手追上而不得不面对残酷的价格战。资本的这种内在的根本冲动必须有一个出口，这是没办法的事情。所以你会看到手机的功能越来越多，PC 的运算速度越来越高、内存越来越大……它们的性能高到很多人不断说不需要再高了，但这个产业就是这样，不会因为有些用户说不需要更多了它就不会更多。但不管怎样，手机功能多一些，PC 运算速度高一些，顶多就是有一些用户说太多了、太复杂了，不想再多了，但也算不上什么大事情。并且性能更高总能找到它们有价值的实际用途。

不幸的是，在燃油车的时代，速度成了汽车这一内在经济动力最主要的出口。发动机成为整个汽车的价值核心和技术难度最高的核心部件。由此就不难理解为什么各个汽车厂家都在发动机和整车动力性能上不断做文章。福特不惜一切地要求他的工程师们开发更多气缸的发动机，最后逼得他的工程师们发明出 V 型发动机。F1 方程式赛车，成了展示顶级汽车动力性能的最佳场合。丰田公司正是因为在方程式赛车上脱颖而出挤进世界一流汽车生产厂家行列。正因为在发动机性能上极致的追求，以至发展了几十年的中国汽车厂家可以轻松地设计和生产汽车

其他零部件，唯独发动机还是要大量仰赖进口。汽车动力性能就是领先厂家保住自己市场地位的唯一技术门槛。

这就形成了燃油车时代极为矛盾的现象：一方面汽车厂家不断追求远远超过安全限度的动力性能，另一方面交通管理部门将即使顶级高速公路的车速限制在远低于汽车顶级性能的 120 公里 / 小时；一方面交通管理部门不断去宣传高速的危害性，另一方面汽车厂家不断通过高级的营销手段包装出更高速度性能的尊贵、品质、潇洒、拉风、牛气、豪车的标志……

银幕上演绎的是浪漫的《速度与激情》，现实生活告诉人们的却是“速度与惨祸”。2013 年 11 月，在拍摄《速度与激情 7》期间，男主角保罗 · 沃克（Paul Walker）和友人罗杰 · 罗达斯（Roger Rodas）驾驶 2005 年款式的红色保时捷 Carrera GT 跑车，以 160 公里 / 小时速度撞上边栏，车体断成两半并起火爆炸，两人当场被烧得面目全非。罗杰 · 罗达斯的妻子克里斯汀 · 罗达斯（Kristine Rodas）于 2014 年 5 月 12 日向洛杉矶当地法院提交了诉讼请求，指控保时捷 Carrera GT 跑车存在设计缺陷。在此之前还有很多人也在驾驶这款保时捷 Carrera GT 时发生车祸，克里斯汀也对保时捷方面没有采取任何措施警示客户发出了控告。克里斯汀 · 罗达斯的律师称，根据事故调查结果，罗达斯当时的车速为 88 公里 / 小时，并未超速。但当地有关部门称，该事故是超速行驶导致的，与车辆故障无关。而测速机构 CHP 在 2014 年 3 月调查后的结果显示，该车的车速曾飙升至 129 ~ 150 公里 / 小时，远超过了规定的时速 72 公里，由此导致车辆失控。保时捷发言人 Nick Twork 表示，公司对罗达斯及沃克家人的不幸深感抱歉，此次事故已经过有关部门的详细调查，并且调查结果表明，克里斯汀 · 罗达斯的指控是不当的。

但问题是：就算保罗 · 沃克他们的保时捷车当时的时速的确是 129 ~ 150 公里 / 小时，为违规超速，规定的车速只是其实际车速的一半，而 Porsche Carrera GT 的最高速度性能却在 300 公里 / 小时左右，竟为规定最高车速的 4 倍以上。如果开到其最高速度性能的仅仅一半时都这么恐怖，设计那么高的速度性能本身能有什么安全保障可言？汽车的速度性能可以达到 160 公里 / 小时，这本身就是天大的安全缺陷！但却被那些开发生产豪车的公司在销售产品时包装成尊贵和品质，在出车祸时就只能怪车主自己违规和不小心了。

1997 年 10 月 20 日凌晨，音域可以从男低音一直跨越到女高音的台湾声乐奇才张雨生驾驶当时最新且“安全性能极高”的 97 款 SAAB 绅宝 900SE 在回台北市淡水县途中发生车祸。车辆冲撞中央分隔岛，当时其酒后驾驶，未系安全带。11 月 12 日，张雨生经过 24 天的抢救后逝世，终年 31 岁。

网上有传言他出车祸时的速度是 240 公里 / 小时，这根本就不可能，并且也说明了公众对汽车高速情况下的安全性问题无知到何种程度。因为车速如果这么高的话，别说是被抢救 24 天，他在事故之后能生存的时间根本就不可能会超过 24 秒。如果有任何汽车以 240 公里时速撞到中央分隔岛会是什么结果，请看英国第五频道的早间节目《第五档》（*Fifth Gear*）进行的公开测试转载文章和视频录像，链接如下：

文章：迄今速度最快汽车碰撞试验：时速 193 公里撞击。（http://auto.163.com/11/1025/10/7H71TFOE00084MTD.html）

视频：速度最快汽车碰撞试验。（http://v.youku.com/v_show/id_XMzE1Njc4ODQ4.html）

速度毁灭一切：时速 193km 福克斯碰撞测试。（http://v.bitauto.com/vplay/52094.html）

无论车的安全性能有多高，在这种速度车里的人根本就不可能有完整的四肢！别说是民用汽车，就是重型坦克里面的人也未必能活下来。

不同速度下的汽车碰撞试验。（http://www.letv.com/ptv/vplay/ 21393164.html）

任何产品的一切功能和性能都是客户要花钱购买的。如果花钱购买了的产品功能和性能事实上却根本无法安全地使用，这种功能和性能本身是适当的吗？

七、纯电动带来汽车安全革命的机会

在纯电动的时代，因为目前广泛采用固定齿轮比单速传动机构，纯电动车在高速情况下会因电动机转速过高而致推进效率下降。因此，如果没有特别设计，最高速度一般在 130 公里 / 小时。其实对纯电动车来说，获得更高动力性能并非难事，甚至要比燃油车容易得多。因为燃油车动力性能只能通过单一的发动机和齿轮箱性能来体现，要实现更高动力性能，必须增加气缸数量，而这在技术上非常困难。另外，燃油车一般不可能像飞机和船舶那样在一辆汽车中采用一台以上的发动机来提升动力性能。但在纯电动车中情况非常不同，电池可以很容易通过并联而将输出电流成倍增强。例如，特斯拉的 MODEL S 就是将 7104 块用于笔记本电脑上的 18650 电池通过串并联而获得极高的输出功率。

电动机在转速接近零时也可获得很大的扭矩，在很大的速度范围输出功率比较稳定，而燃油车发动机在低速时扭矩和功率很小。因此，燃油发动机需要配置复杂的变速箱来进行低速和高速时扭矩、功率等动力性能平衡，而纯电动车却不需要。特斯拉纯电动车仅用单速变速箱就实现了超过 250 公里 / 小时的最高速度性能，以及最短可至 3.0 秒的百公里加速性能。而宝马、奔驰、大众等生产的燃油车动力系统已经采用 9 速，本田甚至采用 10 速的变速箱来获得更佳的综合动力性能。因此，在技术上纯电动车要提升综合动力性能远远比燃油车简单得多。另外，纯电动车的电动机因体积非常小，其实还可以很方便地采用多台电动机的加强动力性能方案。这会使其动力性能更容易获得成倍的增强。

2014 年由美国 Venturi 研发团队开发的 Buckeye Bullet 3 纯电动车最

高时速已经达到640公里，远超2016年年初发布的布加迪Chiron 467公里/小时燃油车最高时速记录。比这个时速高得多，甚至达到超音速的1000～3000公里的汽车也有很多，但那都是采用航空喷气发动机，只有科学研究的意义，完全不具备任何实用价值。

但是，如果从其他角度考虑，也可以不需要去持续提升动力性能。传统的汽车沿着这条道路进行的努力早就已经进入了死亡地带。问题在于，纯电动车能够为自己提供与燃油车不同的经济规律和技术升级路径吗？答案是可以的。对于纯电动来说，提升动力性能太容易，基本没什么太大技术含量，即使特斯拉大量18650电池堆叠的BMS（电池管理系统），也不是什么特别难的技术。正因如此，反倒使纯电动车动力性能不再成为领导厂家可以长期制胜的技术屏障，也不会再成为相应的车更高品牌价值的标志。燃油车想与纯电动车比拼动力性能，就如同机械表想与电子表比拼走时精准一样不可理喻。一个十几块钱的玩具石英电子表的走时精度，就可以很轻松地超过把陀飞轮技术等都用上的最顶尖机械表。

纯电动将会为电动车的智能化、车体结构设计、更多电子产品的实用功能、安全性、舒适性等提供更为广阔和自由的发展空间，而这将是一个无底洞，从而为汽车科技提供完全不同的技术升级路线。如果各国政府的管理者、联合国、汽车行业等利用这个机会，重新审视汽车这种交通工具的本质特性，逐步引导限制其速度和动力性能在合理的范围之内，而将技术升级方向顺势导向全新的路径，那么将完全改变汽车安全的基本态势。

如果不想让开发160公里/小时以上的交通工具的企业继续撞死人，唯一途径就是让一切开发160公里/小时以上的企业全死掉。要想让这样的企业全死掉，就得让只有开发160公里/小时以下的企业才有钱赚。要想让只有这样的企业才有钱赚，也只有市场规律本身就是如此才可能。如果市场规律本身不是这样，我们的确做不了更多。但现在我们可以告诉人们，纯电动已经使汽车市场的根本规律和游戏规则完全改变了。让道路上少死点人，生产交通工具的企业未必真关心，但他们会不会破产，那就不得不关心了，对此我们丝毫不会怀疑。如果政府期望所做的事情能够成功且事半功倍，方法就是顺水推舟。

以下是建议的政策和法律步骤：

第一阶段，应规定厂家不容许宣传其任何车速超过 160 公里 / 小时的具体数据，顶多只能标注“最高时速 >160 公里 / 小时”。并且必须在所有车辆产品宣传资料、网站等显著位置标注“全球范围的任何汽车安全技术，都绝对不可能保证车主和乘客在 120 公里 / 小时以上的行驶安全”，如同必须在烟盒上标注“吸烟有害健康”一样。如果有厂家不愿标示怎么办呢？很简单，如果厂家没有明确进行这种广泛标示，购车者行驶过程中超过这个速度出现任何问题，无论原因是什么，无论是谁的责任，厂家都必须承担相应的责任。另外除标示百公里加速指标外，更应当要求标示“百公里减速”指标，以及“零公里减速”指标——从该车最高车速安全降低到百公里 / 小时以下所需要的时间和距离。例如，如果最高车速是 300 公里 / 小时，以这个速度为起始，考虑到 0.7 秒的人类反应时间，然后开始刹车减速到 100 公里 / 小时，所需要消耗的总时间和距离。“零公里减速”指标是指从 100 公里 / 小时为起始，考虑到 0.7 秒的人类反应时间，然后开始刹车减速到 0 公里 / 小时，所需要消耗的总时间和距离。

第二阶段，厂家不容许销售有超过 160 公里 / 小时性能的车。

第三阶段，任何情况下车主不容许开车超过 160 公里 / 小时。

第四阶段，不容许开有时速超过 160 公里 / 小时以上能力的车，无论实际行驶时的车速是多少。如果你开的车就算是以 60 公里 / 小时实际速度行驶的，但如果你的车实际性能超过了 160 公里 / 小时也不行。

第五阶段，把所有 160 公里 / 小时以上性能的车送到博物馆去，剩下的全砸了。

第六阶段，即使在容许持有枪支的国家，也不容许持有 160 公里 / 小时以上的车。法律可以规定把所有开 160 公里 / 小时以上车的人先关进监狱再说，因为已经没人有这种车了。

完成以上 6 个阶段最多 15 ~ 20 年就足够了，尽管车辆安全不会 100% 得到解决，但如果解决了速度问题，绝大部分致命的车祸本是可以避免的，这样可以每年挽救全球 100 万多人的生命，同时对人们的出行不会产生任何实际影响。

限速一定要从源头做起，而不是生产出一种诱人的饮料摆在货架上，但却告诉人们这不能喝，喝了自己要负责任；做出一种让人直流口水的饼干放在餐馆里，然后规定这不能吃，吃了是违规……如果任何道路上都不容许汽车速度跑到 160 公里 / 小时以上，为什么要让具有远高于这个速度的车进入市场呢？人们会说选择什么样的产品是个人自己的权利，但每一个人开什么样的车会严重地影响到他人的安全，那并不仅仅是每个驾车者个人的选择。当每一个人选择了一种车型后，他（她）同时也必然在为其经过的道路上千千万万的同行者选择生存环境。

八、任何人都别以为自己车技很牛

解决汽车安全问题的根本方法不是撞上后怎么办，而是如何避免撞上。如果您开 160 公里 / 小时的车没撞上，不是因为您车技好，而是纯属侥幸。因为出不出事儿并不完全取决于您的车技，而且也取决于与您必然相遇的其他成千上万车主的车技，并且任何人都不要以为自己的车技很牛。世界上车技最牛的就属那些 F1 方程式赛车的职业车手了，一般的驾驶者反应时间最快是 0.2 秒，而 F1 车手从发现异常到做出肌肉反应的整个时间加起来，可以不超过 0.05 秒，反应速度比一般人快 5 ~ 10 倍。但正是他们，在历史上惨烈的车祸不计其数，远高于普通人。1955

年法国勒芒 24 小时赛车耐力赛（Le Mans 24-hour race）上，一辆奥斯汀 – 希利赛车（Austin-Healey）在与一辆梅赛德斯赛车发生碰撞后，车辆碎片飞向路旁边的观众，造成了 83 人死亡，120 人受伤的严重惨祸，奥斯汀 – 希利赛车手皮埃尔·列文（Pierre Levegh）也当场遇难。

加拿大著名车手吉雷斯·维伦纽夫（Gilles Villeneuve，被称为“老维伦纽夫”）被公认为是 F1 历史上无与伦比的快车手。1982 年，F1 加拿大站的比赛赛道甚至以其名字更名为维伦纽夫赛道。同年，老维伦纽夫在比利时大奖赛的练习赛中，一头撞在维修站口护栏上，随后不久死在妻子怀中。

1994 年 5 月 1 日 14 时 17 分，获得过三届世界赛车冠军，被誉为“永远的车神”的巴西车王埃尔顿·塞纳驾驶赛车以 130 英里 / 小时（210 公里 / 小时）的速度撞上了护墙。在被送到医院后，当天 18 点 40 分，医院宣布其死亡，令全世界车迷为之疯狂的巨星陨落，终年仅 34 岁。工作人员在塞纳的车中发现了一面卷好的奥地利国旗，这是塞纳本来打算赛后用来纪念前一天车祸中去世的奥地利著名车手罗兰德·雷申博格的。

尽管在莫斯利就任 FIA 主席以后，一直拼命强调安全性，并且不惜以此对 F1 的性能不断做出极大的限制。为了车手安全，赛车的车体采用天价碳纤维等复合材料制作，但这些措施依然难以避免安全事故的发生。2014 年 10 月 5 日的 F1 日本站，当时效力于马鲁西亚车队的法国 F1 车手朱尔斯·比安奇遭遇撞车事故，受伤后在医院昏迷了整整 9 个多月，于 2015 年 7 月 18 日宣告不治身亡，终年 25 岁。

另一个可被称为近乎死亡游戏的美国印地 500 赛车，据统计死亡率超过 F1 赛车 10 倍，32 年间有 73 名车技顶尖高手葬身于车祸。

如果您的车技不能与赛纳、老维伦纽夫这样的全球范围车王级人物相提并论，如何保证开着与他们遇难时速度差不多，车体安全性又差很远的商品车辆，还没戴上个人防护头盔等安全设备，居然还幻想比他们更幸运？

刚写完这段文字，就看到网上一则新闻。2015 年 12 月 8 日晚，一位 1994 年出生的金某与朋友胡某在浙江台州市峰江街道一家大排档吃过夜宵后，于晚上 12 时 23 分驾驶一辆牌照为浙 J39× 号的别克轿车自西往东开往新桥方向。但到了 9 日凌晨，当车辆行驶至玉露洋村路段时，因车速过快，先是撞倒了路边一根电线杆，接着又碰撞了停放在路边的一辆五菱面包车，随后，车辆失控坠入路旁河中。与一般车祸有所不同的是：在事发前两人不但喝过酒，更是一路狂发朋友圈视频“直播”自己的飙车“神技”，并且配发“一路 120 码杀回去喝酒”“就给你们听油门声”的文字。“炫技”没多久，车祸随即发生。

即使汽车本身安全性能再好也解决不了根本问题，因为汽车厂家不可能为路边的行人装备任何安全设施。撞到路人也许您不会死，但您很可能会生不如死。因为您不是恐怖分子，您开车去旅游或工作时没有计划去杀人的任何精神准备，尤其您没有杀了完全无辜的人还可以心安理得的“心理素质”。很多因自己原因出了车祸撞死了路人自己却没死的人，痛苦、内疚和后悔地甚至想跳楼自杀。所以，如果您准备把车开到 160 公里 / 小时以上，必须清楚这就是在准备杀人和自杀。如果您永远不准备把车开到 160 公里 / 小时以上，还花那么多钱买这种车干什么？管理部门又为什么要给具有这种高度危险性的车辆发放生产许可和车辆牌照呢？那不是产品生产许可证，而就是杀人许可牌照。

第八章

国际经济与战略大变局（一）：石油美元、碳排放与雾霾

一、中国为何力推纯电动

一个后发的国家在经济起飞过程中会经历长期两位数的经济增长，但当发展到一定程度后，各种瓶颈约束就会越来越起作用，使得经济高增长难以持续。因此普遍认为经济基数越大，增长率就会越慢，其实这种观点就如同亚里士多德认为重量越大的物体下落速度越快，越轻的物体下落速度越慢一样，是一个想当然的，未理解事物内在逻辑的观念。经济基数越大，投资和消费能力也越大。经济增速是否下降只取决于遇到的瓶颈约束能否有效克服，就如同落体的空气阻力能否克服一样。

中国经济在 2014 年左右进入所谓“换挡期”后遇到的瓶颈约束有很多，我们在本书中当然不能去一一讨论。有两个很重要的瓶颈约束是我们要讨论的主题：一是能源，二是环境。中国在过去几十年发展中有一个经典的词叫“煤电油运”，也就是经济增长速度一高，这四个要素就会全面紧张。现在随着经济实力的不断增强，这四个要素不断得到解决。但问题的麻烦在于，煤和油解决了，另外两个问题又来了。

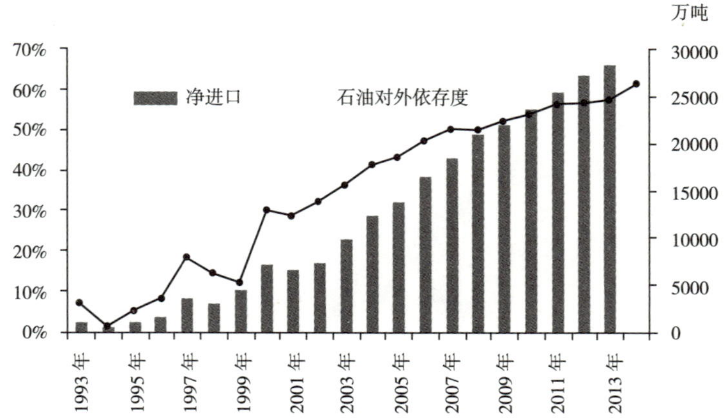

图 8–1　中国石油进口及对外依存度

一是中国煤很多，并不是问题，但油不多，现在石油对外依存度已经超过 60%。

二是就算石油可以买到，环境问题也会压得中国喘不过气来，就算有充足的煤和油也不敢放开了用。别的环境问题都还可能暂时回避一下，但空气污染就实在回避不了，无论你住在什么地方，污染的空气和雾霾是无孔不入、人人平等的。不会说你住在市政府、省政府大院、CBD 高档社区或天安门广场附近雾霾就飘不到你那里去。雾霾已经成了全体中国人一致痛恨的环境灾难。

至于“碳排放”，对中国人自己来说现在哪里还顾得上什么碳排放问题，能呼吸到点干净的二氧化碳就已经不错了，别老是被人家欧美人的高级话题牵着鼻子走好不好。

要想治理雾霾，就得首先去找雾霾的源头，一旦涉及这个事情就又麻烦了。雾霾的来源众多，很难说断了哪一个就可以让雾霾消失。中科院大气物理研究所研究员张仁健课题组与同行合作对 2009—2010 年北京地区雾霾来源进行了分析，该分析结果认为北京 PM2.5 有 6 个主要来源，分别是土壤尘、燃煤、生物质燃烧、汽车尾气与垃圾焚烧、工业污染和二次无机气溶胶，这些来源的平均贡献分别为 15%、18%、12%、4%、25% 和 26%。如果将燃煤、工业污染、汽车尾气和二次无机气溶胶 4 个来源合并起来，化石燃料燃烧排放占北京 PM2.5 来源的 73%。

如果仅从以上分析结果看，汽车尾气在其中只占 4%，这与人们的直觉似乎有很大出入。当然，关于雾霾成因和来源的数据如同雾霾本身一样云天雾地，让外行人一头雾水。机动车排放占比多少，不同来源的数据大不相同。对张仁健的课题组的研究结果，普通人很容易误解，有人从更专业的角度给出了解析。如果仔细看该论文，就能知道，这个研究的源解析里面，有大量的“未解析源”。在春季最高的时候，“未解析源”占到 40%。另外，高达 26% 的二次无机气溶胶（SNA）里面，实际上也有大量汽车贡献的成分。“不到 4%”的汽车尾气，是指汽车直接排放出来 PM2.5，这部分确实不多。但是汽车尾气经过反应，生成二次无机气溶胶，也都是汽车贡献的。再把挥发性有机污染物，行驶的扬尘、加油站的排放这些都算上的话，汽车的大气污染贡献至少要占到 50%。

同样也是中科院大气物理研究所的另一个研究小组，王跃思课题组曾于 2009—2011 年对京津冀区域 PM2.5 化学成分分析进行了两年平均状况的研究，同样采用 PMF 方法的源解析结果表明，汽车及相关产业来源的贡献为 10% ~ 50%，平均约占 30%。王跃思说，其最新的解析数据截至 2013 年 1 月，但结果仍支持上述结论。

从 4% 到 50%，都是中科院级别的研究结果，都是很有科学道理的，知道什么叫"云天雾地"了吧！

2016 年 1 月 19 日，中国环保部发布《2015 年中国机动车污染防治年报》，该报告指出 2014 年，中国机动车排放污染物 4547.3 万吨，其中氮氧化物（NOx）627.8 万吨，颗粒物（PM）57.4 万吨，碳氢化合物（HC）428.4 万吨，一氧化碳（CO）3433.7 万吨。其中，汽车排放的氮氧化物和颗粒物超过 90%。请注意这是"有害物排放"而不是碳排放的数据，它们肯定是有害的，也从来没人试图去否认这些东西的害处。如果不信你就再去了解下一氧化碳中毒会是什么后果。

2015 年年底，网上就汽车尾气对雾霾影响问题展开了一系列争论，"北京雾霾主因是汽车尾气 交通委：或将实行更严格限行"，"住建部：北京雾霾主因系汽车尾气而非供暖"，汽车业中有人就跳出来了，在汽车营销分析上发文称："北京雾霾的主要原因是汽车尾气？这是瞎扯淡！"

只要简单看看支持和反对各种观点的人来自哪些行业和部门，就知道这背后有多少看问题的不同利益和立场在里面了。本书完全无意于介入这个专业问题的争论，而是要指出最重要的如何解决问题的关键点。无论如何，有两个原因使得汽车尾气成为头号要解决的问题。

首先，不管汽车尾气从直接的排放量上是不是最大，它的排放源与人最近，其影响力最直接。而煤电厂好歹可以设置在郊外甚至远离城市的地方。

其次，知道问题的根源是一回事，如何解决问题、解决问题的正确步骤又是另一回事。炼钢等高耗能产业无疑是产生雾霾的大户，但你能把它们直接全停了吗？这样一来经济发展立即就全面滑坡了。在奥运会、APEC、“9・3阅兵”等国家大型活动时停一下可以，但平时想把它们停下来就难了。冬季燃煤取暖同样如此，明知它们会造成雾霾，但如果停掉有人可能就要冻死了。还有数据指北京餐馆油烟排放占11%，但你能把餐馆停了吗？还没让雾霾毒死就先饿死了。因此，解决问题要从两个方面找到入口，一是比较容易解决的，二是解决了这个问题以后其他问题就变得好解决的，而不在于这个问题一解决，整个问题就解决得有多么明显。

如此一看，先以纯电动车的普及来解决汽车尾气就成了今天技术条件下最恰当的切入口。因为发展纯电动车不仅不会导致经济等方面的问题，还会给中国经济带来新的发展机遇，即使汽车界的人士最差也是喜忧参半，在新能源车上花力气多的汽车厂家那就更是乐不可支。在这个领域，中国在技术上并不算落后，有些领域还有优势，这是汽车技术上重新洗牌的大好时机。更让人意外的是，就连石化行业的人也会因它带来的油价暴跌而首先得到最大的好处。既然在最根本的经济利益上，无论中央政府、地方政府、各行业的企业、个人都没什么太大问题，甚至有很大好处，以这条路径作为突破口不仅没什么副作用，还可能是皆大欢喜的事情了。

解决了纯电动问题，下一步就为解决新能源，尤其太阳能的储能问题打下很好的基础。再以新能源的普及解决其他民用化石能源使用转向新能源的问题。最后在新能源极大普及之后再解决工业用途化石能源耗能等问题。在这个过程中配合以节能和高效低污染的传统能源技术。因此，用纯电动车解决环境问题是一个系统的全面解决方案，而不是单纯其本身解决了多少问题。纯电动车的发展可以使传统“煤电油运”四大瓶颈中的三个得到有效解决，并且与“运”也高度相关。由此即可知道它对中国经济和环境的战略价值有多大了。

在这些问题得到有效解决的同时，却意想不到地会引发一系列重大的国际经济战略连锁反应：

■ 全面终结美元霸权。

■ 中东局势将彻底改变。

■ 浇灭东海、南海等一大批中国沿海国际政治热点。

■ 航空母舰、隐形战机未必真能解决得了的问题，纯电动车跑着跑着就全给解决了。真应了一首歌中的歌词：“我真的不是故意的，噢，你可能不相信。”

二、支撑美国的军事和美元霸权基础

美国是工业文明波浪进程中的一个最近的波峰位置，并且当前正处于越过日本向中国转移的过程之中。支撑美国实力的基础除科技创新外，主要是美元霸权与军事实力。

美国是历史上第一个采用货币霸权获得帝国利益的国家，因此，美国与过去的帝国确实是有巨大不同的。事实上，它在建国的最初阶段也是采用传统帝国的战争、赎买等各种方式扩张周边领土，从最初的 13 个州扩大到现在的 50 个州和 1 个直辖特区——首都所在地华盛顿哥伦比亚特区。这一历史甚至直接地体现在其国旗——星条旗上。13 个红白相间的横条含义就是代表最初的 13 个州，左上角的 50 个五角星代表最终的 50 个州。但在美国的利益逐渐向全球扩张时，它并没有延续传统帝国的模式，不仅没有领土扩张，甚至连西方曾普遍采用的殖民地模式也放弃了。通过两次世界大战，美国成为正义一方最终获胜的关键力量，从而获得了在全球驻军的资格。这种驻军只是一种控制，被驻军的国家既不是美国的领土，也不是美国的殖民地，也没有向驻军的国家收税。这就形成一个看似极为奇怪的现象：美国不仅没有通过领土扩张和殖民获得自己的利益，甚至是在自己花钱为全世界很多国家提供安全保障，那么就必然带来一个现实的问题：美国这个帝国怎么获得自己的利益呢？至少它必须能补偿在很多国家驻军付出的开支。否则难以理解道德如此高尚的帝国为什么能够持续生存？它的海外驻军开支怎么能够维持？

向驻军所在国销售武器是一种看得到的利益来源，不过这显然不能成为主要原因。2012 年美国国会的一项研究报告显示，2011 年美国武器出口额为 663 亿美元，已经是占全球武器出口额的 78% 的极高比例，但当年美国的军费开支为 7110 亿美元。其武器出口额仅为军费开支的 9.28%。如果美国在海外驻军主要目的只是武器出口的话，如此可怜的投入产出比从经济上实在让人难以理解。

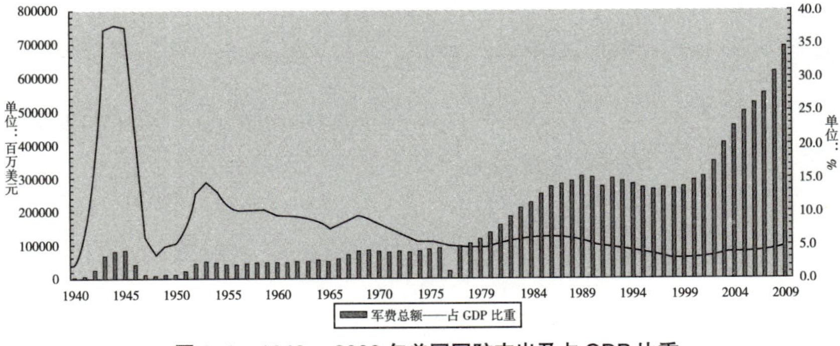

图 8-2　1940—2009 年美国国防支出及占 GDP 比重

美国军费开支占 GDP 的比重长年保持在 5% 左右的水平。如果仅为国家安全考虑的话，这个比例合理的比值在 1% ~ 2% 就足够了。就算以 2% 考虑，美国军费开支占 GDP 比例有 3 个百分点是超乎“常规”的，也就是美国军费开支中有一多半是自身安全不需要的。这个增加的投资如果不能获得比投资额高出 3 倍以上的收益，经济上就是不合理和难以常年维持的。也就是说，美国需要通过军费投入获得占 GDP 至少 10% 的收益，才能合理地解释其行为在经济上是合理的。事实上，真正获得的收益远超过这个数字，其原因只有通过美元霸权所获得的利益才能获得合理解释。

关于美元霸权如何获利，这已经是公开的秘密，有太多人做过深入分析，在此不需要再深入讨论。但对于通过美元霸权美国到底每年可以获得多少经济利益，却很少有人仔细算过。有人认为，美国实体经济仅占其近 18 万美元 GDP 中的 5 万亿，剩下 13 万亿都与金融业有关。这里面并不能都算成美元霸权的功劳，但足以见得这个因素对美国经济的作用之大。

如果美元霸权不再成立，其影响将是非常巨大的。美国达到 GDP 总量 5% 的军费开支将无法长期支撑下去，否则将导致国家经济的崩溃。2014 年，美国军费开支达 6100 亿美元，相当于其国内生产总值的 3.5%。从“一战”之后的历史上看，这个比例其实已经算是最下限水平，而即使这样也还是无法长期维持，更别说再回到 5% 了。美国长期合理的军费开支将需要下降到 3500 亿美元以下，也就是必须在 2014 年基础上每年再削减 2600 亿美元以上军费，才能实现这个合理水平。这对美国将是一个空前巨大的挑战，也是全世界面临的巨大挑战。

三、支撑美元霸权的石油结算

如果仅仅是靠军事力量，并不足以完全成就美元霸权，在 1971 年 8 月 15 日布雷顿森林体系瓦解之后，1973 年 10 月美国就让石油输出国组织接受了全球石油交易以美元结算的条件。需要说明的是，到目前为止，石油是唯一采用这种模式的大宗商品，或许美国人当时自信地认为这已经足够了。只要有了石油交易，并且只是中东石油国际贸易必须用美元结算的条件，全球对美元的经济需求就会源源不断，从而维持美元霸权的经济支撑就会源源不断地存在。或许今天美国人会有些后悔，当时如果多几种大宗商品用美元结算就好了，可是现在后悔已经晚了。在当时，全球能明白美元霸权奥妙的人没几个，在今天，美国再想把另一个大宗商品与美元捆绑已经绝无可能。那么，如果全球石油国际贸易量，尤其中东石油国际贸易量迅速萎缩到微不足道的数量，美元霸权还会存在吗？可以肯定地说不会了。

仅仅就是这半个世纪过去，技术的发展即将使全球石油贸易的基础条件发生革命性的变化。中国为治理雾霾而拼命发展纯电动车，最终竟然会导致这个基础完全崩塌。

四、第一张多米诺骨牌已经开始倒下

其实，汽车燃油消耗的石油量只占所有石油消耗量的三分之一。因此，即使所有汽车全部换成纯电动，也并不意味着就不需要石油了。但是，一旦汽车大规模转换成纯电动，就会引发一系列的连锁反应。

由于汽车燃油毕竟是石油消耗中最主要的市场之一，因此，汽车燃油消耗因纯电动车普及带来的持续市场下降，会使全球石油市场和石油价格未来长期处于低迷状态。仅仅因燃油效率的提升和使用习惯的改变，就使目前美国的汽油消耗量相较于 1998 年达到的峰值下降了将近 75%。而这一切，只发生在约 15 年的时间里。

2017 年 1 月至 4 月，中国汽油表观消费量为 4012.54 万吨，同比下滑 0.37%，多年来首现负增长。作为对比，2011 年至 2016 年期间 1 月至 4 月汽油表观消费量总量的平均涨幅则为 10.42%。但是，国内汽车保有量由 2008 年的 0.65 亿辆增长到 2016 年的 1.94 亿，年均增幅为 15%，2017 年依然保持同样的发展趋头。为什么汽车越来多的同时，汽油消费量却会出现下降？唯一的解释是平均每辆车的汽油消费量显著下降了。要么是开车少了，要么是车的平均油耗降低了，事实上这两个因素可能都有。因为共享单车的爆炸性发展，很多人开车远比过去少了。另外，2016 年报废了约 700 万辆旧车，这些旧车耗油量比新车要高，这样的新旧车型的更替会使车的平均耗油量降低。因 2016 年新能源车的保有量达到 109 万辆，在整个汽车保有量中的占比仅为千分之五点六，因此其节省的燃油量还不是很突出。在 2017 年开始出现的汽油消费量下降主要应归结为共享单车及耗油量高的旧汽车报废。

如果中国及全球汽车大量转换成纯电动车，对石油市场的长期冲击无疑是非常巨大的。这其实才是 2014 年年底开始的全球石油价格暴跌真正长线的因素。国际油价不仅再也回不到 100 美元，想稳定地回到 60 美元都难如登天了。

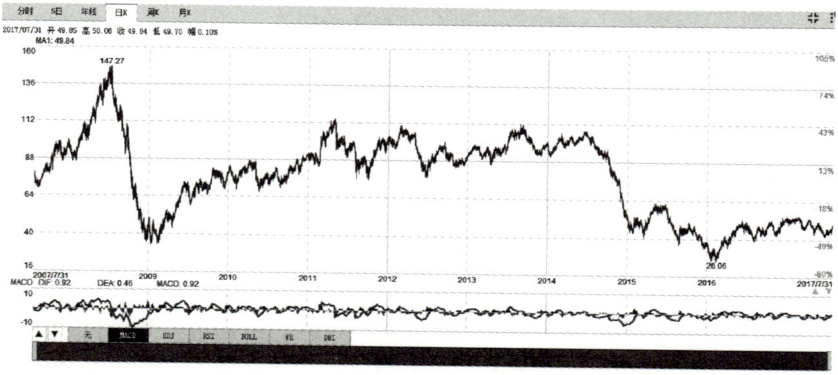

图 8–3　2007—2017 年 NYMEX 原油期货价格走势

如果中国汽车都不用油了，还需要进口原油吗？即使需要，其数量也可以忽略不计了。而只有国际石油贸易，并且只有从中东买石油才是铁定需要美元的，不仅从大庆油田、胜利油田、中原油田买石油不用美元，从俄罗斯买石油也可以不用美元。

并且，纯电动车一旦把汽车的用油完全替代了，为新能源建立的良好基础会导致对化石能源进一步的大规模替代，这会使石油需求继续深度地持续下降。中国、美国等主要用油国家自己的石油生产就足以应付所有不可替代的石油化工需求，甚至还可以出口了。2015 年年底美国就已经解除执行了 40 年的石油出口禁令，更别说纯电动车大规模普及以后了。

请注意一点，即使国际石油贸易也不用美元了，绝对不意味着其他贸易都不用美元，更不意味着美元不再是国际结算货币。但是，如果作为唯一美元刚需的中东石油贸易变得微不足道，甚至消失，美元霸权就没有了最基本的刚需基础。作为一种国际结算货币，它需要在大致公平的市场基础上与其他国际结算货币进行竞争。这下问题就来了，美元结算需要 50 美元手续费，人民币结算只要 30 美元，别人还用美元结算吗？不用了。如果美元结算也降到 30 美元手续费，人民币可以降到 20 美元。这样一来，又出现一个很大的问题：美国每年多出来的 3000 亿美元军费本来是可以靠支撑美元霸权获得超额利润的，现在进入市场公平竞争阶段，这 3000 亿的军费开支就成为额外的成本了，要打价格战不仅打不过中国，连欧元也打不过。而如果要降低美国的军费，美元的国际地位就更加与其他国际结算货币趋同了。

对其他国家来说，美元作为国际结算货币本身并不是问题，美元霸权才是问题。即使人们明明知道美元霸权的不公平所在，二三十年前很多人就知道了，并且现在讨论这一点的人越来越多，明白的人也越来越多，但对已经形成的事实却没有多少真正从根本上解决问题的办法。

而对美国来说，保持美元的国际结算货币地位并不是其帝国根基所在，美元霸权才是其根基所在。即使美国明明知道纯电动车的发展最终会完全动摇中东国际石油贸易，从而彻底动摇美元霸权的根基，也毫无办法。不仅如此，美国自己也不得不积极发展纯电动车，因为如果不发展，自己在这个新技术上就落后了。只有让美国毫无办法的办法，才是真正解决问题的办法。

2015 年 12 月 18 日，美国国会参众两院通过议案，解除自 1975 年出台《能源政策和节能法》后开始的长达 40 年的原油出口禁令。这个影响是多方面的：

■ 它会进一步打压石油价格。

■ 美国对基于自身石油产量满足自身需求已经有足够自信。

■ 对“石油美元不久将结束”这个事实，美国自己已经很清楚，并且不再抱太多指望。

■ 因为石油美元的体系长期存在，全球金融市场上有多达 2 万亿的石油美元。当燃油车消失，并带来石油美元需求消失后，这多出的 2 万亿美元如何消化就成为一个巨大的挑战。

当然，美元霸权削弱甚至消失了并不意味着美国就不行了，甚至也不意味着美国的金融业不行了。其科技创新能力优势会长期存在，美元依然长期是国际硬通货，美国依然长期是“世界领导者”。依靠科技变革所带来的变化尽管天翻地覆，但却是平滑、和缓，副作用很小的。

此时，有些知名的分析家又开始发挥阴谋论的想象力了，他们煞有介事地认为美国已经清楚将失去以石油美元获得货币霸权的支撑，但却又成功地通过碳排放在建立“碳交易美元”。

五、研究“碳交易美元”的科学方法

人类对化石能源的使用排放大量的二氧化碳，而二氧化碳是一种温室气体，它的增加会带来全球气候的变暖。为解决这个问题，1992 年 5 月 9 日联合国政府间谈判委员会就气候变化问题达成《联合国气候变化框架公约》（*United Nations Framework Convention on Climate Change*，*UNFCCC*），于 1992 年 6 月 4 日在巴西里约热内卢举行的联合国环发大会（地球首脑会议）上通过。这个公约是世界上第一个为全面控制二氧化碳等温室气体排放，以应对全球气候变暖的国际公约，也是国际社会在对付全球气候变化问题上进行国际合作的一个基本框架。

1997 年 12 月 11 日，联合国气候变化框架公约参加国三次会议在日本京都通过了《京都议定书》，全称《联合国气候变化框架公约的京都议定书》，它是《联合国气候变化框架公约》的补充条款。该条约于 1998 年 3 月 16 日至 1999 年 3 月 15 日开放签字，共有 84 国签署，条约于 2005 年 2 月 16 日开始强制生效，到 2009 年 2 月，一共有 183 个国家通过了该条约（超过全球排放量的 61%）。美国于 1998 年签署了这个协议，但 2001 年 3 月布什政府宣布拒绝批准《京都议定书》。2011 年 12 月，加拿大也在签署该协议之后宣布退出。该议定书一共规定了 6 种温室气体，分别是二氧化碳、甲烷、氧化亚氮、六氟化硫、氢氟碳化物和全氟化碳。所以，谈到“温室气体排放”，严格说并不只是二氧化碳，而是要包含以上 6 种气体。不过，与本书相关的，主要是以二氧化碳为主来讨论，它在数量上也的确是占主要部分。

巴黎时间 2015 年 12 月 12 日下午 7 点 25 分，约 200 个国家的外交官在巴黎勒布尔热会场达成了《巴黎协定》（*Adoption of the Paris Agreement*）。该协议开放签署的期限是 2016 年 4 月 22 日至 2017 年 4 月 21 日。

以上联合国主导的全球努力的目标是通过减少温室气体排放，以至最后减少排放到零，使全球平均气温相对人类工业化之前的水平升高控制在 2℃以内，比当前水平的升高控制在 1.5℃以内。

有很多人，包括一些知名学者在这个问题上从不同角度唱反调，甚至以阴谋论的态度看待。如郎咸平认为气候变暖在科学上站不住脚，是一种阴谋。叶檀等认为美国会从石油美元转向碳美元。即使在中国碳排放交易网（http://www.tanpaifang.com）上，也会发现这样的文章《巴黎气候协定或将构建“碳排放美元体系”？》（http://www.tanpaifang.com/tanguwen/2015/1217/49621.html）。

国外也有很多学者对全球气候变暖持怀疑态度，如 MIT 工学院地球大气科学专家 Richard Lindzen 在 2007 年 *News Week* 杂志撰文指出 20 世纪全球温度上升最快阶段是 1910—1940 年，此后则迎来长达 30 年的全球降温阶段，直到 1978 年全球温度重新开始上升。如果工业二氧化碳排放是导致全球暖化的主要原因，那么难以解释 1940—1978 年的降温阶段。而这 30 年是全球绝大部分地区开始大规模工业化大跃进的时代即所谓战后景气时代。另外，加拿大气候学博士蒂莫西的《全球暖化：有硬数据支持吗》,2007 年 3 月 8 日英国广播公司播出了纪录片《全球暖化大骗局》，美国学者 S. 弗雷德·辛格和丹尼斯·T. 艾沃利的《全球变暖》等都对全球变暖的观点持质疑态度。

关于这个问题，我们可以分解成三个方面来讨论。

一是如果碳排放不受控制的话，是否会导致全球气候变暖最终超过 2℃？本书完全无意于介入这个问题的讨论。首先作者本人坦率承认对全球气候变暖的科学问题并没有太深入的研究。对此我的态度是地球气候科学家们说什么，我就认真学习和接受什么。如果有另外的气候学家说还有疑问，那我就注意到这个问题还需要深入研究。再者这个问题影响因素太多了，温室气体是影响因素之一，如果因太阳系本身运动造成冰期来临，又会带来全球平均气温降低作用，最后的叠加影响就太复杂了。气候问题是所有科学领域中最复杂的之一，它的影响和变化因素不仅众多，而且有大量循环因果的过程。“云天雾地”这一词语就是用来形容人们认识极不清楚状态的，而云和雾都是气候要研究的对象。能把一两个星期内的气候变化预测清楚就非常不错了，要预测清楚几十年后的气候变化能没争论吗？而反对者想把这个问题说清楚同样非常困难。

二是如果全球气候变暖最终超过 2℃，会带来什么后果？不管继续现有碳排放水平是否有可能升温超过 2℃，也不管真的升温超过 2℃的话全部的原因有哪些。这个问题虽然相对比前一个问题更容易讨论清楚，不过它的后果从利弊上说也非常复杂，对不同地区的影响是不一样的。其中对欧洲，以及海洋上的一些岛国，沿海地区的不利影响最大，甚至可能是灭顶之灾。而对有些地区影响不大，甚至可能还是有好处的。因此就会明白为什么欧洲最为积极地推动此事。全球气候是一个联系很广泛的复杂系统，如果气候变暖的话，会导致北极的大量冰川融化，这个并不难理解。但让普通人可能难以理解的是，这个后果有可能导致欧洲陷入酷寒，甚至难以居住。因为北极的冰川会使接近北极的海水变冷，冷的海水更重会向下沉，这样就使南面的海水向北流动补充下沉的冰冷海水。这个作用会使大西洋表面的海水形成从南向北的洋流，将赤道附近的温暖海水带向北方。在这个过程中，温暖的海水携带的热量会随海风吹向欧洲大陆，使欧洲大陆维持更高的温度。因此就可理解，如果北极冰川融化太多，大西洋从南向北的温暖洋流就会减少，并最终消失。一旦如此，会对欧洲大陆造成非常严重的影响。好莱坞电影大片《后天》中表现的气候灾难，就是描述全球气候变暖最终带来酷寒的结果，虽然有大量艺术夸张成分，但却是有包括以上的大量科学研究背景做支持的。

如果不阻止碳排放，至少将存在全球气候变暖的巨大风险。这个风险所导致的后果不同，人们的重视程度和采取的措施也是不一样的。如果它的后果实在太严重的话，即使不完全肯定一定会有这个结果，也得采取必要的措施，控制碳排放的总额。那么总共多少碳排放会导致全球气候最终升温超过2℃呢？科学家们的估计是3.7万亿吨。自从工业化开始到现在，已经排放了2万亿吨，这2万亿吨主要是发达国家排放的。还有最多1.7万亿吨的额度。

三是确定了碳排放的总额度，即剩下的1.7万亿吨额度，以及未来减排的额度以后，如何去分配这个额度？问题一旦到了这个阶段，就跟气候变化完全没关系，而纯粹变成一个讨价还价的经济过程了。

作者坦率承认，前两个问题本书是谈不清楚的，尤其是第一个问题更谈不清楚。对这个问题作者完全不赞成没有深厚专业研究的其他领域学者随意发表看法，千万别不懂装懂。别以为这是一个很难说清楚的问题，所以就跑进来随便说几句别人也很难抓住毛病。最好的办法是索性就不要谈了，有想深入了解这些问题的读者不如去看真正专业的文章吧。但是，仅仅这样做是不够的，从科学认识方法论上说应当这样：在保证解决问题前提下，尽量减少所需要考虑的要素和其信息量。从软件开发角度说是尽量增加内聚度，减少耦合度；从科学研究角度说是有效地简化问题；从数学模型设计角度说是减少不可控因素影响的敏感性……气候变暖是不是事实这是一个问题，这个可以存疑。但“全球主流科学界和主流国际政治界已经普遍认为气候变暖是一个事实”这本身是一个确凿无疑的事实，即使反对气候变暖的人也都承认这一点，这个事实并不需要我们进一步去澄清它有多少科学基础，更重要的是这个事实对我们解决问题非常有利，我们只要知道这些就已经足够了。还要补充说明的一点是，我们这样说显然不意味着我们对气候问题没有任何学习，只是我们不需要学习到成为最资深的职业地球气候学家的程度。这样，我们只在第三个问题基础上进行纯经济学范畴的讨论，并且只要这样做，就足以解决我们的所有问题。而对气候变暖科学原理的研究即使在未来发生变化，对我们所要讨论的问题和结论影响也“非常不敏感”。

六、“碳交易美元”能成立吗?

在这里要简单说一下碳交易，这是一个很值得经济学家们仔细研究的话题，因为它与一般的商品完全不同。借用微观经济学“效用”概念来谈的话，一般的商品是产生正向的效用，买得越多，总的“效用”一般也越多（虽然有“边际效用”递减的说法）。例如吃了一个苹果对身体很好，再吃一个对身体更好，虽然第二个苹果的边际好处会降低，苹果就是有正向效用的商品。但“碳排放”这种商品是一种负的效用，是人们不希望拥有的东西。正效用的商品人们是希望越多越好，负效用的东西人们是希望越少越好。市场上一般只有正效用的商品才可以销售，那么负效用的商品能不能在市场上销售呢？经济学家想到的办法就是设计一种机制把它转成正向的效用就可以了。怎么转正呢？就是用一个总量去减这个有负效用的商品，负负就成正的了嘛。这种把“有负效用的东西减少值”变成正效用的东西，从而使它变成正常商品在市场上交易，使得生产和消费过程中不得不产生这种负效用的东西可以受到约束，并能不断减少。它不是正效用商品从零向上增加，而是从设定容许的最大值，算是额度，向下减少。理论上说是如此，但到实际执行时就不像理论讨论这么简单了。

为理解简便，假设有两个企业，企业 A 被分配了 100 吨的碳排放额度，企业 B 被分配了 160 吨碳排放额度，总排放量是 260 吨。但 A 通过一些技术措施只排放了 90 吨，而 B 排放超标，达到了 170 吨，不能排放了。怎么办呢？ A 节省下来的 10 吨额度可以作为商品卖给 B。B 从 A 那里购买了 10 吨排放额度后相当于额度变成 170 吨，就可以排放了。这样总的排放量还是 260 吨。在此过程中产生了 10 吨的碳排放交易。

对以上过程，有人首先想到的是阴谋论。阴谋论者从两个方面质疑：

第一个阴谋论是说它本质上是要限制 B 企业的发展。B 企业要发展，生产规模不断增长，很可能要不断增加排放，如果给他限制额度太死了，他就没法发展了。

第二个阴谋论是，在这个过程中产生了 10 吨碳排放交易，这些交易使用美元进行就带来了对美元的需求，所以是另一个“美元霸权”。

其实，这两个阴谋论都是完全站不住脚的，其原因与全球变暖的理论是不是阴谋毫无关系，而仅仅是局限于经济学研究本身就可以完全搞清楚的。

为了讨论清楚这个问题，我们再把模型假设稍做一下变化，假设是 10 个国家，总的碳排放额度是 10 万吨。现在他们开始讨论要签订协议分配这 10 万吨的额度，就如同刚开始讨论签订《联合国气候变化框架公约》的状态。对每个国家来说他们会采取什么样的态度和行动呢？毫无疑问，要的额度越多肯定越有好处嘛。他们回家后肯定会召集一批专家开始研究了。研究什么？会研究 10 万吨碳排放后会是什么结果吗？这个当然也可以去研究，但我可以告诉读者，大多数国家对这个问题根本没太大兴趣。现在的温饱问题都还没完全解决，哪儿有那么多闲工夫研究 60 年到 90 年以后全球气候会变成什么样。他们最有兴趣研究的是自己能分到多少额度和自己经济发展过程中实际会排放多少。如果自己实际排放量是 1 万吨，但在会谈中能争到 1.1 万吨的话，多出的 0.1 万吨可就能卖出去赚钱啦！所有人都会这么想，结果是什么？结果是所有人最终要到的额度都得超过自己实际排放量，这个协议才会达成。如果一个国家实际排放 1.2 万吨，可是在谈判中只要到了 1 万吨额度，他就得去市场上购买 0.2 万吨。他会这么做吗？我可以肯定地告诉读者绝大多数情况下他不会这么做。很简单，如果他发现自己实际排放量会超过分配给自己的额度，他死活就不会签协议，签了也会退出。所以美国和加拿大签完《京都议定书》后又退出了。为什么退出？不用去想太复杂了，原因很简单，碳排放额度分配少了不够用要买额度嘛！那怎么去解决额度不够的问题？可以按协定去买，也可以不买退出协议拉倒。反正温度上升了美国和加拿大更多地方会变成良田，他花钱去买碳排放额度干吗？

因此，争额度的讨价还价会是一个极其艰难的过程。这就是从 1992 年签订《联合国气候变化框架公约》到 2015 年 12 月达成《巴黎协议》谈了 20 多年的原因。

这就带来了碳交易这种“把负效用的商品转正后进行交易”的一个基本困难：谁该买，谁该卖，其实并不取决于谁做的工作和贡献是什么，而完全取决于分配的总量额度是多少。如果这样，事情就比较麻烦了。事实上碳交易规则本身并没有解决这个根本的问题。况且所谓“负效用”也要看是对谁的负效用。相同的碳排放对有些人负效用很大，对有些人不大，而对有些人甚至是正效用，这下事情就更麻烦了。所以，碳排放这个东西最终的科学真相是什么肯定不能说太清楚，因为说太清楚了就把不同国家在这个问题上的根本矛盾说清楚了，那还怎么团结一致搞碳减排？这也就是看清楚这一点的一些人敢于跳出来说这个是阴谋，却难以在科学上被驳倒的根本原因。

从碳交易的规则可以看出，碳交易的多少，主要不是与碳排放的总额度多少有关，而是与“在不同国家间分配额度与其实际排放量之间差值的不平衡度”相关。什么意思呢？

假设 10 个国家实际排放总量正好是 10 万吨，并且分配的额度每个国家不多不少正好都够用。如每个国家额度都是 1 万吨，实际排放也都是 1 万吨，会产生碳交易吗？不会。

假设 10 个国家实际排放总量超了，是 11 万吨，并且分配的额度使每个国家全都超了，都需要买额度，但市场上根本没有任何国家有剩余额度可以卖出。会产生碳交易吗？不会。

假设 10 个国家实际排放总量只有 9 万吨，并且分配的额度每个国家都有结余，都欢天喜地以为可以卖出赚钱，但却发现全是卖方，没任何国家需要买额度。如每个国家都分配了 1 万吨，而实际排放每个都是 0.9 万吨，会产生碳交易吗？也不会。

那什么情况下才会产生碳交易呢？就是有的国家额度不够，而有的国家额度有结余，这才会产生碳交易。如每个国家分配额度都是 1 万吨，而其中 5 个国家实际排放是 0.9 万吨，各节余 0.1 万吨。另 5 个国家实际排放 1.1 万吨，都需要买 0.1 万吨，这就有交易了，交易总量是 $0.1\times5=0.5$ 万吨。显然，这种分配额度与实际排放间差值越是不平衡，碳交易量就越大。

按照这种分析，由于谈判中所有国家肯定都会照着自己排放额度有富余这个目标在努力，所以最后达成的协议最大可能是几乎所有国家的额度都是富余的。因此这10个国家间的碳交易只是一种偶然会发生的事情，而不可能有很大的规模。可事实的统计数据与这个分析似乎有些不同，以下是2013—2015年欧盟与中国碳交易的数据。

表8-1 2013—2015年欧盟和中国碳交易额数据

年份	欧盟（百万欧元）	中国（百万人民币）
2013	36045	21
2014	41145	488
2015	62462	646

从以上数据可看出欧盟不仅碳交易额已经高达每年超过624亿欧元的巨大规模，而且增长很快。中国虽然总规模很小，但增长也很快。世界银行甚至预计2020年全球碳排放交易总量会达到3.5万亿美元的巨大规模。有没有可能呢？有可能，也有可能不。这是不是与前面分析有出入呢？不是。

原因是协议谈判中是以国家为单位，而不是以企业为单位的。所以只能保证以国家为单位争取的额度有富余，而在国家内部企业间的分配就是国家政策导向的结果了，不可能国家内部所有企业坐在一起再商谈分配这个国家的总额度。所以，国家内部的碳交易量其实是国家内部对碳排放政策的体现，而不是企业间协商的结果。

还有一个问题，如果碳排放总额度是在技术条件不变的前提下协商，几乎不可能会有结果。因为对于发展中国家来说，经济增长量是很大的，经济增长必然对应能源需求的增长。如果能源只能是化石能源的话，即使采用了某些节能技术，碳排放的增量也是很大的。1992年达成《联合国气候变化框架公约》的时候，中国的石油进口几乎为零。而到2015年达成《巴黎协议》的时候，中国石油进口已经高达3亿多吨了。所以，《京都议定书》签订以后很多国家都感到很难受，包括美国和加拿大后来都退出了。

但作者估计《巴黎协议》签订后情况会非常不同，这个协议接近

200个签约国都好像皆大欢喜地一致同意了。因为现在随着新能源技术的发展，以及纯电动车的发展，各个国家都看到在不影响自己能源需求，从而不影响经济发展前提下大幅度减少碳排放的真正希望。

这下问题就来了。如果以国家为单位的碳排放额度基本上都有富余，哪来的碳排放国际贸易？如果碳排放交易主要是在国家内部产生，需要美元吗？当然不需要。美国国内碳排放交易是需要美元的，但这与美元霸权显然扯不上任何关系。

事实上，中国在2013年前从出售碳排放额度中是获得了80多亿美元收益的，主要是卖给了欧洲。可是近年来自碳交易的收入急剧减少，只剩最高峰的十分之一都不到。为什么？因为欧洲国家减排的技术进步加快了，很多本来额度不富余的国家也变得富余了。大家都在卖碳排放额度。2013年6月18日，深圳率先开始试行建立碳交易市场，随后中国共建立了7个碳交易市场，并计划在2017年建立全国统一的碳交易市场。以下是中国7个碳交易市场运行的最低价变化情况。

表8–2　中国7个碳交易所最低成交价变化（元/吨）

	深圳	上海	广东	重庆	湖北	北京	天津
2014	30	25	21	30.74	23.4	48	17
2015	21.47	9.5	14	13	22	35	11.2

由此可见，其价格迅速地降低，与欧洲碳交易价格变化情况一样。碳交易中还有一个CCER，叫核证自愿减排，它的目的是促进企业自觉进行减排。目的真的非常好，不过任何读者马上就会想到一个问题，那就是企业符合减排的要求，并且数量可观，才有动力去主动进行认证，从而有可能将减排额卖出获利。如果自愿认证完了以后要购买排放指标，这个企业会去自愿认证吗？我们不排除有高尚到这种程度的企业，但如果假设他们不会去自愿认证可能更符合人的本性。这样一来结果是什么呢？就是CCER减排的供应量会远远多于需求量。因此，中国7个碳交易试点市场都不得不对CCER的使用进行了严格的限制，受控排放

的企业只能购买 5% ~ 10% 的 CCER 以获得排放额度，以此阻止大量 CCER 涌入市场导致碳交易市场崩溃。

进行碳交易的根本目的是减排。如果企业需要购买碳排放额度，他们就会去算算账，如果这样不划算，他们就会去从技术上想办法直接减排，这其实就是碳交易的根本目的。设置碳交易市场本身不是为了不断地扩大交易量，而是希望通过这个交易实现碳排放的减少，最终结果会使这个交易量越少越好。因此，在进行碳交易的初期，这个交易量可能增长很快，但到一定程度后，企业会因技术改造不断减排而需要购买的碳交易量迅速降低。其实，即使经济学家们想出了碳交易这么一个聪明的办法，把一个本来是负效用的东西转成正效用，从而建立了一个市场，但归根到底碳排放还是一个负效用。需要购买碳排放额度其实就是一种惩罚，与开车超速违规要罚款本质上是一个道理。难道规定违规超速罚款，交管部门罚得越多就越好吗？当然不是。罚款是为了让人们不再超速，是要减少违规的事实。最终一个违法超速的也没有，一分钱罚款也收不到最好。

还有经济学家们在设想，虽然碳交易本身可能难以获利，但以此为基础的金融衍生品可能会有获利空间。拉倒吧！这个市场交易本身的基数都难以成立，哪里还谈得上什么金融衍生品？

我们退一步来看，就算国家间的碳排放交易是一个可观的量，这意味着“碳美元”就是一个阴谋吗？完全不是，道理更简单，美元作为国际结算货币本身并不是问题，只有不公平地硬性规定某个国际贸易只能采用美元才是问题，才是霸权。我们假设美国推动某个国际贸易，例如牛肉，增长了 100 亿美元。美国在国际贸易结算中还是占 60% 的比例，假设这增长的 100 亿美元中有 60 亿美元是采用美元进行结算的，国际贸易中就多了 60 亿美元的货币需求，美国就可以从这多出的 60 亿美元需求中获得铸币税的巨大收益。而另外 40 亿美元可能是采用欧元、英镑、日元，甚至是人民币结算的。这有问题吗？一点儿问题也没有，这完全是正常和公平的产品和金融贸易。你能说这是美国在搞阴谋，在搞美元霸权吗？显然不能。

有任何人能找出《京都议定书》或《巴黎协议》中硬性规定国际碳交易只能采用美元进行结算的规定吗？如果找不出来，为什么碳交易对应的就一定是“碳美元”，而不是“碳欧元”“碳英镑”“碳日元”，甚至“碳人民币”呢？

七、碳交易市场的未来及替代方案

碳交易的未来会是什么样呢？没有任何国家、企业和个人目的就是要去制造碳排放，他们的真正目的只是要获得能源。碳排放只是获得能源的副产品，用经济学的话来说是能源消费的“外部性”。如果新能源的价格高于化石能源的价格，假设其差价是 100 元，显然，人们就会愿意付出低于 100 元的碳交易费用，例如 70 元，从而继续采用化石能源。这样做比直接采用新能源便宜了 30 元。70 元就是碳交易市场的价格。即：

碳交易市场价格 =（新能源价格 − 化石能源价格）× 折扣率

折扣率是 0 ~ 100% 的一个数值。以上价格水平乘以数量就是碳交易市场的总规模。

由此可见，碳交易是一个经济学家们暂不讨论技术变化作用而设计的机制，这个机制带来的经济结果有两个。

一是缩小新能源与化石能源的差价。原来新能源价格比化石能源多 100 元，经过碳交易后，化石能源补贴了新能源 70 元，从而使差价变成只有 30 元了。这样新能源的市场竞争力就获得了增强。如果政府再给新能源补贴 30 元，那新能源的价格就与化石能源拉平了。

二是这个机制并不能使新能源价格低于化石能源。很显然，如果要用多于 100 元的价格，如 110 元去购买碳排放额度，那还不如直接用新能源更好。

那么，如果未来新能源的价格开始等同甚至低于化石能源，结果会是什么，人们还会继续去使用化石能源吗？显然是没道理的。碳交易市场价格就变成 0，甚至为负了。

根据目前技术和市场发展趋势，2020—2025 年，太阳能甚至风能的价格与化石能源的价格就会持平。这意味着，在这个时间点以后，根本就不需要再费事搞什么碳交易，能源市场本身的内在动力就会促使人们大量使用新能源，碳排放量会雪崩式地自动下降。碳减排的额度不仅会爆炸性地增长，而且几乎所有人都成富余额度供给一方了。今天人们会认为碳排放是一个很头痛的问题，但当新能源价格低于化石能源后，你想花钱鼓励人们增加碳排放都很困难。纯电动车将势不可当、铺天盖地涌向市场，原因很简单，就是它远比燃油车使用费更低，而不是因为它碳排放更少。

因此，新能源与化石能源之间的价格差才是问题的关键。这个差价的空间，就是碳交易市场的空间。这个差价越小，碳交易的市场空间就越小。新能源不断降价，最终低于化石能源后，碳交易市场空间就为零了。

当前采用政府补贴降低新能源价格，事实上已经降低了碳交易的市场空间。

谈到这里，聪明的读者马上会想到另一个可能性：如果不断抬升化石能源的价格，其实也是降低以上差价的一个出路，并且会与碳交易有同样的效果，甚至更好，操作也更简单。只要把化石能源价格抬到高于新能源后，碳交易市场空间也会降到零，新能源自然就铺天盖地走向市场了。因为规模效应，新能源只要上到一定规模就会进一步降低成本，从而规模进一步扩张，成本进一步降低，形成良性循环。而化石燃料市场不断萎缩，其成本反而会不断上升，导致其市场进一步萎缩，进入恶性循环。这样市场本身的力量就足以支持新能源替代化石能源。据统计，太阳能市场规模每提升 1 倍，仅仅规模效益就会使每瓦成本降低 20%。因此，在特定阶段，使用这个招数使新能源迅速上规模，就可以迅速实现新能源与化石能源之间的市场差价转换。随后即使不再对两者的市场价格有任何干涉，凭它们自身的市场力量就可以自然实现更深度的转换了。

在过去新能源价格远高于化石能源时期，这个抬升化石能源价格的招数很困难，因为要抬升的价格空间太大。但如果新能源价格下降到距离化石能源价格不远时，采用这个招数就可有效加快两者转换的节奏。

这个招数，还就只有“中国特色市场经济”有本事做到。碳交易机制太复杂和脆弱了，远远抵不上中国国家发展改革委将成品油不断提价而完全无视原油价格来得简单粗暴，但效果更佳。对此，有些不喜欢高油价的网友可能就会这样质疑：产生雾霾关键不是汽车烧油，而是烧的油品质量问题，所以用提升油价来抑制汽油消费是不对的，应该把努力方向用在提升油品质量上。道理可能很对，不过希望这些网友明白一点，提升油品质量不一样得提价，说不定价格上涨得更多呢？况且你怎么判断哪个加油站油品质量好，哪个不好？如果你的经济条件对一个月使用 1000 元汽油基数上再增加 80 元真的非常在乎，为什么不换成纯电动把 1000 元变成 50 元而节省 950 元？与其费事去理论油价和油品质量问题，不如赶紧考虑如何向新能源转换吧，因为只是早晚的事情。问题不是油品质量高低，而是还要不要用油的问题。

所以，各位读者就等着看“不管原油价格有多低，成品油价格都会不断上涨。同时，碳交易量将迅速趋零”的格局吧！

八、中国的碳排放承诺会实现吗

前面我们提到了，全球变暖是一个很复杂的问题，其利弊对全球不同地方的影响是非常不同的。欧洲就是最先工业化的，累积的碳排放最多，全球变暖影响最大的也是欧洲。老天爷也大致算是公平的。但那些就算气候变暖有好处的国家能在国际上说：这事儿对我们还有好处呢？我们干吗要花钱去阻止碳排放？那是有害处的发达国家该积极考虑的事情。在国际场合话当然不能这么说，所以就会看到很多绕来绕去的说法。

全球变暖主要是累积排放的作用。你们发达国家先排放完发达起来了，反过来不让我们排放了，这不公平。

按人均排放看发展中国家也远远赶不上发达国家，发达国家应承担更多责任。

…………

当然，就算全球变暖和自己没关系，如果对其他国家产生严重的危害，单单从人道角度也有义务去帮一把。不仅如此，就是从自己利益角度说，也需要认真对待，因为如果有全球性的灾变产生的话，任何一个国家都不可能不受到全球社会动乱的负面影响。况且这样的全球性气候变化利弊最终如何还不一定就是今天研究的结果。

不要以为就此可以指责他人私心，其实，仅仅考虑碳排放造成的后果又何尝不是发达国家的私心呢？

2009 年 12 月 18 日，当时温家宝总理在哥本哈根气候会议上首次做出碳排放的承诺，到 2020 年单位 GDP 的碳排放比 2005 年下降 40% ~ 45%。喜欢追根究底的细心读者可能会问了，中国并没有给出最高排放量的目标，这样以单位 GDP 设定的目标值，人民币通货膨胀 2

倍多一点不就可以达到目标了吗？从 2005 年到 2020 年人民币通货膨胀会是多少？即使按 3% 的合理水平估计，15 年间通货膨胀也会达到 1.558 倍！哈哈！

2014 年 11 月 12 日，中美两国在北京达成气候协议，发布《中美气候变化联合声明》。该声明第三条提出了两国具体的减排承诺目标："美国计划于 2025 年实现在 2005 年基础上减排 26% ~ 28% 的全经济范围减排目标并将努力减排 28%。中国计划 2030 年左右二氧化碳排放达到峰值且将努力早日达峰，并计划到 2030 年非化石能源占一次能源消费比重提高到 20% 左右。"美国之前承诺的目标是 2020 年碳排放比 2005 年减少 17%。中国在该声明中虽然并未明确宣布具体减排绝对数额，但随后不久，在秘鲁首都利马出席《联合国气候变化框架公约》第 20 轮缔约方会议（COP20）的中国政府代表当地时间 12 月 9 日表示，2016—2020 年中国将把碳排放量控制在每年 100 亿吨以下。2014 年中国年碳排放量约为 80 亿吨，占全球碳排放量的 25%，据推算预测 2030 年最高峰值时碳排放量会在 150 亿吨。

有些人还在问中国是否会实现这个承诺，其实，问这种问题本身不正是充分表明了他们"完全只是从自身利益角度在考虑问题，哪里会管中国人的死活"态度吗？现在碳排放 80 亿吨的时候，雾霾就已经严重到让中国人受不了了，哪里还能等到再让排放量翻一番？！有没有想过雾霾再比今天严重 2 倍时，对中国人产生的后果是什么？当然，燃烧化石能源的碳排放量与雾霾排放量并不完全是一回事情，如果采用更多净化技术，是可以让同等碳排放量情况下产生雾霾的比例大大下降的。但即使如此，中国的雾霾产生量今天就已经达到中国人可以承受的极限了，而碳排放让全球气候再上升 1.5℃要等到 2070 年至 2100 年。因此，对碳排放问题的过度讨论，已经严重误导新兴市场国家对自己有害气体排放问题高度紧迫性的认知。由于纯电动和新能源的普及，2030 年之后即使什么措施也不采取，碳排放量仅凭市场自身的力量就会不可遏制地雪崩式下降。但如果不立即采取强有力的措施，中国雾霾的继续增长今后就将产生越来越严重的恶果。

在2015年年底巴黎气候大会上，中国气候变化事务特别代表谢振华表示，中国转变经济发展方式，向绿色低碳方向发展，不是别人要我们做，而是我们自己要做。

但即使如此，既然是谈判分配排放额度，中国肯定还是要争到越多越好。否则回国如何向国人交代？

人们最终可能会意外地发现：即使气候科学家和地球科学家们关于碳排放的研究结果是完全正确的，控制碳排放最终或许也会演变成一场全球政治家和外交家们天大的儿戏，但控制中国和新兴市场国家的有害气体排放却绝对不是儿戏。如果发达国家能有更多责任心，专注于考虑如何解决新兴市场国家雾霾现实问题的话，只要这个问题解决了，哪里还有什么碳排放问题？你都不关心我今天的死活，还要让我上赶着关心你60年到90年以后的死活吗？如果真关心，还会去问控制碳排放150亿吨峰值的目标中国是否会实现承诺的问题？只要新兴市场国家的人死不了，发达国家的人就死不了，担心那么多干吗？！

这样说绝非意味着减少碳排放的努力没有任何意义，正相反，它的价值是非常巨大的，这个价值就是有效地全面启动了新能源的市场化进程。但事实上，当《巴黎协议》达成时，它的历史使命就已经完成了，因为各种新能源尤其纯电动车早已有效接手了后续的一切进程，它会比控制碳排放的一切外交和政治努力干得出色得多，因为这是市场自身的力量，不仅不需要外力去推动，而且是想挡都挡不住的。面对碳排放量将持续暴跌的现实，人们很快会将其作为历史去回忆碳排放增长的年代的！

中国能源消费总量从2000年的14.6964亿吨标准煤增长到2014年的42.6亿吨标准煤，增长了2.9倍。

从2000年到2012年，中国汽油加上柴油消费量由1.03亿吨增长到

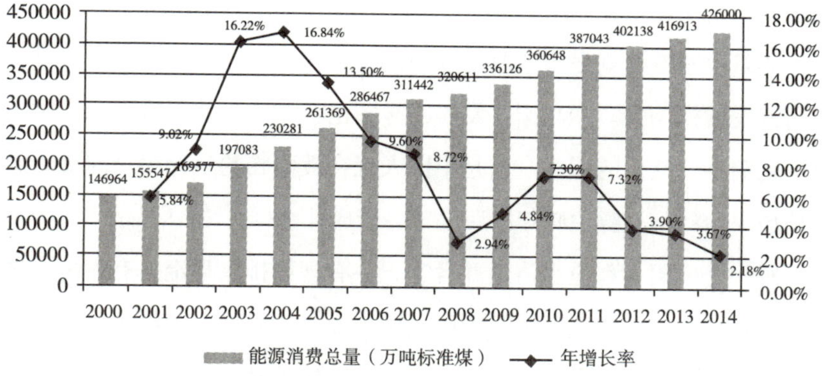

数据来源：中国国家统计局网站

图 8–4　中国能源消费总量增长情况

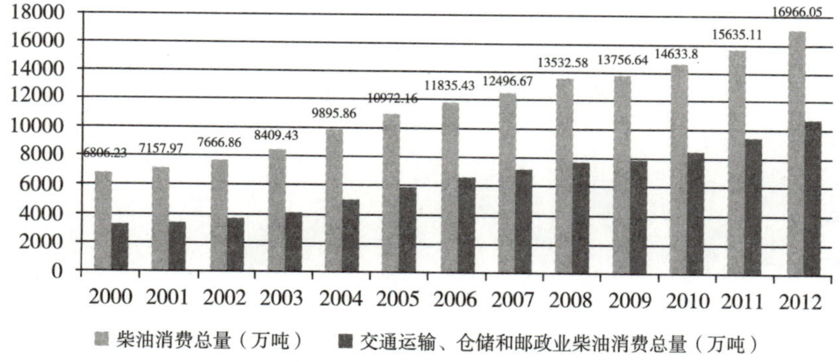

数据来源：中国国家统计局网站

图 8–5　中国柴油消费增长情况

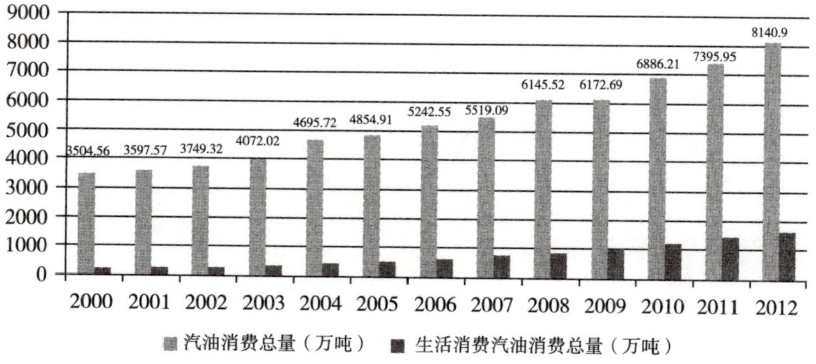

数据来源：中国国家统计局网站

图 8–6　中国汽油消费增长情况

2.51 亿吨，增长了 2.5 倍。

如果中国不立刻强力地改变能源消费结构，即使要想使经济从过去的高速发展换挡为“中高速”发展，雾霾也会在今天就严重到让中国人根本就喘不过气来的程度。这是中国人现在就面临的生死存亡问题，而不是预测 60 年，甚至 90 年以后地球会变成什么样。

每一个中国人都应当清楚并且牢记：有害物排放肯定是有害的，这绝对无可质疑。只有这个才是中国人应当操心的事情。围绕碳排放问题并不存在任何阴谋，存在的只是极为简单直接的私心，不要过于高估发达国家政治家们的智商了。

第九章

国际经济与战略大变局（二）：浇灭热点

一、中东大变局

第二次世界大战以后，中东一直是一个国际热点，原因就不用多分析了，地球人都知道——石油。开采成本极低，储量巨大的石油出口，成了中东祸福相依的共同源泉。六次中东战争、两伊战争、永无止境的巴以冲突、两次海湾战争、持续不断的多次阿富汗战争、“阿拉伯之春”直到现在的叙利亚战争，这地方一直就没有消停的时候。如果一个地方不消停，那就是地底下存在太大的能量。

美国并不能单靠其全球军事力量建立和维系美元霸权获利，而必须借助于全球石油价格（通过制造石油危机来获得）波动，以及全球金融波动。在中东进行战争并不是为了石油，而是为了石油的高价格，从而产生对石油美元的高需求。打下阿富汗和伊拉克并没有运走那里的石油去美国，而如果通过打仗把石油价格打上去，就需要更多的美元，从而打出美元的需求[①]。但是，如果没有坚实的经济需求作为前提和基础，无论把中东打成什么样，石油价格也上不去。现在叙利亚局势之混乱已经到了相当极端的程度，俄罗斯与土耳其打起来了，沙特与伊朗断绝外交关系，有人甚至在讨论中东乱局会不会引发第三次世界大战，石油价格却依然在狂跌。就算俄罗斯与美国直接在中东干上了，石油价格也未必会向上走。如果中东无论乱成什么样，石油价格都上不去，它以后慢慢地就不会再乱了。对中东来说这是福还是祸？

① 参见乔良《美国东进与中国西进》的演讲。

图 9–1　2015 年 6—12 月国际石油期货价格走势

无论俄罗斯和法国对 IS 大打出手，还是击毁上千辆 IS 运油车，无论土耳其击落俄罗斯的战机，还是沙特和伊朗快要打起来的重大“利好”消息刺激，都无法避免国际油价狂跌不止。到 2016 年初，当石油期货价格跌破 30 美元时，人们已经在讨论石油价格“跌到每桶 20 美元”“永远低于 20 美元”“跌破 10 美元”的可能性等。仅仅不到 2 年前油价上百美元时，何曾想过这些低到梦幻一般的石油价格。如果石油出口的收入不断地因为纯电动车而趋零了，中东的未来在哪里？

面对不断暴跌的油价和极度缩水的收入，2015 年 12 月底，石油输出国组织欧佩克（OPEC）发布了其一年一度的《2015 年世界石油展望报告》。该报告预计低油价会长期维持，直到 2020 年石油名义价格才能平均涨至每桶 80 美元。

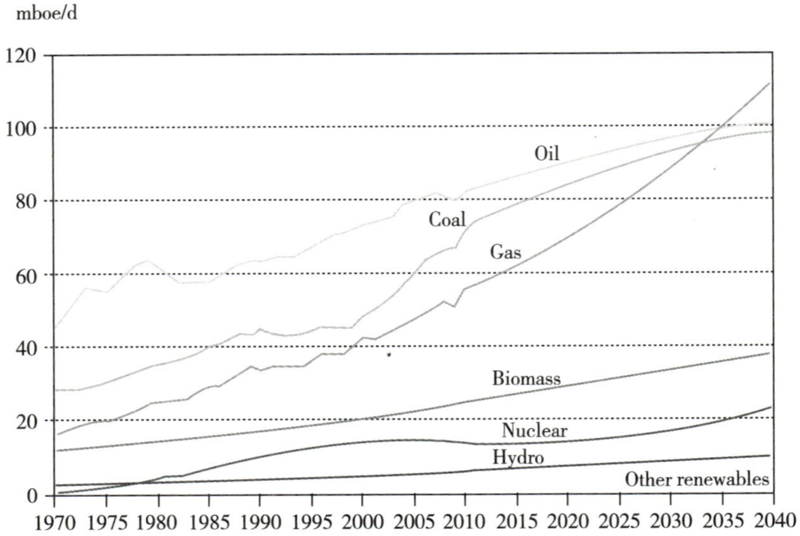

图 9–2 欧佩克《2015 年世界石油展望报告》中预计的到 2040 年全球能源需求变化

报告还预计世界对石油和天然气的依赖将会在未来 25 年内继续保持不变。全球原油需求到2040年会增加1800万桶/天，达到1.1亿桶/天，化石燃料将会占到全世界能源消耗的 78%，与今天比起来几乎一样。到 2040 年，全球乘用车中仅有 6% 不使用燃油，商用车中的比例仅为 5.3%。欧佩克似乎认为，汽车动力和能源技术将不会出现任何实质性的进步和变化，石油业的未来前景依然那么美好！报告也认为在未来的 25 年内，动力电池成本会降低 30% ~ 50%，但由于“消费者抵抗”，电池的降价是否会带来纯电动车的大规模普及受到极大怀疑。是消费者会抵抗还是欧佩克在抵抗？消费者会抵抗更便宜更好的东西吗？不太理解。

2015 年 11 月 24 日，国际能源署（IEA）也发布了《2015 世界能源展望》报告。虽然该报告对新能源的发展估计比欧佩克的乐观很多，但同样认为化石能源在 2040 年依然占据很大的份额。该报认为到 2040 年，60% 的电力投资会用于可再生能源技术，全球可再生能源发电量占总发电量增量的一半。

高盛认为，在未来 5 年内，由于规模和技术驱动，电池的成本将会下降 60%。电动车的续航将增加 70%。10 年内电动汽车将会获得 22% 的全球市场份额，每年电动汽车销售量会达到 2500 万辆。如果纯电动车价格竞争不过燃油车，靠政府补贴已达到每年 3 倍的增长率。10 年后的纯电动车本身成本已经与燃油车拉平，而使用费今天就已经比燃油车便宜 10 倍，此时的纯电动车销量只是 2500 万，还会是亿级的规模，本书最后在讨论纯电动车和未来时还会做详细分析。如果纯电动车普及的速度远远超过人们的预计，并使燃油车在并不遥远的将来趋零化，那么未来对化石能源的消费需求就将会出现远超过人们想象的雪崩。

二、太极拳战略——浇灭东海和南海的热点

表面看来，东海和南海是领土问题，其实领土问题多了去了，中国周边很多领土问题通过谈判都解决了。与印度还没解决的领土争议面积涉及几十万平方公里，但中印两国对此最多也就是时不时小吵一下而已。只要争议的领土底下没有石油，火一般就烧不起来。

东海和南海之所以热，首先人们想到的自然是美国制衡中国导致的，这个说法的确有道理。可以说美国制衡中国经历了三个阶段。第一个阶段是以台湾问题为热点，第二个阶段是以钓鱼岛问题为热点，现在第三个阶段是以南海问题为热点。

以台湾问题作为热点也就是时不时卖点武器给台湾。这也是美国唯一可以真正发挥作用的切入点。但是，在过去卖点武器给台湾还能有点作用，现在这个作用不仅越来越小，甚至操作起来难度也越来越大。因为在过去卖点武器给台湾马上就会带来两岸军事实力的巨大变化。但今天中国大陆经济实力和军事技术能力已经远远超过台湾，从整个大陆 GDP 超过台湾，到一个广东省 GDP 超过台湾，以后一个北京或上海市

GDP 超过台湾也不是什么奇怪的事情。再卖一般的武器给台湾，大陆歼20 都已经开始大规模列装，给台湾升级 F-16 还有什么用处？前几年还吵吵与台湾相对的大陆沿海有多少导弹的威胁，现在也不提这事儿了。大陆数以万枚计算、真打起仗来可以按十万枚计算的超远程火箭炮射程都可以覆盖全台湾了，还提区区 1000 枚左右的导弹干嘛？如果美国卖最先进的武器给台湾，没准哪天两岸真统一了，这些武器全属于“一个中国”的了，纠结啊！所以曾出现“卖导弹给台湾，平时却保存在美国”的荒唐军售案。平时保存在美国，真打起仗来能有多少机会运到台湾？这就是为什么要转向第二个阶段，以钓鱼岛为热点。所以，东海就热起来了。

但是，真让钓鱼岛热起来以后，美国马上发现事情远远不是想象的那么好玩。首先这地方一热，无论大陆还是台湾都认为钓鱼岛是属于中国台湾的，美国自己的两个小伙伴之间就没法协调了。这个地方一热，韩国与日本的“独岛”（日本称“竹岛”）问题也跟着热起来，美国这两个小伙伴也没法协调了。还有日本与俄罗斯的北方四岛问题也热起来了，好家伙，这还怎么玩？本来要折腾下中国的，怎么搞到最后折腾得最厉害的是日本，被折腾最厉害的也成日本了？中国又借机把钓鱼岛的海图向联合国备案，冲绳本身以“琉球群岛问题”呈现出来。此时人们才猛然发现，以前老以为是对准中国台湾的上千枚导弹原来也可以是对准钓鱼岛和冲绳的，到现在才理解当年一再强调的“中国人不打中国人”真正意思和原来想象的似乎不一样。

借着东海发热的机会，2013 年 11 月 23 日中华人民共和国国防部发布了设立东海防空识别区的消息。美方派关岛的 B52 轰炸机沿防空识别区“通过”了一下，中国军方发言人马上宣称，美军飞机于北京时间 26 日 11 时至 13 时 22 分沿中国东海防空识别区东部边缘南北方向往返飞行，位于钓鱼岛以东约 200 公里活动。中国军队进行了全程监视、及时识别，判明了美方飞机类别。这是什么意思？在“发现即消灭”的信息化战争时代，但凡稍懂点军事常识的人马上就明白这背后意味着什么了。钓鱼岛离中国大陆东海岸距离不过350公里，太近了。不仅在中国大量对海雷达探测半径，主力战机作战半径，甚至是在中国无人机、渔政船、普通渔船的工作半径覆盖范围内。第二阶段游戏尽管还有持续不断的尾声，但基本上到此结束。

没办法，再换个地方吧！所以，南海就又热起来了。

第一阶段是中国台湾在前面美国在后面，第二阶段是日本在前面美国在后面，到第三阶段一看小伙伴们的实力状况，美国只能自己亲自跑到最前面。但这样一来就更不好玩了，所以像小孩子过家家一样。2015年10月27日，美国“拉森号”军舰到距离中国岛礁12海里以内“通过”一下，中国抗议一番，也派无人机到美国夏威夷12海里以内“通过”一下。

“通过”的消息早就透露出来了。但是，就在此前几天，2015年10月19日，美军27人的庞大舰艇长代表团上了中国“辽宁号”航母，双方进行了“亲切友好”的交流，不仅好像根本就没有“通过”这回事儿

图9-3　2015年10月19日，美军舰艇长代表团登上中国航母，要只看军服这都快成一家人了！

一般，而且亲热得不得了，“中美两军现在是历史上关系最好的时期”。

在“拉森号“军舰“通过”之后没几天，11 月 2 日，指挥“通过”的美军海军司令哈里斯就赶紧跑到中国来与中国军方领导人碰碰杯。太平洋司令部发言人伊斯特本说，哈里斯将与中方“坦诚探讨和管理分歧”“增加透明度，建立互信，以降低风险”。当日本记者问伊斯特本中美两军会谈期间是否会讨论刚刚发生的”拉森号“军舰在南海进入中国岛礁周边 12 海里问题时，伊斯特本称“没有这项议程”？！这怎么搞的？好像也完全没“通过”这回事一般。

本来南海吹沙填海造岛是早就有的想法，平时风平浪静反而不好动作。南海一热，中国马上启动 7 个南沙岛礁吹沙造岛工程。刚开始美国还没在意，等开始重视时岛的吹沙工程都快结束了。美国说中国不该建，中国说其他周边国家之前比中国更早建你怎么不说。美国说你建得实在太快了。中国说那有什么办法，中国工程施工速度就是这么快，拦都拦不住，又没搞什么特殊。中国发言人称美海军行动是逼着中国加快完善岛上的军事设施，而这项工作在中国内部尤其外交系统是极力反对的。

从台海的“战略模糊”，到东海的“战略糊涂”，再到南海就已达到“战略迷糊”的境界了。既要把南海的水搅浑，又想要避免“跳进南海洗不清”，玩起来很费劲是不是？远远不像前两个阶段让别人在前面动作，自己只是坐在家里遥控舒服！

其实，美国能玩的“模糊战略”再清晰不过了，就是不能在关键问题上完全明确，因为一旦明确了不仅就会明确与一方作对，而且手里就没有牌可打了。所以，中国别指望美国会支持中国的利益主张，对其他相关国家也完全别指望。美国的模糊战略在什么条件下有效，在什么条件下将失效呢？

很简单，假设有 A、B、C 三方，C 想在 A、B 两者间搞平衡，怎么办呢？从实力上说，如果 A+C>B，且 B+C>A，C 就有条件在 A 和 B 之间以模糊战略搞平衡。但如果 A>B+C，那 C 无论模糊还是不模糊，都没条件在 A 和 B 之间搞平衡了。叙利亚有条件在美国和伊拉克之间以模糊战略搞平衡吗？完全不能。叙利亚和伊拉克的实力加起来也不是美国的零头，你模糊不模糊有什么意义？所以，当中国的实力不仅超过美国，而且超过美国与第一岛链上的热点国家加起来的总和时，美国就玩不了模糊战略了。在实现这个之前，那就先模糊着吧！在实现这个之后呢？很明确，美国就准备撤回老家模糊去吧！

现在双方的关系不过是一层“窗户纸”而已。在美国被看作国际战略级的深远谋略，到了熟读《孙子兵法》、《三十六计》外加《增广贤文》的中国，马上变得路人皆知，连北京街边卖菜的老大爷都能探讨一番石油、打仗与美元的关系。无论对方多么轰轰烈烈的进攻行动，最后都像打太极拳一样被化解得七零八落，甚至都搞不清双方是在互相缠斗还是在亲密无间地合作。

中国采取的就是“太极拳战略”：你不动我亦不动，只是埋头加紧积蓄力量、盯紧对方、做好预案。你一动我亦随之而动，借力打力。你把什么地方搞热，我就顺势把它搞得更热，趁热打铁、迅猛出手把平时不方便办的事情都给办了，然后再把责任一盆子水全扣到美国头上。得手之时就迅速收手，守护好自己的门户。

美国已经把整个第一岛链逆时针绕了一整圈了，顶多三五年内再顺时针绕一圈也不错嘛！

其实，东海南海之所以能热起来，除了外部势力介入以外，真正内在的因素是这里海底下有石油。中国在东海的春晓油田开采石油，这才是日本真正很紧张的关键和实际的原因。越南 30%、东帝汶 95%、马来西亚 15% 以上的国际收入就来自南海开采的石油。这些石油卖给了谁？主要是中国。热，又不会太热，知道真正原因何在了吧？又有点让人脑子混乱是不是？其实太简单了，无利不起早，如果以后中国甚至日本都不用再买石油了，这些地方也就全都熄火了，哪里用得着什么航母、导弹驱逐舰、核潜艇、隐形战机、DF-26？如果海底下有石油，并且石油能卖钱的话，这些东西就是烧火棍，越搅火越大。但如果不用石油了，如果南海的油气都卖不出去了，或卖了会巨亏，南海还有多大问题？中美军舰在南海就算真的撞到一起，也没多少人太关注，更别提什么在多少海里“通过”一下了。所以，最终真解决南海问题的不是什么航母、导弹驱逐舰、隐形战机……（虽然这些也非常必要），而是让这里的石油毫无用处。中国呼吁“要搁置争议，共同开发”。开发什么？当然是石油嘛，如果只是捕鱼能挣几个钱？如果需要开发石油的话，那争议还怎么搁置？但如果开发石油根本挣不了钱的话，争议自然就搁置了，哪有钱去争议啊？

因此，中国应对这些热点釜底抽薪的根本方法其实很简单：

东海问题热起来了，普及纯电动。

南海问题热起来了，加快普及纯电动。

台海问题又热起来了，更快地普及纯电动。

中东热起来了，普及纯电动。

俄土在叙利亚干上了，还是普及纯电动。

然后，台海、东海、南海，甚至以后中东等一系列热点自然就慢慢全熄火了。美国能说什么？能说普及纯电动是针对美国？外交部发言人肯定会回应说“这纯属毫无逻辑的臆测”嘛！因果关系一旦变成间接的，在外交和国际政治领域就等于没关系了。

虽然不能说开车不用石油，这世界就完全太平了，但至少很多地底下有石油的地方真的就会慢慢消停下来。

三、中西方战略格局已经发生根本性改变

1. 曾经的“马六甲困局”

美国在过去与中国过招时，都非常超然，把日本、中国台湾推到前台，自己躲在后面翻手为云，覆手为雨。只要挑动几平方公里面积的小岛钓鱼岛，就可以让中日两国着急上火，而美国自己却可以通过含糊不清的表态让中日两国都头疼不已。在台湾问题上美国一面以承认一个中国安抚大陆，一面以《与台湾关系法》不断卖点武器给台湾，对是否会协防台湾也永远是含混不清，既赚了军火钱，让台湾老老实实，又让中国心烦不已。

但在南海问题上，美国已经变得完全不淡定，不仅亲自冲到前台，直接与中国在各个岛礁附近你来我往地亮肌肉，而且动辄局势向完全失控方向急速推进。之所以造成这种局面，有多个方面的原因。

一是中国在南海种岛的发展不仅完全超出美国的判断，而且对美国在这一地区制海权形成了根本性的冲击。

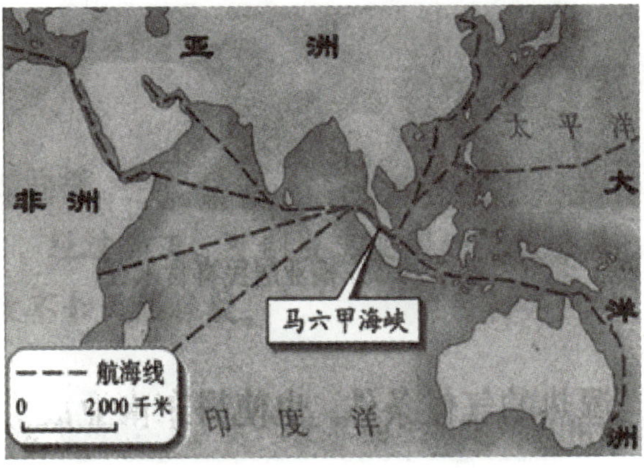

图 9–4　通过马六甲海峡的海运状况

二是在这一地区没有一个有实力的伙伴能起有效的代理人作用，在中美之间起缓冲作用。

三是最重要的，中国在南海的布局已经使得曾经让中国最头疼的“马六甲困局”得到根本性的缓解，美国从此失去真正可制约中国的抓手。

制海权是美国军事理论家马汉所提出的，并且深为美国军界所推崇。而掌握制海权非常重要的一个途径就是通过控制全球主要的一些咽喉要道来控制全球海洋。南海是一个非常重要的国际水道，马六甲海峡是控制南海国际水道的咽喉要道。全球有一半以上的商船需要穿过南海水域（通过马六甲或马六甲附近）。

多年来，虽然中国想尽一切办法减缓这个问题，如通过铁路发展陆上国际贸易通道，推动开发经泰国的克拉地峡……这些努力都一再受到各种因素的严重阻挠、历尽艰辛（大家都心照不宣）。经过千难万阻也都获得一定成效，但是，从根本上说，经过马六甲的贸易量实在太大了，这些努力都只是一定程度减缓马六甲困局，并不能从根本上解决这个问题。

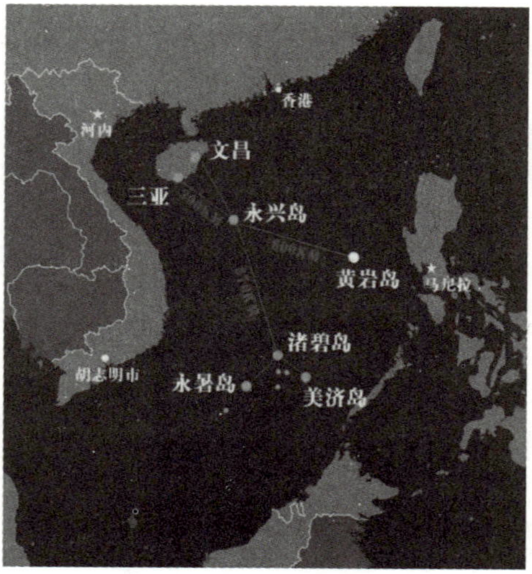

图 9–5　以往中国只能以海南为基础影响南海，但现在向南扩展了上千公里

对中国极不安全的局势，反过来就是对想控制中国的美国极有利的局势。很多网上文章分析过，在今天的国际社会，美国其实也不能说想干什么就干什么，并不会公然在南海或马六甲海峡把中国商船直接就扣了。但是，新加坡是美国的盟国，美国在新加坡有驻军。如果在特殊时期，美国左右新加坡，通过新加坡的主权要求合理合法地（或说不清是否合理合法地）对通过马六甲海峡的商船进行检查等，完全可以将中国的石油命脉在一定程度上掐断。中国军事力量不断增强只是一个方面，如果中国的石油命脉被掐断，缺少燃油的武器装备无论多么先进都是废铁一堆。

美国是一个看问题极为长远，极富战略思维的国家。还在中国刚刚开始改革开放的时候，就可以见到美国战略研究者对南海未来可能成为火药桶的超长远战略分析。早在2004年，驻亚太地区美军总司令托马斯·法戈上将在美国国会披露了美军方名为《区域海事安全计划》的反恐新方案。根据这项计划，美国将向马六甲海峡派驻海军陆战队和特种部队，以防止恐怖主义袭击。此计划一出台，立刻在印度尼西亚、马来西亚、新加坡等马六甲海峡周边国家朝野引起轩然大波。其实，这项计划影响最大的是中国的战略安全形势。

我们不要表面上看美国航母到黄海搞搞军事演习、在钓鱼岛搞些小动作等让中国人很恼火，甚至让航母在台湾周边晃晃更让中国人愤愤不平。其实这些事情对中国都算不上根本性的影响。一是就算美国真的在这些地区与中国发生军事冲突，并不能真的影响到中国的根本。二是这些地方中国军事力量可以很容易到达，中国有足够的应对能力。但是，马六甲困局则完全不同，在过去，中国军力对南海大部分水域都鞭长莫及，更别提对马六甲海峡有什么影响力。因此在过去，马六甲海峡是美国真的能对中国整体经济和军事能力一剑封喉的地方，美国早就看准了这一点。在中国布局南海之前，可以说美国是有实际抓手获得对中国足够掌控能力的。这就是在很多问题上，中国即使忍辱负重也得小心翼翼地维持与美国的关系根本原因所在。中国从邓小平时代开始，就把新加坡奉为老师，当然，当年中国是诚心地向国外但凡有任何可取之处的国家学习。但另一方面，中国长期拜新加坡为师，极力维护与新加坡的关系，也并不仅仅是因为新加坡的确有很多值得中国学习的地方。

但是，中国在南海大量礁盘上种岛之后，情况已发生了根本性的变化。

2. 今天美国为何在南海着急上火？

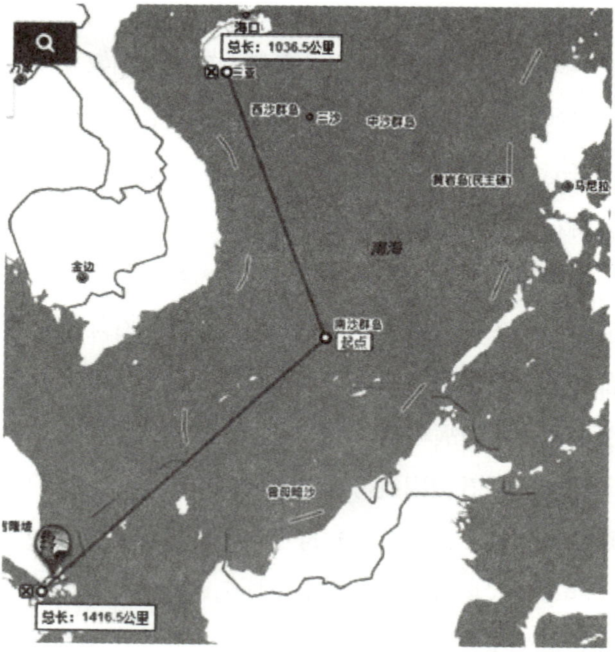

图 9–6　中国南海种岛的战略价值

从中国在南沙群岛种的几个岛的位置可以看出，它们正好在整个南海从海南岛到马六甲海峡的中间，也在整个南海国际水道的正中间。这里已经具备大型飞机起降能力，一旦“周边有事”，凭中国的战机、导弹和超远程火箭炮的性能，以这里为基地可以控制整个南海，尤其可以对马六甲海峡及周边地区拥有军事影响力，如果黄岩岛再被中国种岛，并且具备大型飞机起降能力，别说是采用空军，就是用低成本的超远程火箭炮，也可以将整个菲律宾核心的马尼拉地区和苏比克军事基地纳入其战争维控制范围内。这意味着什么呢？它意味着美国对中国几乎就不再有什么真正有效的控制能力了，相反中国却具有对整个南海甚至马六甲海峡的绝对控制力，这就是美国为什么一再强调中国“在南海不能军事化”，但这种要求显然不可能有任何实际意义。7个可以起降任何飞机的超级航母就这么转眼之间种到南海上，美国怎能不着急上火？

（a）

（b）

（c）

（d）

图 9-7　中国民航客机第一次降落永暑礁后的系列照片

2016年1月6日，中国政府征用两架民航客机先后从海口美兰机场起飞，经过近2小时的飞行于10时21分、10时46分平稳降落南沙永暑礁新建机场并于当日下午返回海口，试飞成功。飞机型号分别是南航的空客A320和海航的波音737-800，中暑岛机场跑道超过3000米长。在美国军方眼里，上面这组美丽空姐的照片可能远比中国某些军事演习的实弹射击照片还要令其恐怖和绝望。中国人的表达方式是太过含蓄的，任何稍懂军事常识的人都明白，能起降这样的大型民航客机，意味着任何军用飞机都可以在此起降了。

3. 中国对外关系根本性转变

这组照片是历史性的，它意味着中国与西方尤其美国之间的战略格局已经发生了根本性的转变——从此美国再无任何实质性的能力要挟中国了。别看7月12号南海仲裁最终结果出台后舆论上闹得非常欢，其实对中国已经不会产生任何实质性影响。美国以为开来两个航母战斗群能吓唬住中国，哪知中国将退役海军人员都召回部队，三大舰队聚集西沙，轰六K发射鹰击12实弹射击视频曝光。DF-21D导弹运到永兴岛，毫不客气地就准备把这两个航母战斗群干掉。甚至戴秉国7月5日在华盛顿更不客气地对美国人说，就是美国的10艘航母开进南海也吓不倒中国人，这话真不是随便说的。

自从2016年1月6日民航客机试航中暑岛成功之后，中国政府说话的腔调已经与过去完全不同，有时甚至是从未有过的训斥语言。2016年5月11日，有记者提问："美国务院官员拉塞尔10日称，航行自由行动对小国很重要。如果世界最强大的海军都无法在国际法允许的海域航行，小国军舰将会怎样？如美军舰都无法行使国际法赋予的权利，渔船和货轮又怎能避免被大国阻拦？"外交部发言人陆慷居然是如此方式回答："美国官员开始重视国际法了，这很好。而且，我们也说过多次，我们确实希望美方能早点批准并加入《联合国海洋法公约》，这样会使美方以后在谈到这个公约的时候听起来更加有说服力一些。《联合国海洋法公约》规定，外国船舶可以无害通过他国领海，但没有明确规定军舰有这个权利。美国拒不批准《联合国海洋法公约》，而且还抢在公约签订之前推出了所谓的‘航行自由计划’，从一开始就遭到了许多国家的反对。所以，如果美方真的关心小国的感受，我希望美方官员能尊重这个基本事实。我还希望，下次不管什么场合，如果美方官员再谈到航行自由的时候，希望记者朋友们先请美方官员澄清一下，他指的到底是商业的航行自由还是军事的航行自由，因为这两个完全是不同性质的事情。”中国已经把美军的“航行自由”定义成“横行自由”，并且一再在各种外交场合明确地告诉世界媒体，中国已经正式地绝对不再接受美国军舰的“横行自由”。这种不接受可不仅仅是一个观点、看法或声明，而是必须有不受对方控制的实力为前提。

2016年6月1日，外交部长王毅在加拿大首都渥太华与该国外长迪翁联合举行记者会。会上，加拿大一个小媒体的女记者，叫阿曼达·康纳利，向迪翁提问：“关于中国如何对待人权倡导者的担忧一直不少，比如香港书店老板、凯文·高，更不用说中国对南海的领土野心对区域稳定产生的影响。基于上述担忧，为什么加拿大寻求与中国建立更紧密关系，您计划怎样通过这种关系促进该地区的人权和安全，您是否专门提到了凯文·高的案件？”对该问题，王毅一改过去对这类问题“摆事实，讲道理”的斯文方式，而是有些勃然大怒地教训这位记者：“我必须说，你的问题充满了对中国的偏见与傲慢……我不知道这从何而来，但完全无法令人接受。”“你去过中国吗？”“你知道中国从一个一穷二白的面貌到把6亿以上的人摆脱了贫困吗？”“你知道中国已经把保护人权列入到我们的宪法当中了吗？”“最了解中国人权状况的不是你，而是中国人自己，你没有发言权，而中国人有发言权，所以请你不要再做这种不负责任的提问。我们欢迎善意的建议，但拒绝毫无根据和没有理由的指责。”

图 9–8　王毅怒斥加拿大女记者

随后，媒体一片热捧“王毅怒斥加拿大女记者”，国内外媒体界应当充分感受到了中国外交腔调的巨大变化。

在南海仲裁问题上，中国政府不仅是对自己进行辩护，而且也一再对美国不守国际法的历史进行严厉的训斥。对日本、澳大利亚同样毫不客气地严厉警告和训斥。美国等国家至今还未完全适应中国政府官员已彻底改变腔调的说话方式。

必须更准确说明的是，中国政府官员并不是主动将自己思想强加他人地去训斥他人，而是对过去他人在中国面前摆出一付老师架子的任何

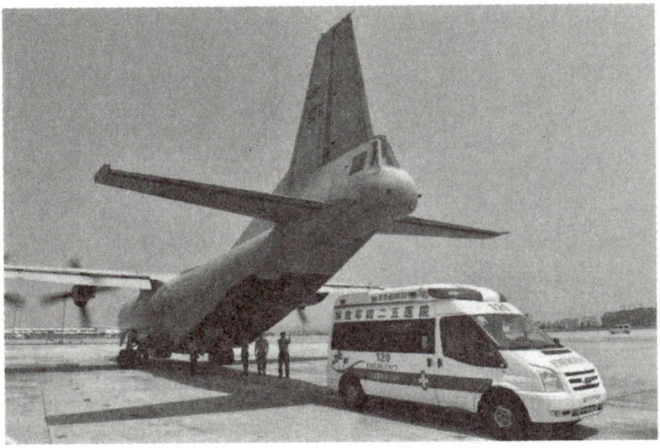

图 9–9　海军飞机降落永暑礁转运重病工人

教训都不再忍让，毫不客气地反过来对“教训者”进行反教训。

如果至今人们还没完全理解世界战略格局的这种根本性改变，就请再仔细看看上面那组空姐照片有多么美丽。

2016 年 4 月 17 日，海军派巡逻机赴南沙永暑礁转运重病工人。这事儿本身其实太微不足道了，但能在媒体上大量报道，这等于告诉很多人：如果中暑岛机场上的空姐照片还没看明白，那就再发个更直接的照片看看吧！

随着菲律宾新总统杜特尔特上任，菲律宾对外政策上完全倒向中国，深刻体现了这一战略转变带来的影响。

4. 美国能做的是什么？

尽可能拖延中国崛起对美国来说只是问题的一个方面，远远比拖延中国崛起更为重要的方面是：在中国崛起的过程中，美国在全球的战略利益不要出现瞬间崩溃的最糟糕局面。中国并没有意愿试图去实现这一点，因为这样一来中国在相当长时期内还不能准备好如何去承担更多国际责任，由此必然出现相当长一段时间全球势力真空，从而高度混乱、群雄并起的局面。这样的局面对中国并不有利。但如果中美之间发生战争，出现这样一个结果就不是任何人的意愿能决定的了。

未来 10 ~ 15 年，美国军事力量都难以有跨代的升级，而解放军的军事力量却会发生代差级的根本性变化。美国只有极少的如朱姆沃尔特级隐形导弹驱逐舰成军，但却因只能装备三艘而不能带来整体战斗力有意义的改变。第六代战机（相当于原来说的第五代）刚刚进入启动阶段，要 2030 年以后才能开始装备军队，这是在研发进程不会有任何推迟情况下才会如此。如果像 F-35 那样不断延迟，真正成军要到 2040 年，甚至更晚。而中国的第六代战机项目也几乎同步开始研发，最后谁先成军还不好说呢。另外中国的高超音速飞行器与美国几乎同步；激光等武器中国也同步甚至有所领先；电磁轨道炮、无人机等新型武器技术也基本实现与美国同步。目前只有航母、战略轰炸机、发动机等极少数领域存在较大薄弱点，但这些薄弱点已经开始迅速被弥补。综合来看，只有F–35战机的大规模成军能对整个美军的实力提升有实质性的意义，而这款战机性能相对于早已经大规模装备的F–22并没有跨代的提升，甚至在某些方面是有所简化的，相对F–22是属于“低配”的机型。在歼20，甚至歼31会与F–35前后脚大规模成军的情况下，天平还是会不可避免地向中国一方迅速倾斜。因此，2020—2030年将是中国大陆军事相对实力进入世界前列，中国整个东南沿海的战略格局将发生根本性转变的时期。

美国已经在中东的叙利亚和东欧的乌克兰面临与俄罗斯的强力对阵，如果还要在亚洲与中国发生军事冲突的话，美国将同时面对与中俄两个大国的强力对抗。欧洲目前的态度显然是很欢快地两面加码，尤其英国一方面非常积极地支持中国亚投行和“一带一路”，另一方面又积极支持美国在南海与中国对立，其用意已经昭然若揭。日本、欧洲，甚至印度全都在相当起劲地两面下注，对美国在菲律宾与中国对抗各自分工从两面火上浇油，显然已经清楚地看到这样的对抗最后结局是什么——无论中美在菲律宾打成什么样，欧洲、印度都会是旁观者，而日本则既可以是参与者，也可以是旁观者。旁观者永远只会是真正的胜利者，结果的差别只是得到实惠的多少不同而已。

曾经的世界强权英国也曾想极力阻止美国的崛起，但当发现无法阻止美国后，英国总是能依据当时的客观实力对比一步步地向后退让，甚至反过来在相当长时期内成为美国“最亲密的盟友”，借助美国的力量保持自己的利益，从而即使失去世界强权地位，但却有效地保住了自己的地位和利益不至于一夜之间崩溃，直到今天依然拥有重要的国际影响力。美国如果持“无论自身实力如何，都一定坚持决不会有任何退让”的态度，一旦实力对比积累到最后在与中国的军事对抗中彻底落败，就会瞬间全线溃退，其地位就会如当年西班牙一样一落千丈，最终没落成为今日“欧猪五国”成员之一。

比清晰地理解“真理只在大炮射程范围之内”更加重要的，是清晰地理解双方大炮实际射程范围到底是多少。中国和美国都应当清楚理解到对方的大炮射程范围在哪里，并以此决定自己的选择，否则就将犯致命的战略性错误。

5. 从根本上解决能源战略安全的途径

中国2015年进口原油3.34亿吨，比上年增长8.8%。一般来说，如果石油对外依存度超过20%，就会存在能源安全性问题，而中国对外依存度已经超过60%。国际原油贸易的35%经过马六甲海峡，尤其是其中进口自中东和非洲的石油基本上都得经过马六甲海峡，占70% ~ 80%，可以说整个中国的能源战略安全格局完全是“命悬一线”。“二战”中德国和日本的失败尽管本质上源于其失道寡助，但从单纯的军事上说，失去石油补给是其必然战败的关键原因之一。希特勒大量战略决策的错误，很关键的原因并不单纯是其军事上不知道相应决策可能存在的风险和缺陷，而是严重受制于石油补给的极度困难不得不做出有缺陷的决策。其精锐的坦克军团进攻到莫斯科时，莫名其妙地将很多部队调往南方，就是急于想获得高加索地区的石油；不惜一切地进攻斯大林格勒，也是为获得高加索地区的石油扫清侧翼的障碍；其后期孤注一掷的突出部战役，战略目的之一就是想打通石油通路，但最终只能因油料耗竭而不得不丢下大量先进的坦克车辆退回国内。日本“二战”期间被迫进攻美国，并且放弃北上而采取南下战略，就是为获得马来西亚的石油。但其战争如此无止尽地扩大化却将自己拖入了灭顶之灾的泥潭。

别以为现在进入信息化战争时代，机械化时代的一切就全都过时了。信息化只是目标发现、识别、武器引导等信息化了，武器装备的运输工具平台，如飞机、坦克、军舰等的动力系统，依然与机械化时代完全一样是靠油料驱动的。无论有多么先进的武器装备，如果缺少燃料等于废铁一堆。

为了解决这一看似很小但却致命的困局，中国近年做了大量的工作，新开发缅甸、俄罗斯、哈萨克斯坦以及巴基斯坦的油气通路。但是，面对每年高达 20 多亿桶并且还在不断增加的石油进口，这些新开通的油气通路不仅只能起一定程度缓解的作用，而且也随时存在不受中国控制的风险。这就是为什么中国无论拥有多么先进的武器装备，却都难以在台海甚至包括整个第一岛链充分施展的“命门”所在。虽然通过南海种岛，中国可以在军事上有能力掌控马六甲海峡，但有能力进行军事掌控不等于一定可以完全掌控，并且不能完全依赖于军事手段解决问题。军事能力依赖于石油，而石油又依赖于马六甲海峡，这种逻辑关系还是有点绕不清。如果不把过大的石油对外依存度降下来，还是不能完全放心。

只要理解了这一点就会明白：如果中国完全不再需要石油进口了，这一致命弱点也就不存在了。在过去，这一设想是不可想象的，但在今天，它却具有了技术和现实的可行性。如果中国每年新增的车辆中，纯电动车占比达到一定程度，石油进口就会停止增长并开始下跌。作者综合各方条件分析：最迟当中国纯电动车年销量达到 2000 万左右时，就会进入这个转折点。此后随着纯电动车销量进一步大幅度上升，全社会燃油车保有量就将开始迅速下降，中国石油进口量也会随之进入雪崩下降的阶段。此后最多 5 年时间，就会使石油进口量下跌到接近于零的程度。整个过程从 2015 年开始大约需要 10 年的时间。

因此，只要纯电动车达到 2000 万的年销量，用不着等到石油进口量完全为零，中国的石油战略安全瓶颈就会彻底消除。因为：

一是中国油气进口通道会越来越多，从而紧急状态下有可能被封锁的马六甲海峡等咽喉渠道的重要性不断降低。

二是现在通过解决雾霾问题进行的单双号限行措施，也可以作为应急情况下大量节省燃料的一种手段。频繁地进行单双号限行，使得大家都已经习惯了采用拼车、乘坐公共交通工具，更有效的是用直接购买纯电动车等方法来适应出行需求。尤其现代新发展出的网络拼车业务，已经使得单双号限行等措施对人们日常生活的影响降到几乎可以忽略不计的程度，甚至在限行时因路况远比平时更好，大家出行反而更方便了。

三是中国石油储备建设近年获得很大进展，据 2015 年 12 月份国家统计局发布的统计数据，至 2015 年年中，中国共建成 8 个国家石油储备基地，总储备库容为 2860 万立方米。其中，地面库 7 个，分别为舟山、镇海、大连、黄岛、独山子、兰州、天津国家石油储备基地，库容分别为 500、520、300、320、300、300、320 万立方米；地下库 1 个，为黄岛国家石油储备洞库，建成规模 300 万立方米。利用上述储备库及部分社会库容，储备原油 2610 万吨。如果按 2012 年中国全年原油消费量（46678.92 万吨）计算，这个石油储备量可用 20 天。未来随着燃油需求量不断下降，即使以上石油储备库容不变，可以支撑的使用天数也会不断增加。

四是伴随着中国军事能力的提升，从燃油车更换为纯电动车的步伐也会极大加速，并且在遇到国际局势可能恶化的情况下，可以有多种方法加速纯电动车的普及，从而主动促使石油进口量迅速下降到不再有担心被封锁危险的程度。

四、对中国的经济等综合利益影响

纯电动的发展带来的“外部性”影响是极其广泛的，并且利弊不一定是对所有国家都一样，但对中国来说却清楚无疑——基本上没有任何值得一提的副作用，能有影响的都是帮中国解决麻烦，甚至是解决大麻烦的。油价低了对中国石油公司可能不完全是好事情，不过即使是对它们的化工行业也是天大的利好。即使为发展纯电动车提供了很多政府补贴，但只要通过强推纯电动车高速发展而致油价一直处于低位，甚至不断暴跌，中国从更低油价中节省的进口费用一项就足以完全弥补所有的支出。

2014 年中国原油进口量约为 3.08 亿吨，约合 20 亿桶，同比增长 9.45%。也就是说，国际油价每降低 1 美元，中国每年就可节省约 20 亿美元。即使以每辆纯电动车平均补贴 10 万元人民币计算，油价每降低 1 美元省下的钱就可补贴约 12.6 万辆纯电动车。而国际油价已经从 2014 年 6 月的每桶 100 美元水平，下跌到 2015 年年底的 35 美元，整整降低了 65 美元。未来只要维持这个水平，相比于 2014 年年中的油价水平，每年将可以为中国节省约 8190 亿元人民币。如果从 2015 年到 2020 年不断退坡的新能源车补贴额平均按每辆 5 万元计算，5 年节省的超过 4 万亿元人民币石油进口费用，可以为 8190 万辆纯电动车提供补贴！这已经超过 2014 年中国全社会汽车保有量的一半（1.54 亿辆）。如果有这么多纯电动车进入中国市场，国际油价只会更进一步狂跌。另一方面，纯电动车大规模推广后会带来石油需求的净减少，每减少一桶原油需求，按 2015 年年底的价格也可少花 35 美元，从而可以为中国节省出更多的钱。

如果以 2014 年 6 月油价上百美元时代考虑，中国每年要为进口原油花费 2000 多亿美元。因为纯电动车的普及，未来这个开支是可以最终减少到接近于零。省掉这么大的外汇刚需，中国对自己外汇储备的管理策略就可以有更大腾挪的空间。

以上分析是以大致的某个时点的石油价格考虑，但实际进口时因价格的不断波动，情况要远远复杂得多。以中国海关实际统计的数据，可看出 2015 年国际原油价格下降带来的实际影响。2015 年 1—6 月，中国原油进口累计 1.6337 亿吨，同比增加 7.5%，进口额为 692.8 亿美元，同比却下降 41.7%。综合来看平均单价下降了一半。2014 年全年，中国进口石油 3.1 亿吨（同比增加 9.4%）约花费了 1.4 万亿元人民币。2015

年全年估计在进口量增加 5.5% 情况下，只需要不到 7000 亿元人民币就够了，实际会比上一年度节省 7000 亿元人民币左右。

因此，中国极力强化纯电动车的推广力度，不仅意味着中国中远期石油市场需求持续走低，而且意味着对产油国来说，石油再不卖的话，以后可能就永远卖不出去了。中国的纯电动车不仅会在中国道路上满大街跑，而且会以每年数千万的数量出口替代全球其他地区，尤其新兴市场国家的车辆，从而在全球范围替代石油的需求。所以无论油价多低，只要还有钱赚，中东等成本极低的产油国就不可能会限产，趁现在还能卖的时候赶紧多卖一桶算一桶。

纯电动车会将一切能源的经济性统一为按它的“能量价格”和其与“电能之间的转换效率”进行计算，而不是按其自身“能源价格”计算。如果石油想要与煤炭在能量价格上打平的话，根据本书前面的计算，需要在 43.839 美元水平上下降，达到约 11 美元的水平！如果考虑到油电转换效率还不如煤炭，油价需要在 11 美元水平上再降一半才能与煤电在价格上打平。

由此可见，与光伏等新能源发展路线上政府支持主要体现为补贴支出完全不同，中国政府无论怎样强化纯电动车的推广力度，在经济上至少从现在起一直都是有巨额利润的。只要不越过技术和上游原材料等客观约束，中国在纯电动车推广上步伐越快，获得的利益就越大，且名利双收。综合起来看，它对中国利益如下：

（1）减少有害气体排放和雾霾问题，有效改善民生，和当前最大最普遍的民怨。

（2）有效承担碳减排的国际义务，无论这个“义务”价值是什么。

（3）碳减排如果超过预期，不仅是国际名声问题，而且可以将多出的排放额度通过碳交易市场卖出获利。即使不能卖出，至少也可不用花钱购买。

（4）为中国新能源，尤其风能和太阳能发展奠定最好的储能基础。

（5）在新的技术领域获得弯道超车的机会，使中国汽车企业在全球市场获得优势地位。

（6）提供新的大规模经济增长点。

（7）从根本上解除能源和环境的两大经济发展瓶颈。从而为2015年之后20年中国经济保持快速发展解除最重大的瓶颈约束。

（8）每年有望彻底消除2000多亿美元石油进口的外汇需求和支出。

（9）乘机从源头上根本解决道路交通安全问题。

（10）对东海、南海热点的内在能量釜底抽薪。

（11）为最终解决台湾问题废除最要害的马六甲石油通道障碍。

…………

没有任何值得一提的副作用。没有任何其他国家能对此说什么不好，也无法因此找中国的任何麻烦进行阻拦。

中国经济发展了同时还能普遍得到极好的国际名声，更少花钱还能最有效地解决大量最疑难的问题。对中国能好到这种程度还没有什么副作用的东西天底下还能找到第二个吗？

2015年下半年中国确定的供给侧改革，实质就是大规模压缩产能，首当其冲的就是煤炭产能。进行这种产能压缩的根本原因并不仅仅在于煤炭当前的产能过剩，而且未来即使全社会能源需求大规模增长，煤炭的产能不再增加，甚至压缩产能的速度不够快，其过剩程度也会因新能源的快速普及而急剧加重。即使现在中国政府已经非常重视这个问题，可能也还是远远没有清楚意识到未来问题会严重到何种程度。2015年中国全国原煤产量36.95亿吨，同比下降3.5%。按照供给侧改革的计划，以后每年要压缩1亿吨的煤炭产能，以此计算，2020年煤炭产能会降低到32亿吨左右。但是，到2020年预计新能源的成本就将低于煤炭发电，这意味着什么？既然新能源本身成本又低又没有污染，还有什么理由继续使用化石能源呢？现在靠政府补贴发展新能源如同推一辆很重的车上坡，需要政府不断加码刺激推动才能向上行驶，很费劲。但千万别被当前的这个表象迷惑了。当新能源成本低于化石能源之后，它的发展就会像转入下坡道路的车辆，仅靠其自身的力量就会突然加速并跑得越来越快，任何人想挡都挡不住。这意味着即使按照目前每年压缩 1 亿吨煤炭的计划顺利实现，到 2020 年之后，实际煤炭产能过剩的程度还是会很快达到 20 亿吨以上。同时，不仅是中东国家，即使中国的大量油田产能也都将严重过剩，这完全不涉及原油生产的成本问题。没有了煤炭和石油，以它们为基础的从化石能源开采、运输到使用整个宠大的产业群，也都将面临产能严重过剩和战略转型的问题。例如煤炭和石油开采设备、燃煤发电设备、燃煤发电厂、燃煤供暖系统、煤炭和石油运输工具……这些领域面临的并不是如何节能降耗提升效率的问题，而是整个行业将完全被淘汰。

有人认为中国应乘当前石油价格和大宗商品价格低廉的机会在国际上进行资源收购。这个建议原则上是不错的，但一定要充分考虑资源品种问题，并不是所有大宗商品的品种其未来发展空间都是值得期待的，至少煤炭和石油资源一定要小心看待。

在这个过程中，并不仅仅是产能压缩的问题，新能源发电，以及将原来使用煤炭和石油的工业生产和生活能源消费过程改造成使用电能的技术投资将会出现快速增长。例如，现在的电弧炉炼钢主要利用的原料是废旧回收的钢铁。如果能将此技术改造成可以直接冶炼铁矿石，或在废钢中混入铁矿石（如现在已经采用的混入海绵铁的电弧炉炼钢工艺），就不需要在炼钢过程中使用煤炭了。这样不仅更为环保，而且该冶炼工艺生产出来的钢质量更高。这些过程将会是未来 10~20 年经济增长最强大的因素之一。

2016—2030 年，新能源将在全球范围快速地全面替代化石能源，这将是自工业革命以来规模空前宏大的技术替代过程。虽然这并不完全是纯电动车所带来的，但它却是非常重要和关键的驱动要素。

在 2020 年前，节能都将是中国非常重要的国家战略行为，但是在

2020年之后，节能战略将会被重新考虑。节能技术是需要更多成本的，如果已经都是用不完的清洁能源，花更多成本去节能的理由是什么呢？一方面看着风电和光伏被弃，另一方面却在花钱节电，这有意义吗？

第十章

“被纯电动”的远不止汽车

前面我们在讨论转换机时谈到，转换机的尺寸决定了其使用的方便性和最小交通工具的尺寸。因为电动机的尺寸可以做得非常小，因此纯电动的交通工具事实上也可以做得很小。提升续航里程的办法一是提高电池容量，二是减少车身重量以减少电量消耗。电动机在减小尺寸上的突破为极大减轻纯电动车车身重量提供了远远比燃油车广阔的空间，从而可以使我们看到在燃油车时代难以想象的纯电动车型态。

一、早已成气候的纯电动自行车

如果我们为纯电动汽车的爆炸性增长而兴奋的话，另一个统计数据可能呈现完全不同的景象：根据中国国家统计局公布数据，2014 年 1—12 月，全国纯电动自行车行业累计完成产量 2904 万辆，同比增长 -0.05%。12 月份完成产量 274 万辆，同比增长 -1.85%。2014 年纯电动自行车首次出现产量下降，而 2904 万如此巨大的年产量数据，完全是一个成熟产业的格局。全中国纯电动自行车的保有量已经超过 2 亿的惊人数量，这个数字比同期汽车保有量超出约 5000 万。

纯电动自行车早在 1985 年就已经在中国出现，经历了很多年的发展和积累。在 2003 年之后，这个行业进入高速发展阶段。至 2006 年年底，全国纯电动自行车保有量已达 5600 万辆的巨大规模。而这个发展完全是在交通部门搞不清楚它到底算摩托车还是自行车的前提下，以类似玩具的产品发展起来的，没有任何牌照管理。2007 年，交通部门开始对这个行业进行监管，导致了行业发展出现一个低谷，但此后不久即重新进入高速发展期。

中国市场上大量拥有的所谓“纯电动自行车”，其实绝大部分外形不像自行车，而更像摩托车，可以说它们不过就是换了纯电动机的摩托车而已。

同时，对纯电动自行车的监管刚刚开始，中国企业又开始将其概念完全模糊，推出了纯电动三轮车、四轮车。现在几乎所有快递公司，无论是顺丰、韵达、申通、圆通、汇通、中通，还是其他什么“通”，缺了纯电动三轮车全都通不了。

从早期的铅酸蓄电池，到最近几年开始大规模采用锂电池，纯电动自行车为纯电动汽车的发展埋下了一个很好的伏笔。

2015 年 12 月初的消息，2015 年 1—10 月，山东小型纯电动车累计生产 25.80 万辆，同比增长 53.82%，已达 2014 年全年的 1.38 倍。其中前五大小型纯电动车厂家时风、梅拉德、德州富路、宝雅、唐骏欧玲合计产量占比达到 76.47%。2015 年 8 月山东省公布的《2015 年山东省小型电动车产业发展报告》蓝皮书中提出，山东小型纯电动车要达到 2015 年 30 万辆，2020 年 100 万辆的数字，这甚至达到与全国被定义为“新能源车”的总量大致相当的水平。显然，这种“小型纯电动车”根本就不在“新能源车”的统计范围。在政府管理部门视野之外狂暴发展的历史，很可能在四轮的小型纯电动汽车领域一定程度上重演。单从名字上就可看出很容易让人搞混的情况。这些小型低速纯电动车与“微型电动车”是非常不同的。微型电动车是汽车概念里属于 A00 级别的轿车，但以上小型低速纯电动车并不在这个概念范围里面，它比“微型车”价格更低，即使没有政府任何补贴，其市场价格也已经低至两三万元的水平。但它们采用的是铅酸电池，行驶速度在 50 公里 / 小时，续航里程在 120 公里左右。但这种状况也在不断改变，2016 年山东推动这种车型采用锂电池。

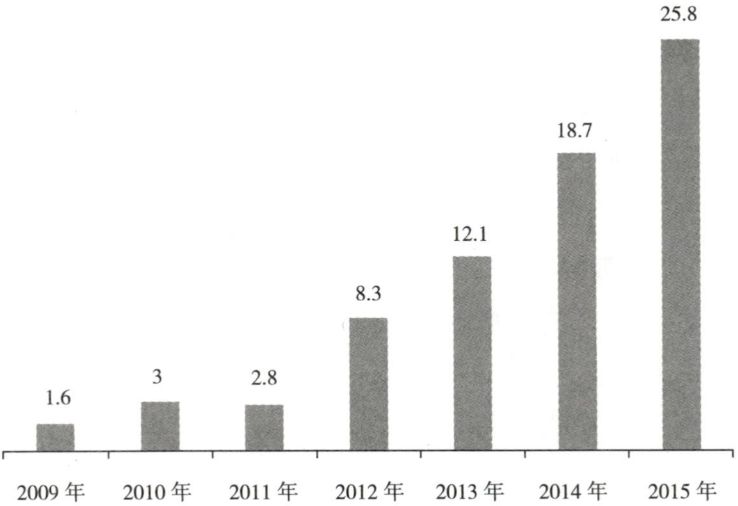

图 10-1　山东小型纯电动车发展

所要特别注意的是，纯电动自行车和纯电动小型车都是在没有政府补贴情况下，完全凭市场自身的力量发展起来的。在电池能量密度有限的情况下，尽量简化车辆本身的重量以增加续航里程，并降低成本，这是纯电动自行车和纯电动小型车发展起来的空间所在。这类车辆同样具有纯电动车使用成本极低的优点，因此在市场上获得了高度的认可。中国公司事实上真正创造了一个全新的产品门类，但却长期使它们处于灰色的状态。这类产品是可以很好地标准化，并向全球推广的。2010—

图 10-2　比微型还微小的“小型纯电动车”，丰田公司推出的 i-Road

图 10-3　浙江立通生产的微米 E28 小型纯电动车，炫酷的外形很惹人瞩目。市场价格只有 3 万元人民币左右

2015 年 8 月，山东小型纯电动车累计出口已经达到 4 万辆，未来出口量保持迅速增长的势头是可以预期的。

二、与智能相结合

2001 年 11 月，美国发明家狄恩·卡门与他的 DEKA 研发公司团队发明设计了赛格威纯电动平衡车（Segway），最高时速为 20km/h。这种产品一经推出，因其采用智能控制的奇异平衡能力旋即引起巨大的轰动。

图 10–4　在机场大量使用的 Segway 纯电动车

因 Segway 推出时超过 10 万美元的高昂价格，这种车市场占有量一直只是缓慢提升，并未占据太大的市场。但一旦将纯电动与智能相结合的思路被发明者们关注，事情就一发不可收了。

2011 年 4 月，美国 Inventist 公司开始发售世界上最小的自平衡独轮纯电动车 Solowheel。Inventist 公司的创始人，电动独轮车的发明者 Shane Chen（陈沙恩，音）为美籍华人，20 世纪 80 年代末去往美国，此前创立了 CID 公司，是植物生理生态仪器的发明人，拥有数项相关领域的美国及世界专利。2003 年，Shane Chen 成立 Inventist 公司。与 Segway 类似，因其价格高昂，市场普及速度不温不火。

（a）（b）

图 10–5 Solowheel 独轮车

以毁灭价格来拯救科技的中国企业又开始显神威了。中国企业不仅大量开发各种类似 Segway 和 Solowheel 两轮及独轮纯电动平衡车，将价格降到它们的十分之一，而且更简易便宜的电动滑板车等纯电动车型百花齐放。从华为出来的李一男创立的牛电科技推出小牛 N1 电动自行车，小米公司、爱国者、智车优行等一大批互联网和电子产品公司也杀入这个领域。现在若以“平衡车”“老年代步车”“滑板车”“体感车”或直接以“电动车”为关键词到电子商务网站或百度等搜索网站上去查询，你看到的首先不是纯电动汽车，而是其他无数类型纯电动车的款式。

锂电池带来的大电池容量和智能平衡控制，使得这类非常小巧的纯电动车可以有非常多的设计空间，从一个轮子到四个轮子，完全站着开的，可以坐着开的，可折叠的，应有尽有。

（a）　　　　（b）

图 10-5　Solowheel 独轮车

三、极致炫酷的新车型

等交管部门把纯电动自行车的惯例规范制定得差不多的时候，纯电动自行车已经开始下降进入淘汰周期了，同时又冒出一大堆让交通管理部门更加茫然不知所措的新车型。

图 10-7 已经在中国城市大街上到处可见的纯电动滑板车：我看你怎么给我上车牌！

图 10-8　这算什么车?

图 10-9 纯电动三轮车概念设计

图 10-10 曾经在 2006 年年底特律车展上展出的外形奇特的“唐华”纯电动车。可惜这个车生不逢时，并未能真正商用。但纯电动车的确为各种外形设计打开了全新的空间

（a）

（b）

图 10–11 美国麻省理工媒体实验室与西班牙政府合作投资开发的一种万向轮（任意方向转动）小型折叠纯电动汽车（Hiriko）

图 10-12　无链条自行车，可以电动行驶，也可以人骑行并给电池充电。显然也没给车牌留地方

图 10-13　可折叠纯电动车

图 10-14　可折叠纯电动车

图 10–15　美国运动品牌 Inventist 推出的没有板的滑板车 Orbitwheel（风火轮）

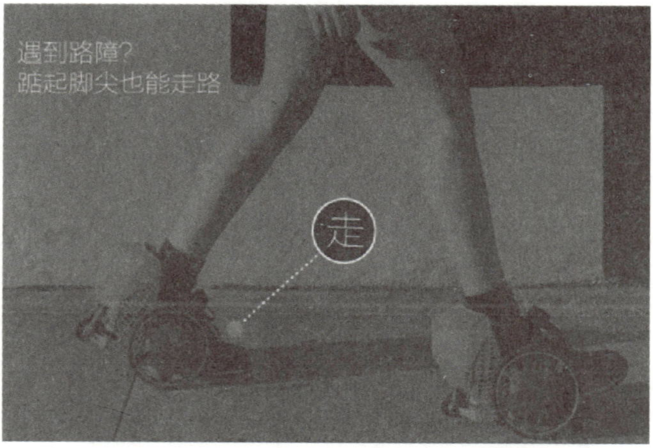

图 10–16　ACTON 公司创始人 Peter Teadway 领导开发的世界上最小的纯电动车，这更像风火轮

套在脚上，是算自己在走还是坐在车上都已经搞不清楚了。

图 10–17　一个轮子居然还能坐着开？！美国 Chris Hoffmann 创立的 Ryno 公司开发的独轮纯电动摩托车

图 10–18　重庆塞夫开发的纯电动滑板车

图 10-19　韩裔美国人 Danny Kim 发明的 Lit Motors 纯电动两轮汽车

（a）

（a）

图 10-20　凌云智能开发的中国首款纯电动两轮汽车，交通管理部门又该头痛了，这算汽车还是大摩托车

一个叫凌云智能的中国创新公司由祝凌云与3个伙伴在2014年成立，并在2014年8月推出纯电动两轮车。这种纯电动汽车采用机械陀螺仪进行平衡，可载两人，其驾驶习惯和普通四轮汽车完全相同，相比于另一款两轮电动汽车 Lit Motors，更加“汽车化”。该车真正的量产可能要到2019年。

四、彻底颠覆传统概念的车

如果读者以为不管什么车只能是在路上行驶，那你就“跟不上形势”了。现在为方便老年人或残疾人的车已经可以在楼梯上行驶。

图 10-21　可以视楼梯如平地的车，楼梯是交通管理部门的管辖范围吗？

如果读者以为只有有轮子的才算是车，那你就又落伍了。现在各主要军事大国都在开发外骨骼单兵系统，可以让士兵很轻松地负重行走。

该系统可将行走弹跳的能量储存回系统的电池中，而在需要时又可推动系统帮助行走，从而使士兵在负重条件下还能以最少的体能消耗获得快速行进。美军开发的外骨骼单兵系统可以让士兵在负重条件下以 16 公

图 10–22　中国开发的单兵外骨骼系统

图 10–23　美军开发的单兵外骨骼系统

里 / 小时的速度持续奔跑。未来马拉松世界冠军记录会轻易地被戴有这种系统的士兵打破。

这些系统目前还是用于军用，但未来发展成民用，上班 10 公里左右的距离，就算翻山越岭，根本就不再需要交管部门管理的道路，一个纤弱的女孩扛着文件柜蹦蹦跳跳地就过去了，和她开车带着文件柜可以很轻松行驶是一个道理。

可以在家里、餐厅、办公室等行驶的各种工业和服务机器人，也是纯电动的不同类型。总之，如果不能把传统交通管理部门彻底搞晕，那就不算真正的纯电动车。

被搞晕的不仅是地面交通管理部门，以纯电动为基础的无人机等，把空管部门也给搞晕了。

其实，高铁也是纯电动的。只不过因为它只是行驶在轨道上，可以通过电力线供电，因此不需要电池技术支持就可获得强大的电力。这个技术在过去的电力机车上就已经实现了。

五、纯电动的网络化与智能管理

智能化、网络化、车联网等已经提供了全新时代的更好管理工具，在今天车都已经可以造到可以比车牌还小的纯电动时代，一个小小的网络芯片可以彻底搞定所有管理的事情，并且通过网络定位实现更好管理，不再有遮挡号牌问题。可以“车卡分离”，也可以在出厂时就“车卡一体”。看看手机的各种技术就明白了。

交通管理部门的管理思维至今还是停留在那个汽车时代的车牌子上，怎么可能不晕头转向？

六、汽车产品市场层次结构的变化

汽车不过就是一个交通工具，而人们的交通需求是多层次的，对交通工具的需求也是多层次的。现在的汽车消费就已经是多层次化的，但其层次结构并不合理。数量最庞大的需求是短距离的上下班，只要人过去就行了，顶多放个文件包或手提电脑。绝大多数情况下根本没必要伴随一个1吨多的车辆过去，这样其实太夸张，消耗更多能量，增加道路拥堵，而且找停车的地方还是一个问题。因此，纯电动自行车以及比它更小型化的电动交通工具是非常适合满足最大量的上下班需求的。尤其城市范围更应推荐这种方式。但这种方式因其没有密闭空间也是有局限的：

■ 空气质量不佳会对出行过程的呼吸产生严重的健康问题。如果全社会普及了纯电动汽车，由此带来的空气质量改善也极有利于这类开发空间的微型电动交通工具的使用。

■ 气候过冷或过热都会带来舒适性的严重障碍。

■ 没有密闭空间在出现交通事故时极易受到最严重的伤害。

因为以上问题，采用具有封闭性的交通工具在环境适应性和安全性上是必要的，但并不一定是现在概念意义上的汽车，具有封闭空间的三轮或四轮小型及微型纯电动车也是一个入门级的选择，尤其是在低速行驶条件下更为适合，甚至正开发的两轮封闭空间的纯电动车如果成功也是不错的选择。Smart 微型轿车也是这种车型的一个很好的参照。因为纯电动车的动力系统体积和重量都可以远小于燃油车，因此在开发纯电动车的思路上更适合小型化和轻型化。而且绝大多数汽车用途也就是个人去上下班，汽车上5个人的座位太浪费了。只是在今天大量普及拼车上下班的互联网技术情况下才有效提升了座位利用率，但一般也是两座就够了。

远途旅行需要底盘较高的SUV型车，如果是全家出行需要7座的MPV型，如果是家庭较长期旅行又适合装备有生活设施的房车。因此，燃油车时代市场占有率最高的5座型普通乘用汽车，应当让位于两座型封闭型汽车，这样的车型最适合上下班使用。

因此，一个家庭并不适合用一辆车去满足所有交通需求，而是需要多辆车。一般家庭拥有的车辆应当是一辆纯电动MPV型或SUV型，平时并不开，停在家里；1到2辆两座型微型纯电动车用于上下班；另外每人1辆纯电动自行车或更小型的超微型电动车，用于气候和环境条件较好情况下的短途出行或娱乐。这种超微型纯电动车也可以很容易放置在旅行目的车辆上，用于到达旅行目的地后的周边短途出行。

即使人们有炫耀性的需求，想在别人面前开豪华型的车，在旅行、朋友聚会时炫耀就可以了，平时上下班天天炫耀无论别人还是自己早就麻木了。况且5座的汽车不管怎么豪华也豪华不到哪里去，顶多只是说明你家只能用一辆车满足所有需求，买不起更多车而已，只能“拿菜刀削苹果”，只会让人鄙视，还炫耀什么？未来的纯电动车时代就是“削苹果用水果刀、切肉用专用切肉刀、切生菜用切生菜的刀、切熟食用切熟食的刀……”。但今天燃油车时代是“一把刀切所有东西”。对不同的生活阶段，人们可以选择从满足上下班开始，逐步根据收入情况满足更多层次的需求。上下班本来就不应当成为不同收入层次展示富裕程度的平台。

因此，当前拥有量最多的三厢和两厢的5座家用普通轿车在未来应当被淘汰。它们用于上下班太夸张，用于旅行娱乐和聚会目的其可怜的空间又显得太憋屈。旅行需求和上下班需求是差异非常巨大的两个消费层次，但燃油车时代的主流汽车型号却只能同时照顾到这两种需求，结果是两个需求满足得都很不好。这个很糟糕的层次结构形成是由于燃油车动力系统体积和重量制约不得不如此，而不是市场本身需求原因带来的。纯电动车完全释放了技术上的制约，从而使生产厂家可以彻底地按市场需求来设计交通工具的产品层次结构，而不是以汽车技术本身的制约条件为基础进行设计。

第十一章

纯电动的未来

一、预测未来的困难和可能的荒谬

预测未来既是一件很轻松的事情，也是一件非常困难的事情。说轻松是因为无论是严肃的未来学家，还是股市预言者，都在大量预测未来，真能准确的很少，但事实上又都很少有人在多年后真的去验证有多少预测是准确的，因为人类太健忘了！西班牙《趣味》月刊2015年9月号发表了一篇题为《失败的预言》的文章。文中说："如果我们发现智者们的预言95%是失误的，也许试试中国的幸运饼干会更有趣。""中国幸运饼干"是在国外中餐馆里常见的一种餐后赠品，饼干里会放一张小纸条，上面会写上算命式的预言。"预言家用纸牌占卜，而我们用PPT。"

事实上，混沌学的研究结果早就告诉我们，混沌系统的未来是不可精确预测的，不幸的是人类社会的很多事物都更接近混沌系统，而不是用牛顿力学模型可以精确描述的系统。

尽管有如此困难，当我们真正找到了事物的核心规律后，依然能在混沌的世界里发现某些可以把握的东西，甚至非常准确的预测。例如，摩尔定律对几十年半导体行业的发展预测极为精确。事实上它可以从另一方面来理解，因为这个定律非常好地符合了半导体技术发展的经济规律，半导体公司事实上也有意按照这个定律来确定未来产品的发展路标。因此，如果我们并不是从预言家，或以危言耸听的角度来吸引眼球，也不是去做科幻型的想象，而是从寻求技术产品发展的内在规律角度出发，依然可以对技术未来的发展走向做一些有所助益的规律性探讨。

二、续航里程取代车速成为豪车核心标志

我们在第一章谈到，纯电动车的行驶里程并不一定是绝对的要求，对绝大多数上下班的应用情况来说，只要充一次电能跑一个星期就是可令人接受的指标了。但是，毕竟这个方面的改进在相当长的阶段都会是具有巨大效益的。因此在动力性能上，纯电动将使汽车，尤其是顶级纯电动豪车的竞技方向从追求行驶速度和百公里加速时间的指标，转向行驶里程的指标。如果能够在同样电池重量情况下行驶距离更远，那就可以获得多种不同的巨大好处。

开发更远行驶里程的纯电动车可以减少与燃油车的性能差异，从而增强其市场竞争力。即使保持行驶里程不变，这样将可以减少电池重量。而电池重量的减轻，显然会增加纯电动车的有效载荷和空间，并大大减少纯电动车的成本。

纯电动车行驶消耗电能的减少，意味着可以增加其他方面的电能使用空间。后面将会详细谈到。

在超级电池一章里我们曾探讨了电池技术的未来，其中能量密度与成本占了极为重要的地位，能量密度的提升直接带来的效应就是可以提升纯电动车的行驶里程。在未来相当长的时期内，提升纯电动车的行驶里程将是一个技术难度最高的核心方向。

电池是解决这个问题最重要的环节，却并不是唯一的。尽可能提升整个系统的能量传动效率也是一个很重要的改进方向。尽管这个提升的空间越来越难，但即使很少量的提升，也会带来相当显著的效果。

提升传动效率的方法主要有以下这些：

第一个思路就是尽可能减少传动的路径或环节。燃油车在动力上主要是做加法——增强发动机性能、增加 ABS、安全气囊……但纯电动

车将是加法和减法都做——可以通过增加电池甚至电动机数量以提升性能，也可简化电动机和传动机构提升效率。将燃油车复杂的齿轮箱简化为固定齿轮比的传动装置，就是一个简化传动路径的方案。将电动机直接与车轮相接，连固定齿轮比传动装置也不要了，这是一种更加简化或缩短传动路径的方案。

第二个思路是尽量减轻车身重量。由于目前电池能量密度的限制，动力电池在整车质量中占有了太大的比例。像特斯拉车的 Model S 为了获得 400 公里左右的行驶距离，装备的电池重量高达 544 公斤。占全车整备质量（俗称的“空车重量”，是指汽车按出厂技术条件装备完整，如备胎、工具等安装齐备，各种油水添满后的重量）2109 kg 的 16%。这个重量成倍地高于燃油车发动机的重量，它与重型卡车发动机的重量差不多了。而这还不包括电动机的重量。电池密度的提升会降低电池重量，同时，如果采用碳纤维等复合材料，会有助于降低车身重量。碳纤维的比重一般为 1750 kg/m3，是钢铁（7900 kg/m3）的 22.15% ，铝合金（2702 kg/m3）的 64.77%，但其抗拉强度是钢的 7 ~ 9 倍。利用碳纤维的特性，目前在汽车车身上应用该种材料的越来越多，从而在减轻车身重量的同时，增强车身强度。

三、全性能域安全性

汽车的安全性一直在人们的视野之中，但却一直没有被真正理解清楚。一种真正安全的汽车，是在其任何性能指标范围内都是安全的。也就是说，即使以其最高车速行驶发生车祸，至少车内的人员也基本不会受到严重伤害——我们把这定义为“全性能域安全性”。

纯电动车没有了高温工作的发动机和燃油，即使发生车祸基本上都不会发生爆炸和燃烧。这也给车辆的碰撞安全性提供了更好的设计条件。而在燃油车的设计中，如何避免位于司机前方的发动机被撞到驾驶室里，以及与油箱尽量避开就是一个很头痛的技术难题。随着碳纤维等超高强度，同时重量又轻的新型材料成本持续降低，以这些材料为基础的新型纯电动车是有可能最终做到在车辆以其最高速度行驶情况下发生碰撞，车内人员依然可以避免严重伤害的。燃油车事实上绝无可能做到这一点，因为即使碰撞本身不会导致致命后果，燃油的爆炸燃烧都会是致命的。燃油车绝无可能避免在车辆以最高速碰撞时燃油不会发生任何泄露，因此在过去也就无人会提这种要求了。但纯电动车做到这种“全性能域安全”却是完全有可能的。

车辆的碰撞测量不能人为规定一个只是 64 公里 / 小时这样的速度，而是应当以车辆标称的最高速度来进行测试。也就是说，如果你卖的车辆宣称能跑到 200 公里 / 小时，那就必须以 200 公里 / 小时的速度来进行碰撞测试。如果在这种速度下碰撞测试没有任何安全性可言，这种速度有什么实用意义和价值？那只是车辆动力系统能达到的水平，而不是整个车辆本身可以达到的水平。只有以车辆本身可以达到的最高速度进行碰撞测试，才能确保全性能域的安全性。

尽管这依然不能绝对保证它撞到路边行人时的安全性，这必须靠人车的严格分离为前提来解决。而电子避撞系统和全视野雷达影像将有助于有效避免人车相撞问题。

四、车辆各单元成本分摊比例变化

其实，现在避撞的技术已经相当多，并且相当成熟了，但有很多技术却难以大规模被实际利用。因为作为一种商用产品，必须仔细地平衡各个功能部分的成本结构。开发一辆车之前必须有一个总体成本预算，而后将这个总成本分解到每一个功能部分。如果一个部分的成本较高，其他部分的成本就必然要降低。当没有足够成本预算时，就必然要简化功能和性能要求。在过去，由于汽车的动力性能部分既是一种成本很难降低的功能单元，同时又是汽车技术竞争的主战场，被它吃掉的成本就必然占据相当大的比例。在这种情况下，其他功能单元只能尽力压缩功能指标。因此就会明白，为什么汽车中音响、仪表盘等附属功能技术进步速度总是所有产品中最慢的。市场上早就已经在淘汰光盘了，销售的新汽车中居然还在采用磁带，PC 上都已经在普及 USB3.1 了，汽车上才刚刚开始普及 USB。纯电动时代使汽车发展在动力性能上成本占比持续降低提供了可能，只有这样，才可能将更多研发投资和成本预算划拨到其他功能上。

既然现在的倒车影像和倒车雷达可以让车主看清后面，只要多安装几个类似装置就可让车主看清车身周围的一切，这种扩展视野范围技术并不是难事，这样可以避免很多碰撞甚至较轻的剐蹭发生。既然最简单地划伤一次车身修理费都得几百元钱，因此任何车主其实都愿意多花几千元以具备这种功能。

现在开发无人驾驶汽车采用了以激光雷达、毫米波雷达等为基础的避撞技术，其实任何车都可以装上这种装置，它可以在紧急时自动刹车，而不是等信号进入人眼视网膜，传导到人脑做出反应，再驱动人的肢体做出反应。神经冲动在人的神经系统内传递速度只是每秒几米，再好的车手也比不过以接近每秒 30 万公里光速传递的电信号。

这些系统本身并没有任何技术上不可克服的困难，只是需要占用更多整车的成本预算比例而已。

五、机械与电子技术分离

“车联网”“汽车智能化”等并不是纯电动时代才有的，相关的技术也并没有什么特别的难题可言。但只有在纯电动时代随着车辆动力系统成本占比的不断缩小，才会为它们腾出足够的空间。

行车记录仪是相当有用的装置，很多车祸过程如果发生争议，没有这种装置难以判定对错，很多“碰瓷”也无法说清。但现在这种装置往往是外加的，没有自然地集成到车体中去，这就带来一定的不便并会增加不必要的成本。

GPS 已经是很普遍的应用了，但如果不是联网的 GPS，过一段时间数据就过时了，升级数据需要花钱还是小事，关键是极为麻烦。现在手机上已经有实时导航的软件。如果车本身就是移动网络的终端，很多类似应用都可以是以实时数据为基础的。

车载的模拟收音机已经是一个极为传统的功能。在车辆长途行驶过程中，穿越不同地区时，电台频率会发生变化，并且不同地区的电台也不同。而如果采用网络电台，就可以一直在途中持续收听自己最中意的电台信号。如喜马拉雅 FM 等，可以通过移动互联网收听到几乎所有 FM 节目。

机械技术的进步速度与电子技术，尤其智能电子技术之间是存在巨大差异的。一款车型基本的机械架构可以使用十几年甚至几十年，但智能电子技术每年都会发生天翻地覆的变化。如果将电子技术与车辆的机械部分完全固定地整合在一起，整车的价值缩水将会很快，并且几年后其技术就会远远落后。解决这个问题的办法是在一定程度上将机械与电子技术分离。这个可以参考一下电子技术的标准发展模式。相对来说，即使在电子技术内部，接口标准等技术发展比功能单元要慢很多。通过标准接口，可以兼容新旧差异较大的电子技术功能单元。因此，市场迫切需要开发一种汽车机械与电子标准接口，将部分电子功能单元进行分离。这样在购买车以后，可以不断对电子功能单元部分进行升级，从而可以使买了多年的车通过花不多的钱而获得最新的车用电子系统。其实这意味着一台标准化的车用电脑系统。在燃油车里，主要用于发动机打火和车灯等用电的蓄电池电量完全不足以支撑这样一台电脑顺利运行。但纯电动车为此提供了非常良好的条件。

另一个看似细小但却关键的技术变化是：传统的电脑是以硬盘为基础的，直到现在硬盘也还是PC主流的软件系统存储载体。但大容量闪存的发展使得电脑系统可以建立在固体存储器基础之上。硬盘因为是机械装置，抗震性很不好，而汽车是必然要在高度震动条件下工作的，因此在汽车上是不可能建立以硬盘为基础的电脑系统的，但固体存储器却可以使建立这样的电脑系统非常方便简单。

事实上，现代机器人技术之所以能够获得极大的发展，具有高度抗震性的固体存储可以取代硬盘也是一个重要的技术基础。

六、更多功能和舒适性

在纯电动车开始发展的相当长时间内，能量储备不足会成为问题，因此这些耗能的功能还不会大规模采用。但随着电池可以储存的能量越来越大，动力系统消耗的能量越来越节省，就可以把电池的能量用在别的方面，以增加更多实用的功能和舒适性。

车载冰箱、高档音响等都不是什么新的汽车技术，但在过去燃油车上却不是很普及。除了成本分摊比例不足的原因之外，电力支撑不足等也是重要原因。有了纯电动车之后，大量电子功能单元都可以极为普及地应用在车上，并成为标准配置。

技术的发展并不是突然从天上掉下来的全新的发明，而都需要以过去的技术积累为基础。纯电动完全改变了其中一个技术基础，并且伴随现在并不是专为纯电动发展，但却已经成熟的技术环境变化：固体存储器为基础的电脑系统、宽带移动互联网、传感器、碳纤维、石墨烯、太阳能、超声波雷达、激光雷达、GPS、影像记录仪、图像识别、网络电视、网络电台、自动驾驶、自动避撞……这些技术在全新的平台条件下进行重新整合，就会迸发出改天换地的全新汽车应用。

七、纯电动船舶

电动船舶在今天也存在，但主要是一些低速船舶应用。2006年，上海海事大学研发出了中国第一艘以氢燃料电池为基础的电动船舶，利用14立方米的氢，可驱动该船以14公里/小时的慢速航行5个小时。但当时因氢燃料动力并不成熟，该船并未大规模商用化。目前，氢燃料电池车已经开始规模商用，氢燃料电池动力技术的专利已经完全开放，这就为开发纯电动船舶带来了新的发展机遇。

但是，因物体在水中的阻力是与速度的4次方成正比的，船舶如果要获得实用的航速，需要克服很大的阻力，需要功率密度非常高。例如，十几米长的高速船舶，所需要的功率就会达到几百千瓦的水平，目前不仅只有氢燃料电池的比能量密度才可能满足要求，而且还需要推进效率的极大提升。

上海析易船舶技术有限公司所开发的高速船舶因整个船体抬升到水面行驶，从根本上克服了水中阻力的问题，极大提升了推进效率，为纯电动船舶的高速化奠定了基础。其独创的飞轮驱动技术相比于所有传统船型在高速运行情况下能量效率高得多。

船舶与汽车不同，它可以设计成顶层表面积非常大，而汽车的表面积是严重受限的。另一方面汽车行驶和停泊的环境很可能存在太阳光被遮挡的问题，这个问题在湖泊、江河、海洋上不会存在。这样，在采用太阳能技术上，船舶会比汽车更有可能的条件。问题是，传统排水量船为减少水的阻力，只能设计成长宽比为7：10的长条形。而为了增加载荷，细长的船舶又只能通过加高船体，甚至采用多层“楼房”式的建筑设计。并且，排水量船的顶层设计非常复杂，一般很难设计成完全平面形结构。在这种情况下采用顶层太阳能受光因面积受限很难有太大价值。

采用双体或多体船形设计也可以获得相对较大的顶层表面积。美国岛屿导航者公司与中国铎洋游艇（珠海）公司在 2008 年 1 月就合作建造了一艘太阳能和柴油混合动力游艇 DSe-12m。2013 年 5 月 18 日，由瑞士生产的全球最大的太阳能游艇 MS TURANOR PlanetSolar 以纯太阳能为动力，历时 22 天，航程 5310 公里，横渡了大西洋。但其平均速度仅为 5.3 节（9.8 公里 / 小时），最高速度为 25.93 公里 / 小时。这个速度已经是纯太阳能船舶的最高纪录，但依然难以与现在真正商用化的 30 节左右的游艇速度相比，更别提 50 节以上的高速艇。该船上覆盖的太阳能电池板面积超过 500 平方米，船长 31 米，可搭乘 40 名乘客，造价 1250 万欧元。

析易飞船因为已经将船体抬升到水表面高速行驶，船体长宽比缩小到 3 左右，顶层本身就已经是完全的平面，这就为采用太阳能打下极为良好的基础。太阳能的采用可极大降低对电池比能量密度的需求，这为开发中小型的高速太阳能纯电动船舶提供了可能。甚至可开发出真正可商用的跨洋航行纯电动船舶，其大部分甚至全部能量需求是由船顶的太阳能发电站提供。

为了有个具体数量的概念，我们可简单评估一下太阳能和船舶各环节要达到什么样的程度才有可能使纯电动船舶获得实际应用。

太阳能每平方米最大辐射能量大约为 1 千瓦。从目前太阳能电池转换效率来看，多晶硅可达到接近 20%，单晶硅在 2015 年的最高转换已经达到 22.3%。考虑到电池板实际产品中各项消耗，电池板可达到每平方米功率为 0.13 千瓦 ~ 0.15 千瓦。以 6 米 ×18 米的船形考虑，表面积为 6 米 ×18 米 =108 平方米，表面全装上电池板最大功率为：

108×0.15=16.2 千瓦 =16.2/0.7353=22 马力

注意这还是太阳能直射情况下的最大值。而一般情况下，18 米长的船会需要 300 马力以上的动力，与太阳能发电系统存在 10 多倍的距离。因此，一方面是太阳能系统的能量效率需要进一步提升，不过这个方面空间并不是很大，如果采用多晶硅技术，理论上最大能量效率约在 24%，提升空间已经非常有限。另一方面是船舶动力系统效率如果再提升 1 倍多，太阳能船舶就会具有实用价值了。因为太阳能电池可以通过时间来聚集太阳能，并储存到船上的电池中。这在家用太阳能游艇等方面可以具备很好的实用性。还有一个方法是采用软质的太阳能电池板，平时收缩起来，静水（抛锚或停靠码头）情况下在水面上充分展开，这样就不受船表面积限制，可大面积，从而可更高功率获得太阳能，并将船上电池更快速充满。行驶中的船舶，太阳能主要是一种能量补充。

船舶从最早的人力加风能，变为烧煤的蒸汽动力，再到烧油的内燃动力，最终将变为太阳能驱动。目前纯电动船舶还没有被政府和产业界注意到，但当纯电动车大量普及之后，人们会发现船舶耗油原来更是排放的“大户”，将船舶动力改为纯电动将会进入人们的视线。

八、纯电动飞机

飞机采用太阳能有其很有利的方面，因为在云层之上，太阳光照不再会受天气的影响。只要是白天一般就肯定会有充足的太阳光照。但这个理论上说起来容易，实际实现起来却有太多难题。主要须解决的是动力与重量之间的比值问题。这需要高效太阳能电池，极轻但高强度的机身材料、比能量密度极高的太阳能电池及电动系统，以及合理的机身设计等。

太阳能纯电动飞机最早是在人力飞机研发的基础上发展起来的，这使太阳能纯电动飞机带有鲜明的人力飞机特点：低速、低翼载、重量轻等。随着硅太阳能电池技术的缓慢进步，太阳能纯电动飞机的技术也在缓慢地进步。最近10多年多晶硅太阳能发光效率提升了约1倍，而硅片厚度随切割技术的进步不断减小，从而使太阳能电池板的重量也在不断减轻。

美国在20世纪80年代初研制出“太阳挑战者号”单座太阳能飞机。机体全长9.2米，翼展长14.3米（翼中段和翼梢段可拆卸），座舱乘员1人。最大设计高度为15公里。靠近海平面最高航速可达60公里/小时。总重量设计值为133公斤（飞机自重加飞行员重量），最大不得超过156公斤。靠近海平面时最大功率为3千瓦，维持水平飞行最小功率为1.3千瓦。能源由16128块尺寸为63.5毫米 ×19毫米 ×0.3毫米硅太阳电池供电。这架飞机1981年7月7日成功地由从巴黎西北部25英里远的科迈伊森–维克辛起飞，最后在英国东南海岸的曼斯顿皇家空军基地着陆，平均时速54公里，航程290公里。

1995年9月11日，由美国瓦伊伦门特航空公司研发的“探险者号”太阳能飞机，在美国的爱德华兹空军基地的多拉伊顿开发中心进行了飞行高度试验，并达到了15390米的高度。“探险者号”的机翼由中央翼尖、左右内翼和左右外翼共5段组成。机翼平面几何形状为矩形，翼展为29.87米，弦长2.4米，展弦比12.3，机翼面积72.46平方米，机长3.66米，机高3.05米，飞机自重206.4公斤，最大升限为22860米（此数据为1995年的数据）。该机装6台功率各为0.8千瓦的电动机，太阳能电池输出总功率为6.5千瓦。

1998年在“探险者号”基础上，瓦伊伦门特航空公司又开发了采用燃料电池储电的“百人队长号”。

为了增加太阳能电池面积，太阳能飞机不断加长机翼。但是，机翼的过分增加会使其抗折断能力变弱。AeroVironment公司为NASA的环境研究机和传感器技术计划研制的“太阳神号”无人机，就是由于机翼太长，2003 年 6 月 26 日在试飞中空中解体。其机身长仅 2.4 米，而活动机翼全面伸展时却达 75 米。

图 11-1 最终空中折翼的“太阳神号”

2014 年 6 月 2 日，目前全球最大的太阳能飞机“太阳驱动 2 号”在瑞士成功首飞。2015 年 3 月，两名探险家驾驶“太阳驱动 2 号”从海湾地区出发，经阿拉伯海，进入印度、缅甸、中国，然后跨越太平洋前往美国，再飞往南欧和北非，最终回到起点，完成了太阳能飞机的首次环球飞行。“太阳驱动 2 号”机翼上安装有 1.7 万块超薄且高效能的太阳能电池板，翼展长达 72 米。

图 11-2 太阳驱动 2 号。这样的机身不仅强度难以保证，而且需要起降的机场做极大的改变

图 11-3　B-2 隐形轰炸机的飞翼形机身

这其实是一个完全错误的方向和死胡同，太过于受到早期人力飞机的思路约束。能够成功的太阳能纯电动飞机应当采用类似 B-2 隐形飞机的飞翼形设计来增大太阳受光面积，类似神话中的“飞毯”，这样才能平衡受光面积与机身强度的矛盾。

如果不这么急进，采用电池供电也是一个不错的方案。

空客公司在 2015 年的巴黎航展上展出了全球首款纯电动飞机 E-Fan2.0。该飞机采用两座设计，机身采用全碳纤维复合材料，总重只有半吨。在其 31 英尺（约 9.4 米）长的机翼上配备有锂离子聚合物电池，两部总功率为

图 11-4　2015 年巴黎航展上展出的纯电动飞机 E-Fan2.0

60 千瓦的电动马达为飞机提供动力。其最大飞行速度可达每小时 136 英里（约 218 公里 / 小时），到目前为止可留空 1 小时。空客公司称，首架 E-Fan2.0 电力飞机计划在 2017 年年底或 2018 年年初投入运营。面向普通航空市场、更大尺寸的 4 座电力飞机 E-Fan4.0 也被列入了研发日程，预计在 2019 年投入使用。

要制造乘员更多的电动飞机，机身材料也是一个很大的问题。只有最终采用像石墨烯这样的材料用作机身，才能够平衡强度与重量的矛盾。

全球航空业的零排放目标越来越成为业界讨论的一个话题。要实现这一点远远比纯电动汽车困难得多。但纯电动汽车的发展所积累的技术基础，无疑将会使这一目标越来越现实。

相比于载人太阳能飞机，太阳能无人机更具有现阶段的实际商用价值。2014 年，Google 收购了太阳能无人机公司 Titan Aerospace。Titan 无人机能在约 1.98 万米的高空飞行，其翼展约为 50 米，略短于波音 777 飞机。

在 2015 年的 Facebook 开发者大会上，该公司展出了自己开发的太阳能联网无人机 Aquila（天鹰）。

采用燃油动力的无人机留空时间能达到几十个小时这样的水平，就称得上是战略级的无人机了。例如由美国诺斯罗普·格鲁曼公司研制的 RQ-4A 全球鹰战略无人机自主飞机时间可长达 42 小时。由于使用太阳能作动力，空中飞行时间可以非常长是其突出的特点，这可以使它们有众多特殊的用途。Facebook 的 Aquila（天鹰）太阳能无人机可以空中连续飞行 3 个月，而 Titan 无人机竟然可达 5 年时间。它们可以作为向地面提供无线联网信号的空中基站，如果作为军用侦察设备，将可成为长期悬在敌方上空的侦察站。

九、无线充电能修成正果吗

对于纯电动车来说，充电是一个看似很小，但却影响非常大的问题。因为充电是人车交互过程中最重要的界面之一，它直接影响人们的使用体验。每次充电时插拔充电线，远比一般电器插拔接头要困难得多。如果插头尺寸因产品质量、使用中变形等稍有不标准，插拔接头所需要的力度甚至可能超过很多人的力气。目前，全球主要有五大充电接口的标准：主要用于欧洲的 Combo、日本开发的 CHAdeMO 、特斯拉自己的企业标准、美国和德系厂商开发的 CCS、中国开发的 GB/T 20234。这些都是有线充电的标准，无论是哪个标准，其尺寸和重量都是大到有些时候可能需要体弱的女士一双手操作才可能成功插拔的程度。这当然不是人们有意要如此为难人，而是如果没有这么大的尺寸，很难适应大电流工作，从而获得足够的充电功率。在充电功率一定的情况下，如果要想减少电流，就得增大电压，这又会带来安全性的问题。以上五个有线充电接口标准要适应 50 ~ 100 kW 的快充功率，以及相应情况下最大可能高达 400 安培的电流，和 500 至上千伏的电压。

因此，从原则上说，无线充电方式是纯电动车发展的一个很重要的方向，它可以最终有效解决足够的巨大充电功率与充电线路人工插拔的应用体验问题。目前，中兴新能源是主推无线充电技术的企业之一。其实无线充电技术很早就存在，在剃须刀等小家电领域有所应用。手机无线充电在全球各消费电子展会上也多有展示。但相对来说，因为中小功率家电的电源接头和连线尺寸都很小，因此这种充电技术对它们只是锦上添花的奢侈，而不是一种必需。但对需要巨大充电功率的纯电动车来说，无线充电技术具有一定的必需品属性。

问题在于，主推无线充电技术的中兴新能源等企业并不是纯电动整车的生产厂家。因此，这在市场应用上就隔了一层。开发纯电动整车的厂家目前看来还没有充分认识到无线充电技术的必需价值，这就使这种本来很好的技术陷入一种很尴尬的状态。要使得这种技术有效推广，至少需要以下几个方面的工作：

一是将无线充电技术发展成为有线充电标准之外的另一种开放的充电标准，而不仅仅是一种产品和技术。否则人们很难有信心去普遍采用。

二是要么中兴新能源等企业自己下决心进入纯电动整车生产领域，要么发展出认识到这一价值的纯电动整车的战略伙伴。做到这一点并不难，因为纯电动车的竞争很快就将进入白热化，要想建立竞争优势，具备差异化能力是很重要的。无线充电技术是获得差异化很简单有效的途径。中兴新能源等企业自己进入纯电动车生产领域并不意味着要去与其他纯电动车厂家进行竞争，而是进行市场战略引导。中兴新能源并不需要建立自己的整车生产厂，而是可以通过 OEM 方式与战略伙伴建立合作开发无线充电标准和整车的关系。至少中兴企业内部员工就可以发展出数万辆的无线充电整车纯电动车市场，找几个战略伙伴还困难吗？

三是开发出将现有的有线充电桩和有线充电纯电动车改装成无线充电的成套产品技术。

四是发展出一批体验到这一技术优势的种子用户。

五是与充电桩安装公司结成战略联盟。

作为曾经在中兴工作和战斗过，并且投入过自己青春和热血的“中友会”人员，以上算是免费给予的咨询建议，期待中兴新能源在纯电动的大潮中有新的建树。

十、纯电动车发展的极限约束条件

当人们认识到事物的某一科学规律时，很可能在随后犯一个错误，就是以为按照这个规律可以无限制地推广应用。事实上，当边界条件的量值增大到一定程度时，事物的规律往往就会发生质的变化，从而导致一定范围内适用的科学规律在超出这个范围后就失效的问题。这在哲学上说是“量变导致质变”的规律，而从特定的科学分析方法角度说就是“极限问题”。特定生产行业发展的一个很可能存在的极限条件就是其所用材料的矿藏极限问题。20 世纪 70 年代，罗马俱乐部就是以“可开采储量”概念来计算人类工业发展的极限。不过，极限本身也不是绝对的，而同样是可变的概念。因为随着材料价格和开采技术的变化，“可开采储量”也是一个可变的量。因为随着价格上升，原来丰度较低，从而开采成本较高的矿藏也会变为经济上“可开采用储量”。但是，切不要以为这样一来矿物的可开采储量就能变成一个纯经济学概念了。不同材料其极限情况也是随技术条件不同而有相当大差异的。

自从 200 多万年前人类学会使用火，碳就成为影响人类文明的一种非常重要的元素。在相当长时期里，枯萎的草木是人类能源主要的来源。这种能源消耗以后变成二氧化碳和水就无法再回收了。幸运的是太阳能和植物的强大再生能力使得这种能源成为一种可循环再生的能源，它维持了人类 200 多万年生存所需要的能源。

影响人类文明的第二个矿藏是石器的使用。但生产石器所消耗的材料数量与天然的石材矿藏相比完全可以忽略不计。

第三个重要的矿藏是铁。自从上万年以前出现铁器，铁元素直到今天依然是人类文明社会最重要的建设材料之一。中国 2014 年的粗钢产量已经达到 8.23 亿吨的庞大规模，占全球比重为 49.57%。铁矿石在此前多年的价格狂涨也曾成为令中国头疼的问题。但铁矿石是较为典型的随着价格不断上涨，经济可开采储量也会呈指数上升的矿藏，较低丰度的铁矿石不仅储量极为丰富，而且在全球分布也很广泛。一旦其价格上涨，较低丰度的铁矿石就可能会被开发并进入市场。另外，铁材料的一个很重要的特性是它的可回收性。几乎接近 100% 的钢铁在使用完后都是可回收利用的，并且可回收利用的次数并没有限制。可重复回收循环利用就会极大降低天然矿藏的极限约束作用。

再然后非常重要的矿藏就是煤炭和石油了。这些矿藏如果是加工成为化工材料，是具有一定可回收利用价值的。例如用石油加工成的塑料是可以回收利用的，但它的回收利用次数并不是无限次，会随着回收利用的次数增加而不断降低品质。有些回收的塑料作为垃圾发电的原料使用掉了。一旦如此，循环回收过程就会终止。绝大多数作为能源使用掉的煤炭和石油都是一次性的，用掉后就算是永远失去其原有材料属性了。这样对天然矿藏的消耗和它的极限作用，就会比可以回收的材料大得多。因此，石油矿藏对全人类的经济曾经显现出非常大的瓶颈作用性质。

在信息社会，硅成为核心的材料，但即使现代信息技术一日千里，硅矿从来就没有成为一种限制性的问题。这不仅仅是因为硅矿的来源极为丰富，也是因为集成电路技术的发展使得硅材料的利用效率不断获得极为迅猛的提升。在相同运算能力条件下，对硅材料的消耗可以每 18 个月就成倍地下降。如果没有这种效率的指数提升，运算能力的快速增加也会使硅材料消耗成为瓶颈。

在太阳能的发展过程中，硅矿始终都没有成为一种约束条件，只是多晶硅和单晶硅的生产技术和产能提升速度曾经一度成为约束性的条件。一旦产能问题解决，多晶硅和单晶硅的供应就不是任何问题了。无论太阳能发展到多大的规模，假设在未来永远都采用硅材料作为光伏电池材料的话，硅矿也永远不会成为极限约束问题。况且废弃的太阳能电池板也可以充分地回收再利用，从中提炼出硅。硅材料的发光效率提升，以及通过切割技术的发展，使单位面积的硅电池片所需要的硅材料不断下降，都使得相同光伏功率需要消耗的硅材料不断下降。

从上面分析可见：矿藏总量、储量分布，开采技术和成本，可循环回收特性，材料利用效率……都会成为影响某种材料和相应的矿藏极限约束大小的因素。并且，对某个特定领域来说，并不是用到的所有材料都会成为极限因素，它遵从经济学中的木桶原理，只有相对最短板的材料会成为极限约束因素。

对于电池材料来说，还存在另一个问题，就是电池技术不同，将可能需要完全不同的材料。一旦采用不同的电池技术，就有可能使原来的矿藏瓶颈约束完全消失。例如，如果采用三元材料，其中钴元素是一种相对比较稀有的元素，其矿藏的约束条件就可能成为极限条件。但如果采用磷酸铁锂，就完全不需要钴元素，钴矿的储量大小就没有任何极限约束的意义了。如果采用铝空气电池，锂矿藏的约束条件也完全失去极限约束的意义。氢燃料电池主要的瓶颈约束材料为贵金属铂，钴和锂对它都没有任何约束意义。因为不同电池技术所使用的材料可能完全不同，因此在电池发展过程中所涉及的材料矿藏瓶颈约束的变化就可能非常大。如果只是以某个特定技术为基础得出结论，一旦电池技术发生变化，这个结论就可能完全没意义了。

技术发展导致的材料替代在其他行业也大量存在。如骨干通信线路曾采用同轴电缆，它需要消耗大量的铜。而后来采用光纤通信，对铜的消耗就完全被替代了。

但是，电池技术的发展也不是那么轻而易举的事情，因此，以目前主要的三元锂电池，以及磷酸铁锂电池技术为基础去考察一下瓶颈约束材料的影响还是有必要的。相对来说，镍、锰、磷这些材料储量都不是问题，铁就更不是问题了。因此，可能构成瓶颈约束的主要是钴，尤其是锂。尽管目前电池技术有很大不同，但锂电池技术占据了非常大的部分，这是有内在原因的。锂是活泼的，也是最轻的金属。在元素周期表中它的原子序数是 3，仅在氢和氦后面。原子量只有 6.941，这是它可以获得极高的质量能量密度关键原因所在。因此，即使在未来电池技术会发生很多变化，锂都是最具潜力的电池材料候选者之一。可以说人类文明已经从碳、石器、铁器、煤炭与石油、硅器进入锂器时代。

先说下钴，全球探明的陆地钴矿仅为300万吨，其中可开采的只有100万吨。不同来源的数据可能有些差异，但区别不是太大。因此，三元材料可以作为一段时间内发展的电池技术，要想全球所有的车全换成电动车，并且全部采用的是三元材料电池是非常困难的。在现有技术条件下，以上100万吨钴矿全部开采完也仅能支持生产1000多万辆纯电动车。但是不是就没有出路了呢？也不是。全球海洋中有2亿吨钴，如果钴的价格合适，并且从海水中提炼钴的技术普及的话，这个问题并不是绝对没有解决的可能。技术进步对钴矿需求量的影响也是很大的。现在所说的三元锂电池，其实本身就有极大技术差别，目前较多的是镍钴锰酸锂三元材料，被称为NCM，另外还有比能量密度很高，且元素有所不同的镍钴铝酸锂三元材料，被称为NCA。而即使NCM三元材料，不同技术情况下三种元素的含量也是有很大差别的，如NCM111、NCM532、NCM424、NCM523、NCM622、NCM701515和NCM811，NCM后面的数字就代表三种元素的不同含量。这些不同技术的NCM三元材料中，相对最稀缺的钴含量差别可以达到3倍以上。再加上能量密度的差异，采用不同的NCM三元锂电池，每辆蓄电量相同的纯电动车，对钴元素的需求量差异会达到4～5倍的程度。这样相同钴矿储量对纯电动车市场容量的极限影响差异就非常大了。

锂矿是有自身特殊性的。锂矿主要有两种类型：一是盐湖锂矿，也称卤水锂矿。它是一些内陆湖泊，溶解了含锂的水流只进不出常年蒸发浓缩形成的。这一类矿藏因为主要是在地表面，因此全球有多少盐湖具备潜在锂矿藏价值相对是比较清楚的，很难在未来随着勘探而有显著增加。另一种锂矿是固体型矿藏，包括伟晶岩型锂矿床和沉积型锂矿床。根据美国地质调查局的统计数据，以氧化锂当量计算，截至2013年年底，全球已查明的锂矿资源量4051.5万吨，储量2340.7万吨。固体型锂矿和盐湖卤水型锂矿储量分别占21.6%和78.3%。盐湖锂矿地理位置主要分布在南美洲安第斯高原、美国西南部和中国青藏高原。资源量超过 100 万吨以上（以金属锂当量计）的典型矿床包括玻利维亚乌尤尼盐湖（Salar de Uyuni）、智利阿塔卡玛盐湖（Salar de Atacama）、阿根廷翁布雷穆埃尔托盐湖（Salar de Hombre Muerto），仅仅这三个锂盐湖矿就供应了全球 50% 的锂产品。中国只有三个盐湖锂矿床：西藏扎布耶盐湖、青海察尔汗盐湖和湖北潜江凹陷油田盐湖矿。由此可见，盐湖锂不仅占据了主要的矿藏来源，并且也高度集中在极少几个矿床资源中（参见：王秋舒，元春华，许虹：《全球锂矿资源分布与潜力分析》，《中国矿业》，2015 年 2 月）。

另外，盐湖锂的开采工艺中有长达数月的晒盐过程，并且因其多为共生矿，在提炼过程中是与钾等卤水中其他材料的提炼同步进行的，因此产能释放制约因素较多。

锂矿的这种分布的极度不平衡比石油有过之无不及，这也是 2015 年锂矿价格暴涨的原因所在。锂矿是否会在纯电动时代带来新的资源垄断和资源竞争问题，并且像石油那样由资源问题发展成国际政治问题呢？虽然以上不利因素使其存在相应的可能，但大量有利因素也是有阻止这个问题恶化可能性的。

锂电池的能量密度还有很大提升的技术潜力，尤其锂空气电池的质量能量密度相比于现在有两个数量级的提升空间。随着能量密度的提升，单位电池电量需要的锂材料量会随之成比例下降。锂电池能量密度提升到原来的 3 倍，相同电量的纯电动车对锂材料的需求量就会下降到原来的 1/3。如果能量密度提升 10 倍，那对锂矿的需求量就会下降到原来的 1/10 了。因此，电池技术进步有巨大的潜力可挖，从而纯电动车市场的增长就不会带来锂材料消耗量完全相同比例的增长。

锂电池中的锂材料是高度可回收的，回收率即使按现在的技术也可达到 80% 以上。

锂电池并不是直接能量来源，一辆纯电动车的锂电池消耗量基本是固定的，家用纯电动车甚至在整个产品生命周期内也可以不用换电池。

这使得即使未来纯电动车完全普及，锂电池材料的开采和生产本身也不会像石油和煤炭那样变成一个巨大无比的产业。

存在铝空气电池等完全替代锂材料电池的可能性。

海洋中有超过2300亿吨锂，虽然这个总量很大，但实际海水中锂的浓度是很低的。尽管有这个困难，目前已经有吸附－离子交换法等可以从实际的低锂浓度海水中有效提炼锂的技术。该工艺方法的关键是找到合适的吸附剂，目前已经有很多种吸附剂在研究中，如无定型氢氧化物吸附剂、层状多价金属酸性盐吸附剂、锑酸盐吸附剂、铝盐吸附剂、离子筛型吸附剂等。如果能有方便且便宜的方法将海水先进行浓缩，也可采用溶剂萃取法提取锂。未来如果锂矿成为极限约束因素，并且必须采用锂的话，海洋中提炼锂会成为最终完全消除锂矿极限约束的技术路径。

即使锂矿高度集中的问题很早就有，锂矿在过去相当长时期内不仅没有成为极限约束因素，而且因长期供过于求而使锂矿价格一直处于低位，只是因纯电动车出乎锂矿产业界意料的高速发展才使其资源约束问题在2014年，尤其2015年显现出来。未来的确需要高度重视钴矿和锂矿资源储量以及该资源的战略安全问题，但以上大量有利因素的存在，在下面我们对未来纯电动车数量上的发展分析中完全不考虑锂矿等极限约束的瓶颈作用。当然这也意味着如果锂矿等资源约束问题超出以上假设，这些分析结果就可能受到相应的影响。

十一、燃油车何时消亡

人们对近期的发展预测会超出实际，而对远期的预计往往会远低于实际，新能源车也是如此。即使2014和2015年新能源车似乎“超出意外”地爆发性增长，依然勉强完成2015年50万辆新能源车保有量的计划。但 2020 年新能源车保有量 500 万的数字却肯定会被远远超过。超过多少呢？可以肯定的是 2020 年一年的销售量都会显著超过 500 万辆。国际上其他一些国家的目标是：德国是到 2020 年实现 100 万辆的保有量，日本是到 2020 年实现 200 万辆的年销量。

本书已经清楚无疑地揭示了纯电动可以在客观上解决这么多问题，因此解决如此之多问题的钱就可以省下一多半，然后取其中一小半花到纯电动技术上，解决问题的效果还更好。况且以后未必是政府花钱，而只是燃油车主多花点钱就可以了，并对燃油车的各种政策限制越来越多而已。尤其重要的是：纯电动车的使用成本在今天不靠任何政府支持就已经成数量级地低于燃油车，5 ~ 10 年，即使不靠政府补贴，纯电动车本身的成本也会开始低于燃油车。在此之后纯电动车在功能、舒适性、安全性、智能化、外形设计等几乎所有方面都会远远好于燃油车，甚至就是想单纯比拼动力性能，双发动机甚至四发动机的纯电动赛车也会让只有单发动机的所有燃油车俯首称臣。因此，除了对古董和老爷车情有独钟的极少数人之外，难以理解在此之后人们还有什么理由再购买即将“绝对一无是处”的燃油车。在今天智能手机的时代，如果有人还手拿像砖头一样的大哥大会让人产生什么感觉，就知道 5 年以后还开着燃油车会让人产生什么感觉了。

经过多年高速增长，中国汽车产销量增速已经迅速趋缓。2014 年中国汽车生产 2372.29 万辆，同比增长 7.26%，销售 2349.19 万辆，同比增长 6.86%，再创纪录，且连续 6 年居全球第一。2014 年业界本来预计 2015 年产销数字会突破 2500 万辆，实际 2015 年中国汽车产销量分别为 2450.33 万辆和 2459.76 万辆，同比增长只有 3.25% 和 4.68%，中间有多个月同比甚至是下降的。这些数字里面主要还是燃油车，新能源车比例只占 1.3%。这说明中国燃油车产销量的峰值水平已经非常接近，就在 2500 万 ~ 3000 万辆的水平。

但是，对于纯电动车来说，因为新增车辆需求，以及更换原有燃油车的数量如此庞大，以及出口额的庞大，中国纯电动车的年产销量峰值预计会突破至少 4000 万辆，甚至会突破 5000 万辆的水平，这个峰值将在 10 年左右触及。这意味着纯电动车会形成远远超过燃油车的发展速度。依据是什么呢？如果仅就纯电动的未来去谈论未来，这很难谈清楚，我们还是简单看看多个新的产品在中国的普及速度和过程。这样讨论才会有令人感觉踏实的依据，因为这是谈历史。

1987 年移动通信进入中国市场之后，长期以每年翻一番的速度高速增长。当初的中国邮电部曾制定了一个极为“大胆”的计划：到 2000 年实现移动用户总量 80 万！太大胆太疯狂了！当时大多数人严重怀疑一个这么大胆的激进目标是否真能实现。最后结果是什么呢？到 2000 年年底移动用户量达到了 8453 万，是最初普遍认为大胆激进目标值的 105 倍！当年一年实现的净增用户量是 4123 万！80 万，哼哼！那不过是 2000 年区区一个星期净增长的移动用户数字而已！

到了 3G 时代，其发展主要不是新增用户，而是原 2G 用户转换到 3G。后来又从 3G 转换到 4G，其发展速度越来越快。原因何在？因为整个行业的基础条件随着早期技术的发展都已经不断成熟了，新的换代技术仅仅是改变极少数条件而已。像手机产能、手机电池产能、光纤等基础设施、交换设备容量、运营商服务人员、服务网点……它们都在早期技术发展过程中逐步成熟了。3G 替换 2G 仅仅就是换个手机和改动下基站等极少量设施而已。真正的难点和新增资源只是如何发展移动互联网数据业务。4G 替换 3G 更简单，因为 3G 的发展使得移动互联网业务也发展成熟了，4G 不过就是带宽更大些而已。2009 年 1 月 7 日，中国正式发放 3G 牌照，到 5 年之后的 2013 年 12 月 4 日正式发放 TD-LTE 的 4G 牌照时，2013 年年底 3G 用户已经增长到了 4.0161 亿。而从 4G 牌照发放到 2015 年 10 月，仅仅用了不到 2 年时间，4G 用户量就从 0 暴增到了 3.28 亿！

去回顾一下 VCD、彩电、电冰箱、PC、纯电动自行车……各种新产品在中国普及的历史，有几个年销量从 10 万到 1000 万会超过 10 年的？

汽车是一个很高额度的消费品，普及难度的确相对较高。中国的燃油车年产销量从2001年200万增长到2010年的1800万只用了10年时间。但是，经过燃油车的多年充分发展，汽车全产业链的产能、售后服务网点和维修技术人员资源、道路建设、有驾照的人员数量、停车场……绝大部分汽车生产和消费资源全都已经积累得很完善了。甚至于绝大部分被市场证明受欢迎燃油车的车型，只要稍作改动都可以变成不错的纯电动车，不需要那么多重新进行汽车设计的庞大工作量。其发展的约束条件仅仅是电池、电机、固定齿轮比齿轮箱、充电桩等纯电动车专用的少部分资源。这些资源中，电池、电机等行业都已经是发展多年的相对成熟产业，仅仅是产品的品种有所变化。固定齿轮比的齿轮箱比原来的多速齿轮箱更加简单。只有充电桩是一个全新的资源。因此，纯电动车的发展非常类似于移动通信从 2G 到 3G，甚至 3G 到 4G 的发展，年产销量即使保持以每年 200%（3 倍）的爆炸性速度一口气增长到接近饱和的超过 2000 万，中间也不会有太大阻力。约束其发展的电池价格问题，是只要靠产销冲量本身的规模效应就足以解决的，更别说在这个过程中激增的研发投资会使电池技术的进步速度远超以往历史地突飞猛进。充电桩问题只要集中政策和资金资源，在中国彻底解决并不是难事。因此，预测中国纯电动车年销量从 2015 年的 24.7 万发展到 200 万不会超过 3 年，而从 200 万到 2000 万用比燃油车低一半的 4 ～ 5 年时间不是没有依据的。

公共充电桩其实也只是一个规模效应问题，只要纯电动车的市场保有量增长到一定程度，充电桩就是一个有利可图的事情。现在看起来好像很困难，但只要纯电动的市场容量上去了，用不着再靠政府推动就会有很多人来主动做这个生意。例如，高速公路上服务区其实有很多停车空间，如果没有几辆纯电动车在路上跑，谁会愿意花钱装一大堆没人用的充电桩呢？但如果纯电动车多了，在服务区装充电桩就有利可图了，谁会拒绝做这个生意呢？况且服务区如果没有充电桩，人家有纯电动车的车主就不愿意在你这里停车了，服务区的餐饮、住宿、购物等生意就会受影响，这还不仅仅是从充电桩本身赚多少钱的问题。因此，在纯电动车社会保有量超过100万之后，充电桩的市场格局就会开始发生根本的改观。甚至酒店、商场、餐馆、写字楼等都会纷纷地主动安装充电桩，否则其本身的主营业务生意都会受影响。只要想清楚现在酒店如果没有Wi-Fi是否还有人去住，就会明白以后酒店、商场、餐馆如果没有充电桩还有几个人会去消费了。

在此过程前期，总体上的汽车产销量（燃油车加新能源车）并不会有太大增长，中间发生的只是技术换代而已。到纯电动车年产销量超过500万之后，总的汽车产销量会有加速的增长。2016年是充电桩自身市场经济效益开始显现的转折点。到2017年以后，燃油车产销量会进入越来越快的雪崩式下滑阶段。2022年左右，燃油车年产销量进入百万以内的趋零化状态，其社会保有量开始越来越快地下降，至2030年进入低于2000万的趋零化状态。

这并不是说纯电动的产销量增长得越快越好，例如不应在某个时间段出现以年增10倍的速度发展。因为整个产业链的配套增长有一个很重要的协调性问题，如果增长过快，很容易出现各类不同环节发展失配。2015年不仅纯电动车增长速度有点过快，达到了4.4倍，更重要的是纯电动商用车的增长速度超过了10倍。而每台纯电动商用车对电池的消耗量远超过普通的乘用车，这就使得对上游电池和原材料供应产生了过大的压力。另外因在新能源上政府补贴力度非常大，导致在2015年出现越来越严重的骗取政府补贴的问题。在2015年政府300亿新能源补贴中，据估计有10亿元属于骗补行为。尤其商用车10倍的过大增速中，有一部分事实上就属于骗补行为。因此，稳定的合理增长速度设计是很重要的，2016—2019年应以每年3倍左右的大致均匀速度从较低基数稳定增长到千万左右，而后增速不断降低。2016—2030年中国纯电动车产销量增速可设计为：

年份	年产销量估计（万辆）	增速设计
2015	24.7482	4.5 倍　该数字为实际结果
2016	75	3 倍
2017	225	3 倍
2018	675	3 倍
2019	1300	1.9 倍
2020	2200	1.7 倍　燃油车缩减到 400 万以内
2021	3040	1.38 倍
2022	3952	1.3 倍　燃油车产销量基本趋零
2023	4544	1.15 倍
2024	4998	1.1 倍
2025	5348	1.07 倍 燃油车社会保有量年减少超过 2000 万
2030	燃油车全社会保有量低于 2000 万	

以上设计中，纯电动车年产销量最高峰值在 4500 万 ~ 5500 万，有 1500 万 ~ 2000 万是出口数量。以上未包括混合动力车。

请注意以上数据并不仅仅是对未来的预测，而是中国政府完全有能力和可能推动实现的计划方案。政府可以根据实际发展速度偏离这个速度设计值的程度，确定策略选择。偏慢就推出更多促进措施，过快的话可适当放慢一下节奏。目前中国政府的发展路线图是到 2030 年新能源车年销售量过千万，这个目标肯定提前 10 年就可以实现。是否准确预测未来会严重影响到投资决策和产业布局。例如，2015 年电池上游材料涨价幅度过高，就是因为远远未能预测到纯电动车成长幅度。2016—2019 年，纯电动车的增长将会持续保持极高增速，因此，碳酸锂等上游材料可以将现有计划扩张 10 倍的目标来考虑才能顺应这个发展速度。当然，这样的幅度扩张是不可能长期持续的，以免导致产能过剩。对于相应行业来说，也就是 2016—2019 年这 4 年是非常重要的机遇期。

当然，对新的石油投资需要持非常慎重的态度。即使在燃油车全部消失后，石油也还会是工业生产所需要的重要原材料，另外船舶和飞机消耗燃油也是一个巨大的数字，但其市场总量与燃油车一统天下的时代完全不可同日而语。另外，纯电动船舶和纯电动飞机如果有进展的话，即使不能完全替代，也会极大削减这部分成品油需求。因此，一切在石油上继续进行的投资都将血本无归。

如果中国的燃油车在2016年算起的10年内趋零化了，欧洲、美国、日本、韩国、澳大利亚等发达国家和地区的燃油车也会或早或晚趋零化。这样将会对汽车市场产生非常重大的冲击，就是中国以及其他发达国家市场上存量的大量燃油车，一部分太老的会直接淘汰，而另外相当大的较新部分会以很便宜的二手车形式出口到欠发达国家和新兴市场国家，从而彻底冲垮燃油车的市场，使得新生产的燃油车会在某一个时间点雪崩式地消失，并使所有生产燃油车的厂家不得不快速退出这个技术的生产领域。待这些地区二手车使用到报废后，也会逐步转向纯电动车。到2020年以后，一切不是完全以纯电动车为主力车型的汽车厂家都将破产退出汽车市场。因此，所有在纯电动车技术方向上有任何迟疑，并且还在燃油车技术上进行投资的汽车厂家都需要开始考虑破产的善后事宜。

剩下的地方即使是石油充足之地，燃油车也会不可逆转地慢慢趋零化。因为这些地区尽管在相当长时期内用燃油车烧油很便宜，但绝大多数都不是自己有能力生产燃油车的地区，甚至不具有自己的炼油生产能力，因此也只有逐步趋零化。

以上燃油车趋零化的过程最保守的估计会在2016—2035年的20年内基本完成。2035年时燃油车全球社会保有量将会从2015年时的11.2亿下降90%以上，至1亿以内。

十二、未来20年世界经济的最大风口

虽然未来互联网依然是改变社会的核心力量之一，但必须清楚意

识到的一点是：通过互联网实现的变革主要是改变全社会交易过程的效率。在互联网出现之前，因缺少这种远程实时信息交互手段，有大量潜在的交易空间无法变现，使用互联网后，所有这些远程实时交易过程都变得可能。例如，如果没有互联网，不可能想象拼车、电子商务、共享单车等远程交易过程。在引入互联网的初期，由此带来的效率提升是极其显著的。但随着互联网的普及，效率接近 100% 时，更进一步的互联网投资就不会再带来初期那么大的改变了。效率最大就是 100%，要进一步改进，只有提升业务本身的资源和能力。例如，所有潜在拼车的人群全都拼车了，业务要进一步提升只有增加车辆拥有者和需要乘车人员的数量。2015 年年底，京东创始人刘强东也认为：互联网的红利正在消失，未来的风口将来自传统行业，应当说这代表了互联网行业内部人士所感受到的变化。

在这个过程中，大量传统的中间环节消失了，在带来社会效率提升的同时，部分的经济货币量却有可能是下降的。例如，原来一件衣服通过传统商店要卖 500 元，通过电子商务 300 元就可以了。虽然这样带来了社会效率的提升，但经济货币量却下降了 200 元。因此，我们一定要清楚互联网革命所有方面的综合影响，并知道相应的应对策略。有些学者以此攻击电子商务只有破坏性，却没有建设性，这样理解也是不对的。一切劳动生产率的提升都具有破坏性的一面，只是传统产业本身效率的提升不像互联网这么迅速，影响不会那么明显。只有在全社会效率提升的同时极大增加产品的品种或质量，才有可能弥补互联网革命导致的经济货币量萎缩问题。

多年前，当 3G 刚发牌照时，中国移动曾做过一个研究课题请我作为专家去参与咨询，就是如何利用移动互联网的机遇再增加 2000 亿元的收入。所有参加咨询的专家都是在大谈移动互联网的 2000 亿元收入是如何增加的，唯有我提出“移动互联网如何增加收入现在并不清楚，但请注意现有移动业务的 2000 亿元收入将如何在移动互联网时代消失的问题”。3G 普及以后，移动数据业务量每年翻番地增长，收入增加却并不大，这充分显示了移动互联网带给全社会效率提升的一面。与此同时，运营商开展了 100 多年最传统的话音业务和利润率最高的短信业务收入开始雪崩一般地下降。2015 年，在移动总用户量每月保持 3% 左右增长的情况下，移动通话时长却持续以 –2.5% 左右的速度下降。话音占总收入的比例，2014 年相比于 2013 年从 46.7% 下降到 42.8%，减少了 3.9 个百分点，而 2015 年又下降到 32.5%，一年之内竟然减少了 10.3 个百分点。在微信等纯移动数据业务的冲击下，话音和短信业务收入的趋零化已经成为近在眼前的事情，这充分证明了我当年所提出的观点。为了勉强维持传统的话音和短信收入，对通信诈骗信息的宽容无异于饮鸩止渴，更加使这些业务仅存的商誉也迅速消失。原来人们认为互联网上充斥垃圾信息，现在变成电话和短信几乎充斥垃圾甚至诈骗信息。

在新能源替代化石能源的过程中，部分经济体在实际业务量增加和效率增加的同时，经济货币量下降问题也同样存在，甚至更为显著和巨大。例如，纯电动车普及会直接导致燃油车消亡，尤其燃油发动机、齿轮箱、成品油及整个石油产业受冲击最直接和严重。甚至因纯电动车几乎不再需要保养，也会直接导致每辆车每年 2000~3000 元的保养服务市场消失。以 2.5 亿机动车社会保有量计算，这意味着仅此一项就会导致每年 5000 亿 ~7500 亿人民币 GDP 的消失。成品油消耗的消失会带来 1 万亿 ~ 2 万亿元人民币 GDP 的消失。

但它新创造的经济体量无论是实际业务量还是货币量却会远超过消失的部分。即使从汽车产业本身直接影响来看，整个汽车除燃油发动机和齿轮等部分外，其它车体部分基本上都会保留。纯电动车新增了海量的电动机、动力电池、充电桩、车用电能消费等产业。更主要的是，因纯电动车可以更好地满足各个不同层次的交通需求，会大大增加每个家庭拥有车辆的数量需求，以及租车、汽车智能化等需求的产业空间。这些都是完全新增的且有巨大实际价值的创新产业空间。如果纯电动车每年会新增 1000 万辆汽车市场，平均每辆车 10 万元，就意味着 1 万亿元的新增 GDP。更重要的是：前面消失的 GDP 都是质量不高的 GDP，而这些新增的 GDP 都是更高质量的，不仅更好满足了社会需求，减少了消费者不必要的时间和费用支出，而且消除了过去大量低质量 GDP 中的环境污染。纯电动车间接引导的风能和太阳能等新能源投资，将更是海量的新增经济量。

在这个大变革过程中，真正的挑战是社会成员知识结构和思维方式的巨大变化。表面来看，传统汽车厂家应当在纯电动车领域具有更大的优势，因为绝大部分纯电动车的技术和资源依然继承了燃油车，但是，相当多的传统燃油车厂家极有可能会在这场变革中消亡。关键原因在于这些厂家中做决策的核心人员，其专业知识背景很可能都是在燃油发动机等技术上具备优势，在转向纯电动车领域时需要主动淘汰自已原有的强势背景知识，并学习全新的知识，同时需要整个思维方式的根本转变。这些往往是非常困难、需要自我变革的事情，绝大部分人采取的方式是想尽一切办法抵抗新的技术趋势，而不是去顺应，更别提主动推动了。因此我们可以看到，在纯电动领域风生水起的企业有很多过去并不是长期从事汽车行业（特斯拉、比亚迪等），或者从传统汽车企业中独立出来运营的子公司（北汽新能源等）。这并不是汽车领域独有，而是一切技术大变革过程中的普遍现象。互联网电子商务的成就者马云根本就不懂互联网，而早就在力推“电子数据交易 EDI”技术的传统通信领域的大佬们，甚至最先提出“电子商务”概念并大力推广的 IBM 却始终在这个风口之外。但愿纯电动革命的过程中，能有更多传统燃油车时代的汽车企业能尽快转型，在新的历史时期能青春常在。毕竟纯电动车时代，其技术延续性还是很高的，更多需要转变的只是一个思维观念。

如果 2016—2030 年中国经济有可能重新回到两位数增长空间的话，纯电动和整个新能源领域将是最核心的驱动力量，而纯电动将是这股力量中最具革命性的要素之一。